**Collection Droit et Criminologie
dirigée par Jean-Paul Brodeur**

Déjà paru dans la même collection :

Maurice Cusson
*Délinquants
pourquoi ?*

Boscoville:
la rééducation
évaluée

Les Cahiers du Québec

Marc LeBlanc

Boscoville: la rééducation évaluée

Préface de Gilles Gendreau

Cahiers du Québec Collection Droit et criminologie

Hurtubise HMH

La publication de cet ouvrage a été rendue possible grâce au programme des Subventions nationales au bien être social du ministère de la Santé nationale et du Bien-être social du Canada.

Maquette de la couverture:
Pierre Fleury

Photocomposition:
Les Ateliers Chiora Inc.

Éditions Hurtubise HMH, Limitée
2050, de Bleury, bureau 500
Montréal, Québec
H3A 2J4
Canada

Téléphone: (514) 288-1402

ISBN 2-89045-589-0

Dépôt légal / 2ᵉ trimestre 1983
Bibliothèque nationale du Québec
Bibliothèque nationale du Canada

Imprimé au Canada

À Pierrette, Nathalie et Martin

Le programme de recherche dont nous faisons état dans ce livre n'aurait pu être mené à terme sans la constante collaboration des garçons admis à Boscoville en 1974 et 1975, sans le support des éducateurs et de la direction de Boscoville, et sans l'aide des parents et des praticiens du réseau des affaires sociales et de la justice.

La réalisation de ce programme de recherche est une oeuvre collective à laquelle ont participé :

Pier-Angelo Achille, Maurice Cusson, Jean Ducharme, Robert Ménard, Pierrette Trudeau-LeBlanc, Michel Bossé, Ghislaine Legendre, Diane Maisonneuve, Jeanne Meilleur, Françoise Deschênes, Luc Gaudreau, Pierre Bélanger, Yvon Bourdon, Anne Dussault, Pierre Lavoie et Carole Mailloux.

Si ces personnes ont pu mener à terme ces tâches, c'est aussi grâce à Marcel Fréchette qui a partagé avec nous ses protocoles d'entrevue et autres instruments, et certaines données de sa recherche; ses conseils et ses encouragements nous ont été inestimables, ainsi qu'aux autres consultants :

Bernard Tessier, Raymond Jost, Michel Lambert, Ron Brill, Pierre Landreville, Jean Métivier, Jean-Guy Bruneau.

Une entreprise d'aussi longue haleine que l'évaluation de Boscoville n'aurait pu être réalisée sans l'aide que nous ont apportée nos bailleurs de fonds :

La Fondation Donner (1974-1977)
Le ministère de la Santé et du Bien-être social du Canada (1974-1980)
Le ministère des Affaires sociales du Québec (1974-1979)
Le ministère du Solliciteur général du Canada (1974-1979)
Le ministère de l'Éducation du Québec (1976-1979)
L'Université de Montréal et la Fondation Boscoville.

Table des matières

Préface

Je n'ai jamais analysé les motivations qui pouvaient pousser un auteur à demander à telle ou telle personne d'écrire la préface d'une nouvelle publication. Je sais cependant que la plupart des lecteurs trouvent les préfaces tellement inutiles que beaucoup ne se donnent même pas la peine de les lire s'ils ne connaissent déjà les personnes qui osent les signer...

Or, Marc LeBlanc a demandé à un éducateur, idéaliste par nécessité professionnelle et par choix personnel, de présenter un ouvrage à caractère scientifique qui s'inspire des techniques rigoureuses de la recherche évaluative.

J'ai eu le goût d'introduire mon texte par une parodie d'une maxime célèbre : « Paradoxe, tout n'est que paradoxe ! »... en apparence à tout le moins. Comment, en effet, présenter un ouvrage scientifique de façon quelque peu pertinente quand on a pour seul mérite une certaine foi en la nature humaine, une certaine considération pour les personnes en difficulté, une certaine confiance en la qualité d'une intervention cohérente, et une certaine conviction que des professionnels assumant des responsabilités éducatives spécialisées doivent chercher à améliorer constamment leur compétence professionnelle.

On comprend mieux la demande de l'auteur quand il justifie le choix qu'il a fait de Boscoville comme cible d'une étude scientifique de l'efficacité de l'intervention

auprès des jeunes délinquants. « Le programme de traitement de Boscoville, écrit-il, systématiquement conçu, rigoureusement appliqué, est précis et conçu dans ses moindres détails. » En s'adressant à l'un des concepteurs de ce
centre de rééducation qui y exerça d'ailleurs la fonction
de directeur pendant de nombreuses années, l'auteur pouvait espérer du préfacier qu'il présente son livre en toute
connaissance du milieu. C'était prendre un risque bien
sûr, mais ce risque j'ai accepté de le partager avec lui.

La première question que l'on peut vouloir me poser est sans doute celle-ci : Le chercheur a-t-il bien compris et traduit la théorie (générale et spécifique) qui sous-
tend le traitement des jeunes à Boscoville, et l'application
que l'on en fait ? La lecture des deux premiers chapitres de
son ouvrage me permet de penser que l'auteur a admirablement saisi et transmis les principes à la base du système
d'intervention de Boscoville.

Deux détails pourront cependant retenir les puris-
tes. D'une part, lorsque l'auteur parle des activités, il semble confondre *retard du fonctionnement scolaire* et *retard
du fonctionnement intellectuel*, lesquels, selon moi, appa-
raissaient nettement distincts dans la description de la
clientèle de Boscoville. D'autre part, il laisse supposer que
le *citoyen* devait avoir atteint son étape *personnalité* (?)
pour se voir confier une responsabilité officielle. Or, nous
souhaitions plutôt que, parvenu à cette étape, le jeune
puisse s'engager au service de son groupe social, de son
quartier (unité de vie), sans le soutien d'une responsabilité
officielle, comme celle d'échevin ou autre.

Le premier détail illustre combien il est facile de
confondre certains aspects du fonctionnement humain ; on
imagine ce qu'il peut en être du fonctionnement délinquant. Quant au second, il fait ressortir que Marc LeBlanc
n'a pas voulu insister sur l'idéalisme des « jeunes » éduca-

teurs qui, à l'époque, avaient conçu le déroulement des stratégies rééducatives. Il se dégage de ses premiers chapitres une profonde honnêteté intellectuelle qui renforce d'emblée la portée de l'analyse des résultats que nous retrouvons dans les autres chapitres.

Bien sûr, ces résultats déçoivent l'éducateur que je suis et ils provoqueront sans doute une vague dépressive chez ceux qui tentent encore de faire jaillir une lueur d'espoir là où il y avait tellement de noirceur dans les années 55-60 qu'on se croyait justifié de dire « qu'il n'y avait plus grand espoir avec des délinquants de cet âge et aussi ancrés dans leur délinquance[1] ».

Bien sûr, il fallait une bonne dose d'idéalisme pour se lancer dans une telle aventure; nous avions pris des moyens — que LeBlanc énumère bien — et que nous croyions, à l'époque, appropriés aux objectifs que nous poursuivions. Mais nous ne refusions pas de rendre des comptes.

Déjà en 1965, je souhaitais, avec toute l'équipe de Boscoville, que notre travail fût évalué systématiquement par des chercheurs évaluateurs parce que je savais les efforts fournis par les femmes et les hommes qui consacraient leurs compétences professionnelles à la rééducation des jeunes délinquants, parce que je savais aussi les sommes considérables — pour l'époque — qu'investissait la société dans l'expérience de Boscoville, et l'ultime espérance que représentait notre travail pour les jeunes et leurs parents. Pourquoi alors en 1982, être déçus de ce qui a été fait parce que les résultats de l'étude de LeBlanc ne correspondent pas tous aux attentes des éducateurs et aux données que des études préliminaires avaient permis d'anticiper?

---

1 Réflexion verbale de Gregory Zilboorg, Boscoville, 1958.

Je voudrais réussir à convaincre tous les éducateurs de lire les pages qui suivent; cette lecture pourra rendre plus réalistes certaines de leurs attentes, voire de leurs ambitions, mais elle ne devrait, en aucune façon, leur enlever leur confiance dans les potentialités des jeunes dont ils ont la charge ni dans les efforts qu'ils continueront de faire pour les aider.

Quand des parents — un père, une mère — songent à l'avenir de leurs enfants en donnant libre cours à leur imagination, il n'est pas rare qu'ils se mettent à rêver : leurs rejetons seront évidemment *très* ceci et *très* cela, ils deviendront des femmes et des hommes dont les parents auront raison d'être fiers. Cette attitude des parents est même perçue comme essentielle au développement de l'enfant. Malheureux, dit Jean Vanier, l'enfant qui n'a pas senti dans le regard de ses parents cette espèce d'idéal dynamique que la vie se chargera sans doute de relativiser.

Au moment de l'adolescence, en effet, alors que les jeunes font des choix personnels, chacun devient *ce qu'il peut être*. Combien de parents ont alors l'impression que leurs enfants n'ont pas réalisé *leurs* rêves! Pourtant, beaucoup plus tard parfois, avec le recul qu'apporte une certaine sagesse, ces mêmes parents découvrent *de l'intérieur* que l'important c'est ce que leurs enfants ont eux-mêmes réalisé et non ce qu'ils avaient d'abord rêvé pour eux. Nul ne pourra dire cependant l'influence de leurs projections idéalistes sur les réalisations de leurs enfants.

En lisant ce livre de Marc LeBlanc, les éducateurs pourront réfléchir sur des textes leur présentant d'autres éducateurs qui ont accompli un excellent travail, qui ont mis sur pied un milieu où, malgré tout, il fait bon vivre, qui ont créé des conditions éducatives stimulantes, bref qui ont fait de Boscoville «un modèle peut-être unique au monde». Ils pourront en venir à une conclusion comme celle-ci : « Voilà où peuvent conduire de grandes aspirations ! »

Mais en même temps, ils y verront des chiffres qui font état des trop grandes ambitions de ces mêmes éducateurs : ils ont visé des objectifs trop élevés, trop idéalistes ; leur cohérence qui par ailleurs est une force risque d'être perçue comme une « rigidité » si on considère le nombre impressionnant de « mortalités cliniques » ; leur conception même de la délinquance et de la rééducation est par trop abstraite ; ils n'ont pas su accompagner les jeunes après leur départ d'un lieu qui les protégeait si bien... Une nouvelle conclusion pourra s'imposer à eux : « L'idéal visé n'a pas permis d'atteindre des résultats concrets à la mesure de leur ambition. »

Marc LeBlanc disait un jour que les résultats de son étude avaient suscité chez les éducateurs plus d'attitudes défensives que de questionnements véritables. Évidemment, ces derniers sont rassurés quand Edgar Morin écrit que la science aussi — comme l'intervention rééducative d'ailleurs — joue « au jeu de l'erreur et de la vérité », en ajoutant :

> l'histoire des sciences nous montre que les théories scientifiques sont changeantes, c'est-à-dire que leur vérité est temporaire. La prise en considération de données négligées, l'irruption de nouvelles données grâce aux progrès dans les techniques d'observation/expérimentation tuent les théories devenues inadéquates et en appellent de nouvelles[2].

Il faut comprendre les éducateurs. Ceux qui ont vécu ou qui vivent aujourd'hui l'expérience de Boscoville, et combien d'autres aussi, ont eu à livrer de nombreuses

---

2 MORIN, Edgar (1981). *Pour sortir du vingtième siècle*, Fernand Nathan, p. 206.

batailles : contre eux-mêmes d'abord («est-ce que ça vaut la peine que je m'embarque dans cette galère?»), contre les jeunes ensuite («moi, je suis bien comme ça!») et enfin, contre les structures («on en fait trop pour ces jeunes!»). Ils ont actuellement l'impression de devoir mener une nouvelle bataille, celle-là contre des chiffres qui veulent quantifier leur efficacité... ou leur pseudo-efficacité. Et comme cette éducatrice terminant un rapport d'intervention dont les résultats quantitatifs soulevaient de nombreuses questions, ils pourraient dire :

> Les instruments de mesure dans le processus de recherche se veulent généralement fidèles dans l'image qu'ils tentent de rendre de la réalité, mais nous sommes d'avis que, dans le domaine des sciences humaines tout au moins, le jour n'est pas venu où les complexes changements intérieurs qui s'opèrent en l'individu et qui marquent les étapes de sa croissance seront transposables en petits symboles mathématiques[3].

Il nous faut reconnaître que Marc LeBlanc et son équipe de chercheurs ne sont pas tombés dans le panneau des «terribles simplifications[4]» qui laisseraient entrevoir *le meilleur des mondes* de la criminologie, laquelle aurait enfin trouvé *une* réponse à ce problème humain extrêmement complexe qu'est l'accompagnement psycho-socio-éducatif des jeunes délinquants. Il écrit en effet : «Toutes les questions que nous avons abordées dans ce livre n'ont pas reçu de réponse définitive.» Le chercheur ne met pas le point final à une expérience humaine qui est le reflet «de

---

3 TÉTREAULT, Élise (1982). *Rapport d'expérience professionnelle*, École de Psycho-Éducation, Université de Montréal, p. 147.

4 WATZLAWICK, P., HELMICK-BEAVIN, J., JACKSON, D. (1972). *Une logique de la communication*, Paris : Seuil.

l'état d'avancement actuel de la science et de la progression de la pratique clinique».

Malgré toutes les précautions que l'auteur a jugé bon de prendre, certains lecteurs, pressés d'en arriver à des conclusions, risquent de devenir de *terribles simplificateurs*. Je pense tout particulièrement, en cette période de crise économique, à certains gestionnaires des fonds publics; peut-être essaieront-ils de trouver dans l'étude de Marc LeBlanc, *la* raison qui légitimerait d'emblée certaines solutions simplistes — en apparence révolutionnaires — comme celles adoptées dans certains États du Nord des États-Unis.

Marc LeBlanc est un scientifique; de ce fait, une lourde responsabilité lui incombe. Il lui aurait été facile d'envenimer cette espèce de guerre larvée entre «femmes et hommes de tête» et «femmes et hommes de coeur». L'éducatrice dont je citais plus haut un passage du rapport d'intervention faisait écho à ce phénomène:

> Aujourd'hui, scientifiques et praticiens continuent très souvent de se percevoir comme hommes de tête et hommes de coeur, comme ingénieurs et poètes, et, dans la rédaction du présent rapport d'intervention, nous n'avons pas réussi à déserter cette scène de combat [5].

Marc n'a pas situé sa recherche sur ce terrain et l'on sent, tout au long de son volume, son profond respect pour le travail du praticien. Les praticiens auront-ils, à leur tour, assez de respect pour situer le travail du scientifique dans un ensemble, dans un moment de l'histoire de l'intervention et de la recherche, pour en faire une critique objective, pour en dégager ce qu'il peut avoir de stimulant

---

5 TÉTREAULT, Élise, op. cit., p. 148.

pour l'intervenant à mieux accompagner ces *jeunes qu'on dit délinquants*?

Je m'en voudrais de ne pas attirer l'attention sur un dernier paradoxe, l'un des plus captivants d'ailleurs : « la spécification de la cible de l'intervention ».

Cibler l'ensemble des jeunes délinquants, voilà peut-être l'erreur. Il nous semble que l'ensemble de nos résultats démontre, et l'analyse des paradoxes qui en découle l'assure, que Boscoville peut obtenir une efficacité maximale avec certains jeunes délinquants ; elle ne sera jamais totale dans les meilleures conditions, mais elle pourra sûrement dépasser le niveau actuel, ceci si Boscoville applique sa méthode au groupe le plus approprié de jeunes délinquants[6].

La rééducation s'apparenterait alors à une chaîne de montage où tel type de personnalité pourrait s'engrener, mais pas tel autre. Je ne suis pas sûr que la recherche et la réflexion soient assez avancées pour que nous puissions seulement anticiper cette façon de faire. S'il y a là un objectif scientifique très élevé, voire utopique, que les éducateurs devront quand même accepter de considérer, de poursuivre et d'évaluer en toute honnêteté, il y a là en même temps un danger : celui de la simplification à outrance de la complexité de la rééducation.

« Boscoville, écrit LeBlanc, est un milieu sain. Cette affirmation (...) signifie seulement que le potentiel thérapeutique est présent, que les conditions sont favorables au développement personnel des jeunes qui y sont placés et rien de plus. » Or, selon moi, le rôle de tout éducateur est justement de mettre en place le plus grand

---

6 LEBLANC, Marc, *L'efficacité de la rééducation des jeunes délinquants : Boscoville : un cas type.*

nombre possible de conditions favorables au développement des jeunes et de les accompagner dans leur croissance, d'abord par un vécu partagé, puis dans un accompagnement approprié à leur insertion sociale. Là s'arrêtent son rôle et sa responsabilité. Le mouvement d'évolution du jeune ne peut venir que de lui-même surtout quand les conditions extérieures favorables sont assurées. Je n'ai rien contre le choix d'une clientèle cible désignée à partir d'études statistiques, à la condition qu'il s'agisse d'une orientation générale et non de l'expression d'une philosophie déterministe qui tenterait d'en venir à une simple adéquation entre le sujet idéal et les conditions environnementales, également idéales, dans lesquelles on le placerait.

Il faut bien reconnaître que nous rejoignons ici une certaine conception de l'homme. Si la science peut nous éclairer sur les conditions d'efficacité de l'intervention et, à la limite, sur le délinquant lui-même, elle ne pourra jamais empêcher que tout accompagnement éducatif est en soi, et demeurera toujours, un risque : risque de se faire répondre *non* alors qu'on avait mis en place les conditions les plus susceptibles de provoquer un *oui* de la part du jeune.

Ce risque encouru par tout éducateur rejoint ainsi un risque inhérent au métier de chercheur. Ce dernier peut avoir créé toutes les conditions permettant au lecteur de suivre la logique de sa démarche, de comprendre l'analyse des résultats et d'accepter les conclusions qui en découlent, il n'a cependant aucun pouvoir sur l'utilisation que pourra faire le lecteur de tout ce matériel. Il peut seulement souhaiter que chercheurs et praticiens tentent une lecture commune de la réalité *délinquance* et qu'ensemble ils parviennent à la déformer un peu moins.

Gilles Gendreau
psycho-éducateur

Introduction

Boscoville! Encore Boscoville! Pourquoi revenir sur cet internat de rééducation pour jeunes délinquants? Internat dont le modèle de rééducation est louangé par les uns et dénigré par les autres. Malgré ces controverses, le mot Boscoville évoque un type d'intervention qui jouit d'un prestige certain dans les cercles criminologiques et d'éducation spécialisée, que ces derniers soient européens ou nord-américains.

Toutes ces discussions font de Boscoville un cas type qu'il est essentiel d'analyser encore, cette fois sous un angle nouveau. Non plus du point de vue des concepteurs et des animateurs, les Gendreau, Guindon, ni sous l'angle restreint d'une analyse statistique à partir de la mesure de la récidive, comme l'ont fait Landreville ou Petitclerc; encore moins sous l'angle des visiteurs, souvent de quelques heures qui, dans leurs chroniques, adoptaient un point de vue dicté par leurs impressions premières, leurs émotions ou même leurs idéologies. L'analyse que nous présentons est une évaluation compréhensive réalisée par un organisme indépendant, le Groupe de Recherche sur l'Inadaptation Juvénile, dirigé par des personnes dont la formation et l'expérience ne peuvent être associées en aucune manière à la psycho-éducation, et conduite avec des méthodes scientifiques issues de la statistique, de la sociologie et de la psychologie, qui ne sont propres ni à la criminologie ni à la psycho-éducation.

L'évaluation que nous présentons de Boscoville arrive à point dans le débat actuel entre ceux qui affirment qu'il est possible de changer les jeunes délinquants et ceux qui soutiennent qu'aucune des méthodes d'intervention connues n'est efficace. C'est le débat majeur qu'a conduit la communauté scientifique au cours des années 1970, débat cristallisé autour des positions favorables de Palmer et défavorables à l'internat de Martinson (Voir Martinson *et al.*, 1976). D'autre part, la communauté des gestionnaires a aussi été déchirée entre les abolitionnistes et les défenseurs de l'internat, les premiers réussissant même à fermer les grands internats au Massachusetts ou tout au moins à faire adopter des politiques de gel des constructions de centres résidentiels ou une loi qui consacre la priorité du maintien de l'enfant dans son milieu naturel, comme la nouvelle loi sur la Protection de la jeunesse du Québec. Parallèlement à ces remous chez les scientifiques et les gestionnaires, la communauté des éducateurs vivait ce que Gendreau (1978) a nommé la crise de l'intervention : une crise d'identité où punition et éducation sont en conflit, où sont confrontées responsabilités sociale et professionnelle, où les rôles sont insuffisamment ou trop délimités.

Dans ce contexte, une évaluation compréhensive d'un cas type comme celui de Boscoville, apparaît utile pour clarifier un débat qui ne repose souvent sur aucune donnée scientifique ou sur des données partielles ou biaisées. Notre évaluation est compréhensive par l'esquisse de recherche employée, par la définition de l'efficacité utilisée, et par l'étude du rapport entre l'effort et l'efficacité que nous tentons.

Les évaluations des internats pour jeunes délinquants ont toujours porté sur les résultats obtenus à la suite du séjour, sauf pour les travaux sur Provo (Empey et Lubeck, 1971) et Silverlake (Empey et Erickson, 1972);

ainsi il était, dans la plupart des études, impossible d'apprécier des changements sur le plan de la conduite ou de la personnalité car le point de référence devenait un zéro absolu, l'absence de récidive. Pour lever l'ambiguïté et la vulnérabilité de telles comparaisons, nous avons adopté une esquisse de recherche qui permettait de comparer directement la conduite et la personnalité des jeunes délinquants avant et après le séjour en internat ; c'est le modèle expérimental avant / après.

En plus d'adopter l'esquisse de recherche la plus puissante, nous avons pris le parti de mesurer l'efficacité grâce à des mesures diversifiées, à savoir la récidive connue, mais surtout à travers deux prismes fort peu utilisés : l'état de la personnalité avant et après le traitement, et le mode de vie ainsi que la conduite déviante et délinquante avant et après le séjour en internat. Ces diverses approches de l'efficacité permettent de nous placer du point de vue de la protection de la société, la récidive, et du point de vue de l'individu à qui on a demandé de changer sa personnalité et / ou sa conduite ; deux faces indissociables d'une notion compréhensive de l'efficacité. Ce faisant il nous était possible de sortir de l'ornière habituelle où l'efficacité est synonyme d'absence ou de présence de récidive, où on exige la disparition de la mésadaptation alors que la réalité de la vie nous ferait attendre une réduction de la délinquance. Cette perspective est d'autant plus intéressante qu'elle nous amène à attendre une amélioration de la personnalité et une réduction des activités délinquantes, mais pas une transformation radicale de la personnalité ni un arrêt total de la délinquance.

Une approche renouvelée de la notion d'efficacité ne saurait être complète sans que nous tentions d'apprécier aussi adéquatement l'effort que nous ne le faisons pour l'efficacité. En effet, la faiblesse majeure des évaluations a été de se centrer sur l'efficacité sans évaluer la qualité de l'effort en termes de mise en application du modèle théorique, et de qualité et d'humanité de l'intervention. Nous nous proposons de combler cette lacune en effectuant une évaluation qui nous permettra de mieux situer le rapport entre effort et efficacité. Ce rapport constitue pour nous la pierre de touche de toute recherche évaluative.

En acceptant la responsabilité de l'évaluation de Boscoville, nous étions pleinement conscients d'avoir une connaissance plus que rudimentaire de cet internat, c'est pourquoi la toute première question soulevée a été aussi élémentaire que : qu'est-ce que Boscoville ? Imaginant que la plupart des lecteurs ne seraient pas plus informés que nous l'étions, nous avons essayé dans le premier chapitre de présenter le modèle théorique boscovillien et ses moyens d'action de manière à faire justice à Boscoville relativement à ce qu'il se propose de faire. Cette connaissance acquise, la question qui vient immédiatement à l'esprit est : met-on en application ce modèle théorique ? ou, quelle est la qualité de l'intervention ? C'est l'objet du second chapitre. Connaître le modèle théorique et apprécier sa mise en application, c'est mesurer l'effort ; mais avant d'aborder l'efficacité, nous nous sommes demandé : pour qui et surtout sur qui cette intervention est-elle appliquée ? Pour y répondre, les caractéristiques de la clientèle et la dynamique de sa sélection sont présentées.

Modèle théorique, mise en application, qualité de l'intervention et clientèle étant connus, nous nous sentions en mesure d'aborder l'efficacité, ce que font les deux chapitres suivants de ce livre. Avec le chapitre trois, nous aborderons la question centrale du point de vue de Boscoville : transforme-t-on la personnalité des jeunes délinquants ? Le chapitre quatre s'attache à la permanence de ces changements et à l'efficacité du point de vue de la protection de la société. Voilà notre cheminement et celui qui sera rapporté dans ce livre. Il est suivi d'un chapitre de conclusions qui s'intitule : les paradoxes de la rééducation des jeunes délinquants ; ce sont des réflexions sur les résultats souvent contradictoires qui émergeront tout au long de ce livre, et leurs conséquences pour les gestionnaires et les praticiens.

Notre démarche est complexe et les résultats ne sont pas simples. Voilà peut-être les incidences fâcheuses d'une démarche d'évaluation qui se veut la plus compréhensive possible mais qui ne saurait encore être exhaustive ; nous vous convions à la faire avec nous. Mais avant de nous y engager rappelons que l'objet de ce livre est le Boscoville théorique et pratique des années 1974 à 1979 ; c'est là la limite majeure de toute recherche en sciences humaines. Toutefois, il est raisonnable de penser que cet internat n'a pas changé radicalement depuis la période de recherche et que celle-ci n'était sûrement pas très variable par rapport à la décennie précédente.

Un milieu, ses moyens d'action et son processus de rééducation : modèle théorique et réalisations

Un milieu, ses moyens d'action et son processus de rééducation : modèle théorique et réalisations

Le présent chapitre, comme son titre l'indique, est une description de Boscoville comme centre de rééducation. Plus particulièrement, il s'agit de rapporter la représentation que l'on s'y fait du jeune délinquant et de présenter la conception théorique qui soutient l'action de Boscoville auprès des jeunes inadaptés. Ce modèle théorique a pour objectif une rééducation totale et il propose une approche dite de thérapie de milieu. Celle-ci s'articule autour de trois réseaux d'influence, de trois types de moyens d'action : d'abord les ressources humaines, les éducateurs et le groupe des jeunes ; ensuite les moyens techniques, les activités et les procédés thérapeutiques ; enfin l'encadrement de la conduite, le système de responsabilités qui spécifie les droits, devoirs et sanctions, et l'évaluation de la conduite. Une telle thérapie de milieu ne peut se faire sans des cadres physiques et organisationnels spécifiques, c'est pourquoi notre présentation de Boscoville débutera par ces structures.

Pourquoi ce chapitre qui présente si longuement Boscoville, quand le thème du volume est l'évaluation de son efficacité ? La raison de cette description extensive de

Boscoville est justement dictée par notre perspective évaluative. En effet, trop de travaux de recherche nous donnent des résultats de l'efficacité de tel ou tel traitement
sans que l'on sache jamais quelles étaient au juste la nature
du traitement en cause et la spécificité des cadres théoriques sous-jacents. C'est la première raison pour laquelle
nous avons procédé à cette description de Boscoville. La
seconde raison est de nature méthodologique : il nous apparaît inadéquat de conclure au succès ou à l'échec de Boscoville sans répondre à la question préalable : Boscoville
met-il en application les principes et les méthodes dont il se
réclame ? Ce chapitre permet de faire l'inventaire de ces
théories, principes et méthodes dont Boscoville se réclame,
plus particulièrement en ce qui concerne le processus de
rééducation, et de vérifier l'utilisation que l'on fait de ce
modèle théorique, à savoir si les pensionnaires évoluent
vraiment selon ce processus qui postule que le jeune tra-
verse les quatre étapes de la rééducation.

I. À l'origine de Boscoville

Le Centre d'accueil Boscoville a maintenant plus de
25 ans (cet internat avait dépassé le cap des 20 ans lorsque
nous avons débuté son évaluation). Voilà l'âge de l'internat qui a officiellement ouvert ses portes en 1954, lors de
la prise de possession des installations actuelles construites
avec les fonds du gouvernement d'alors, mais dont les ra-
cines plongent à un camp d'été pour jeunes garçons de milieux défavorisés. Camp d'été qui a vu le jour en 1939
grâce au soutien de la Congrégation des Pères de Sainte-
Croix et qui, progressivement, en est venu à recevoir les
jeunes délinquants de la Cour du Bien-être social de
Montréal. Cet itinéraire de Boscoville a été admirablement
bien retracé par l'historien Rumilly (1978) et il ne convient

pas de s'y attarder. Toutefois, il nous apparaît important de rappeler les sources et les modèles d'aide à la jeunesse qui ont inspiré Boscoville.

Mentionnons tout d'abord qu'en dehors d'une école de réforme, d'orphelinats et de la prison, il n'y avait à cette époque-là au Québec ni services véritables de réhabilitation ni philosophie d'aide aux jeunes délinquants. C'est dans ce contexte que les objectifs de réhabilitation prônés par Boscoville ont été une véritable révolution. Par ailleurs, les modalités de la réhabilitation, qui deviendra ultérieurement la rééducation, se rattachent à plusieurs souches.

Mentionnons d'une part, que le père Roger, le fondateur de Boscoville, a été fortement inspiré par l'exemple de Don Bosco et par l'expérience des Boys'Town américains. L'oeuvre de dévouement de Don Bosco a guidé le jeune prêtre, et le nom de Boscoville en témoigne éloquemment. Par ailleurs, il a visité les Boys'Town en pleine expansion dont l'organisation sous la forme d'un village avec ses pavillons, ses services, son propre gouvernement, son auto-suffisance alimentaire et sa programmation sportive, scolaire et d'apprentissage de métiers offrait un modèle qui marque profondément l'orientation que le père Roger donne au développement de Boscoville.

D'autre part, la personnalité et les expériences des moniteurs, puis des éducateurs laïcs recrutés, ont été un facteur dominant dans le développement de la conception de la rééducation et des moyens d'action mis en place pour aider les jeunes délinquants. En effet, les premiers éducateurs (Gendreau, Lapointe...) avaient des expériences de scoutisme et d'action catholique (J.E.C.) qui ont indéniablement marqué l'organisation de la vie à Boscoville, de même que leurs attitudes et leurs comportements face aux jeunes et devant la vie. Par la suite, Boscoville a subi l'influence de l'Institut de psychologie de l'Université de Montréal. Plusieurs animateurs de Boscoville y ont reçu une formation. Et le R.P. Noël Mailloux a participé constamment à l'action de Boscoville, principalement par les psychothérapies qu'il dirigeait. C'est ainsi que les théories et les données des sciences humaines, particulièrement de la psychologie, ont été intégrées progressivement et solidement à la conception que l'on développait de la rééducation et aux moyens mis en place pour réaliser la transformation des jeunes délinquants.

Lorsqu'en 1973, la direction de Boscoville nous a demandé d'entreprendre une évaluation compréhensive de l'internat, celui-ci, après vingt années avait atteint la maturité. L'équipe était en pleine possession de ses moyens : théorie énoncée, programme rodé, formation du personnel assurée. Boscoville avait réalisé, à sa manière, l'harmonisation du dévouement et de la science, d'une approche humaine et d'une méthode rigoureuse. C'est Boscoville de 1973 à 1979 que nous vous présenterons dans ce livre.

II. *Le cadre physique*

Les installations actuelles de Boscoville, construites en 1954, se situent à l'intérieur d'une zone faiblement urbanisée de l'île de Montréal, à une vingtaine de kilomètres du centre ville. L'internat est accessible par les moyens de transport en commun, malgré sa distance du centre ville. Par ailleurs, il est quand même isolé des lieux d'habitation, plusieurs centaines de mètres de champs et de boisés séparent les pavillons de rééducation des résidences des citoyens de Rivière-des-Prairies.

L'internat se compose d'une douzaine de pavillons affectés à des fonctions particulières : hébergement, administration, sport. Aucune mesure de sécurité périphérique ou dynamique n'est présente à Boscoville, si ce n'est des grillages aux fenêtres des chambres dans les pavillons d'observation et la présence continuelle des éducateurs auprès des pensionnaires. La nuit, les éducateurs sont remplacés par des gardes de sécurité.

Au centre de Boscoville, on trouve un bâtiment appelé l'hôtel de ville ; tout autour se distribuent les quartiers où habitent les élèves. À l'hôtel de ville sont regroupés la direction, les services administratifs, les services professionnels (travail social, psychologie, psychiatrie, pédagogie et programme), l'aumônerie, l'infirmerie, des salles de réunion, une salle des arts et la cafétéria où les pensionnaires et les éducateurs prennent leurs repas en commun. De l'hôtel de ville, on a rapidement accès au laboratoire des sciences, au studio de céramique, au centre sportif qui possède une piscine, un gymnase, et à d'autres services dont l'atelier d'entretien, la buanderie.

À Boscoville, les unités de vie sont appelées « quartiers » ; un quartier peut recevoir jusqu'à seize garçons et son personnel se compose généralement d'un coordonnateur, de cinq éducateurs, de quelques stagiaires et d'un gardien de nuit. Le premier étage du quartier comprend une pièce destinée aux activités académiques, dénommée salle du boulot, une salle de séjour, une salle de musique et deux bureaux. Au deuxième étage, on trouve le dortoir des garçons, une chambre d'isolement et un bureau d'éducateur. Pendant la recherche, nous avons constaté que le mobilier et l'environnement des quartiers ne sont pas détériorés et notre circulation dans les divers quartiers, nous a amenés à conclure que les lieux sont propres et ordonnés.

Légèrement en retrait des quartiers dits de rééducation, au bas d'une dénivellation du terrain mais en face de
l'entrée principale de Boscoville, se nichent les deux quartiers d'observation, appelés les banlieues. À la différence
des cinq autres quartiers, on y trouve des chambres individuelles. La durée de séjour y est habituellement de huit
semaines. Semaines pendant lesquelles l'équipe de banlieue procède à l'observation psycho-éducative et psychologique des jeunes, et à leur acclimatation à la vie à Boscoville.

III. Le cadre organisationnel

Une conception spécifique de la rééducation comme celle de Boscoville ne s'exprime pas seulement par des
énoncés de principes et des formulations théoriques ; elle
s'explicite, se signifie avant tout à travers le cycle de vie et
le régime de vie adopté, de même que par les structures et
la distribution des tâches et des responsabilités préférées et
même par le cadre physique choisi.

1. Cycle et régime de vie

Le séjour d'un jeune délinquant à Boscoville est
d'une durée indéterminée ; toutefois l'expérience et la tradition ont fait émerger les paramètres suivants. La durée
normale de séjour est d'approximativement deux années,
réparties de la façon suivante : l'observation en banlieue
est de huit semaines et elle fait partie de la première étape ;
l'acclimatation (nous reviendrons sur la définition des étapes) s'étend habituellement sur une période de douze semaines ; suit l'étape contrôle d'une durée d'environ vingt-
huit semaines ; puis l'étape production qui est généralement longue de trente-deux semaines ; et finalement

l'étape personnalité qui s'étend sur environ vingt-huit semaines.

Le séjour d'un jeune, par ailleurs, s'intègre dans le
cycle annuel de vie à Boscoville. Ce cycle se compose de
trois périodes : l'automne, appelé bloc I, de la mi-septem-
bre à Noël ; l'hiver, bloc II, du début de janvier au mois de
mai, et l'été, bloc III, de mai à septembre. Ce dernier bloc
est divisé en deux avec une phase centrée sur l'athlétisme,
mai et juin, et une phase organisée autour du plein air,
juillet et août. Chacune de ces périodes a des particularités
sportives, par exemple à l'automne on pratique intensivement le football canadien, à l'hiver le ski de fond, au
printemps l'athlétisme et à l'été le plein air (canot-
camping, cyclotourisme...). Ces périodes se distinguent
aussi les unes des autres par l'insistance sur certaines activités culturelles, par exemple à l'hiver l'accent porte sur
les arts d'expression (théâtre, mime...). En plus de ces
activités spécifiques à certaines périodes, il y a les activités
continues très importantes : le boulot (activités académiques), le studio (poterie, céramique...).

Chacune de ces périodes du cycle de vie est séparée
par un moment dit de vacances : quelques jours dans la famille ou dans une ressource appropriée, ceci à la condition
que le milieu du jeune puisse et désire le recevoir et à la
condition que les éducateurs jugent que ces vacances ne lui
feront pas de tort. Ces périodes de vacances sont d'une dizaine de jours au début de septembre, de deux semaines à
Noël, d'une semaine à Pâques et d'une dizaine de jours en
juillet. La durée et les modalités des vacances sont spécifiques pour chaque pensionnaire. À ceci peuvent s'ajouter
les dimanches et des fins de semaines, suivant l'étape atteinte, la disponibilité et/ou la proximité du milieu d'ori-
gine et la capacité du jeune ; ceci à la suite d'une décision
de l'équipe en consultation avec le jeune.

Le cycle de vie décrit repose sur un régime de vie quotidienne qui se déroule généralement comme suit :

7h45 :	Lever
8h00 à 8h30 :	Déjeuner
8h30 à 9h00 :	Ménage du quartier
9h00 à 12h00 :	Boulot (travail scolaire individualisé au quartier)
12h00 à 13h00 :	Dîner

L'après-midi est consacré à quatre périodes d'activités différentes mais déterminées par la phase courante du cycle de vie et réalisée dans un ordre variable selon l'horaire des différents quartiers, par exemple :

13h15 à 14h30 :	Sports (gymnase, piscine…)
14h30 à 15h45 :	Projets (théâtre, film…)
15h45 à 16h30 :	Studio (poterie…)
16h30 à 17h45 :	Réflexion de groupe…
18h00 à 19h00 :	Souper

L'organisation de la soirée dépend de la programmation établie conjointement par les pensionnaires et les éducateurs. D'une façon générale, les temps libres (télévision, audition de musique, cartes, jeux de société …) alternent avec des activités organisées (sports, compétitions inter-quartiers …). Le coucher a lieu à 22h00.

2. Organisation

La bonne marche d'un internat comme Boscoville requiert des mécanismes de prise de décision, un réseau de communication, des procédures de supervision, des définitions de tâches. Ce sont des indicateurs significatifs de la conception que l'on se fait de la rééducation et ils indiquent clairement l'importance que l'on donne aux tâches concrètes d'aide aux jeunes délinquants. Nous présenterons trois aspects essentiels de l'organisation de Boscoville : l'organisation générale, l'organisation du quartier de rééducation et les comités où se prennent les décisions. Cette description a été établie à partir des documents suivants : *Boscoville : plan d'organisation* (1973), Ducharme (1974) et Beaulne (1974).

Les principales composantes de Boscoville peuvent être représentées par une figuration concentrique : les catégories de personnes occupant la sphère concentrique extérieure sont directement influencées par les décisions et les politiques élaborées par ceux de la sphère précédente.

La sphère centrale regroupe les membres de la direction : le directeur général, le directeur des services professionnels, le directeur de la vie de groupe, le directeur des services administratifs et le directeur du programme psycho-éducatif.

La sphère suivante est celle des coordonnateurs d'ensemble à l'extérieur des quartiers ; ceux-ci planifient les différentes activités pour l'ensemble de l'internat. Ce sont le responsable du service social, le coordonnateur des activités para-pédagogiques, le coordonnateur de la création du matériel psycho-éducatif et les autres postes reliés à la formation, à la santé.

La troisième sphère comprend aussi des coordonnateurs, mais cette fois pour la vie dans les quartiers de rééducation et les banlieues. Comme son titre l'indique le coordonnateur du quartier coordonne le travail du personnel placé sous son autorité, les supporte dans leur travail, les oriente et les guide ; il anime le comité clinique de son unité ; il supervise le travail des éducateurs ; il dirige les réunions de tous les participants de son quartier ; il rencontre les élèves ; il prend les décisions qui s'imposent au niveau de la rééducation ; il favorise l'épanouissement professionnel du personnel ; il répond de la rééducation des élèves confiés à son unité.

La quatrième sphère se compose de l'équipe des éducateurs des quartiers, à savoir les cinq psycho-éducateurs de chacun des quartiers plus les internes et les stagiaires. La dernière sphère regroupe les sujets en rééducation.

Pour compléter ce portrait de l'organisation de Boscoville, il convient de dire un mot des responsabilités civiques. Régulièrement le conseil de ville, présidé par le directeur de la vie en groupe, se réunit à l'hôtel de ville pour délibérer sur le régime de vie à Boscoville. Chaque quartier y est représenté par un échevin élu, sauf les banlieues. Les quartiers, par l'entremise de leur échevin, peuvent faire valoir leur point de vue sur les différentes questions à l'ordre du jour. L'échevin fera rapport des discussions entretenues et des décisions prises à la prochaine réunion civique du quartier qui, une fois par semaine, regroupe toutes les personnes vivant dans un quartier, éducateurs et pensionnaires.

L'organisation du quartier est parallèle à celle de l'ensemble de Boscoville ; en effet, il y a continuité entre les services professionnels et de rééducation et la section clinique du quartier, et entre les services du programme et de la vie de groupe et la section régime de vie du quartier. La section régime de vie est sous l'autorité, à l'hôtel de ville, du directeur des programmes et du comité de planification du programme et des activités. Les directives issues de ces instances passent au quartier par les comités d'activités de quartier qui tentent d'uniformiser les objectifs poursuivis par l'équipe d'éducateurs dans les différentes activités vécues par les garçons, et le comité de quartier où les événements sont supervisés par le coordonnateur et l'échevin (le conseil de quartier). Le conseil de quartier est sous l'autorité du conseil de ville.

Les décisions cliniques du quartier sont supervisées de l'hôtel de ville par le directeur de la vie de groupe et le comité exécutif clinique qui évalue les aspects psycho-sociaux et psycho-éducatifs des cas. Ce travail ne peut se faire sans l'enregistrement des données d'observations provenant de la vie de quartier. Un responsable clinique est chargé de coordonner ce travail dans chacun des quartiers. Ces observations déboucheront aux comités cliniques de quartier dans le but de préparer les études de cas périodiques du comité exécutif clinique et autres comités cliniques de l'hôtel de ville. Le responsable clinique a aussi pour tâche de faire la synthèse des observations des activités, des temps libres, de la cotation des activités et des rencontres individuelles hebdomadaires. Ces éléments constitueront le matériel clinique de base pour évaluer le progrès des jeunes, leur compétence, c'est-à-dire l'acquisition des exigences propres à chacune des étapes de rééducation.

Les responsables des sections se retrouvent avec les adolescents à la réunion civique du quartier où les résultats des activités, les événements à venir et les décisions cliniques sont communiqués, analysés et discutés.

Une organisation aussi cohérente, mais aussi complexe que celle de Boscoville peut occasionner des difficultés de communication, des conflits de rôle, des messages partiels ou déformés; c'est pourquoi des mécanismes sont nécessaires pour favoriser le flux des informations: ces mécanismes, ce sont les comités.

Les éducateurs de Boscoville sont étroitement reliés les uns aux autres par de nombreux comités où des décisions de toute nature se prennent, où l'intervention des psycho-éducateurs est coordonnée et supervisée, où les informations sur les jeunes, les activités et le régime de vie circulent. Les quinze comités recensés peuvent se classer en deux groupes : les comités de soutien et les comités concernés par la rééducation et le régime de vie (pour une description détaillée de ces comités, il convient de consulter Cusson et Ducharme, 1974).

Si la cohérence est la première marque de l'organisation de Boscoville, la participation en est une autre car chaque psycho-éducateur participe à plusieurs comités de divers niveaux et ayant des fonctions variées. Les pensionnaires sont aussi intégrés à certaines des structures. Cette participation est beaucoup plus qu'une présence, comme le démontrent nos observations, plus particulièrement au comité exécutif clinique (voir Legendre, 1975), et au comité de coordination générale (voir Ménard, 1976). Mais participation et cohérence signifient souvent lourdeur et indécision. La lourdeur, tout en étant réelle, est quand même diminuée par le fait que la participation et les tâches sont distribuées à tous les psycho-éducateurs des quartiers ; la charge de travail qu'impliquent ces comités n'incombe pas seulement à quelques personnes et de fait, dans la grille horaire de chaque éducateur, les comités ne comptent que pour environ six heures sur les trente-sept heures de travail qu'ils doivent fournir chaque semaine. Quant aux conséquences d'une telle organisation en termes d'indécision, elle est beaucoup plus vérifiable au niveau de l'ensemble de Boscoville qu'au niveau du fonctionnement des quartiers. (Voir Ménard, 1976, et Descoteaux *et al.*, 1979.)

IV. Une conception du jeune délinquant et de sa rééducation

Le cadre physique et organisationnel choisi exprimait déjà une certaine conception de la rééducation. Et ceci d'autant plus que pour l'équipe de Boscoville, la rééducation est totale, elle vise à rejoindre le «tout humain» chez l'adolescent délinquant. Ces précisions ne suffisent évidemment pas pour donner une idée complète de la conception de la rééducation qui inspire cet internat. Voyons maintenant comment on conçoit le jeune délinquant à Boscoville.

1. Représentation du jeune délinquant

À la base de tout système de rééducation, on découvre toujours une certaine conception du jeune délinquant : ses caractéristiques et ses problèmes sont décrits plus ou moins explicitement et avec une rigueur et des détails plus ou moins précis. À Boscoville, on ne s'y est pas attardé outre mesure; toutefois de nombreuses descriptions de cas sont disponibles et des références claires sont souvent faites aux écrits de source psychanalytique (Airchorn, Redl, Bettelheim...) et de psychologie de l'égo (Erikson, Rappoport...). Il n'en demeure pas moins qu'il y a fort peu de textes qui s'attachent à présenter systématiquement le jeune délinquant et ses caractéristiques.

Ce sont les écrits du R.P. Noël Mailloux, rassemblés dans le livre *Jeunes sans dialogue* (1971), qui constituent la conception du jeune délinquant adoptée et utilisée par Boscoville. L'originalité de la description proposée ne réside pas tant dans la liste des traits et des caractéristiques privilégiés que dans la synthèse et dans la façon de faire le pont entre ces traits et caractéristiques et le développement humain, particulièrement celui de l'adolescent. Pour Mailloux, la délinquance est la manifestation apparente d'une condition pathologique latente qui n'entraîne aucun préjudice en ce qui concerne la rationalité des individus en cause.

Rappelons certains grands traits que ces jeunes délinquants de seize à vingt et un ans ont en commun suivant Mailloux (1971, p. 83 à 117) : « une perception infamante de soi-même » qui se présente sous la forme d'un « masque de fanfaronnade et d'une complète insensibilité morale ». L'« identification négative » qui conduit à de la « compulsion à répéter » est soutenue par les attitudes des gens de l'entourage qui les ont toujours perçus comme des « sujets incorrigibles », des « gibiers de potence », des « brebis-galeuses ». À cela s'ajoutent une attitude narcissique qui l'empêche d'emblée de s'attacher à qui que ce soit d'une façon durable, amicale et confiante (p. 104) et une « aversion globale pour les activités socialisées » (p. 105), en particulier pour les activités scolaires. Le tout encadré par l'utilisation du gang pour se protéger contre la réprobation du milieu et les appels de sa conscience (p. 110). Finalement ils visent un processus de dissocialisation qui les éloignera fatalement de tous les milieux qui s'apprêteraient à les intégrer dans leurs cadres : la famille, l'école, l'Église, les organisations sportives, le monde du travail (p. 112).

Si ces quelques éléments nous permettent de percevoir la conception que l'on se fait du jeune délinquant à Boscoville, ils nous laissent entendre que la délinquance n'a qu'une dynamique propre, celle décrite. Il n'y a pas plusieurs types ou plusieurs dynamiques de la délinquance, tout au moins dans les écrits que nous avons consultés.

2. Un milieu thérapeutique

La rééducation d'un jeune délinquant dont les caractéristiques essentielles viennent d'être décrites ne saurait s'accomplir sans l'utilisation d'un milieu total. Voilà la pierre angulaire de la conception de la rééducation qui a cours à Boscoville; pour exprimer cette idée circule la phrase suivante qui est attribuée à Erikson : «A whole world, to be whole in.» Cette approche globale est clairement exprimée dans cet extrait des *Cahiers du dixième anniversaire* :

> Chaque individu doit être considéré comme un tout dans le temps. Les sciences de l'homme ont démontré hors de toute hésitation que celui-ci se développe en intégrant successivement toutes les richesses et les pauvretés acquises à chaque niveau d'évolution. Si nous voulions comprendre la notion de rééducation, il fallait la considérer d'un point de vue génétique et dynamique et c'est ainsi que les éducateurs de Boscoville dans leur formation ont cherché à étudier l'enfant tant du côté affectif que cognitif.

> Cet effort a conduit à l'énoncé suivant : toute stratégie psycho-pédagogique utilisée en vue de la rééducation du fonctionnement de l'individu délinquant doit être totale. C'est un des premiers principes qui s'imposent à l'éducateur de jeunes délinquants. L'expérience de la rééducation confirme que l'approche dynamique de l'affectivité doit être complétée par une étude génétique du fonctionnement cognitif et physique. (Boscoville, 1964, p. 5)

Le milieu total est donc celui où l'être est relié à tout son environnement grâce à des interactions constantes avec les autres éléments du milieu. L'internat, selon Gendreau et

Paulhus (1967), apparaît comme le milieu total qui réalise le plus complètement ces conditions grâce à ses propriétés spatio-temporelles particulières.

Par ailleurs, cet internat a l'obligation d'être plus qu'un milieu total, il doit aussi être thérapeutique. C'est pourquoi Boscoville se présente comme une sorte de thérapie de milieu ou de psychothérapie de groupe permanente qui repose sur les activités de la vie quotidienne. L'identité de Boscoville comme milieu thérapeutique total s'érige à partir d'une conscience claire des buts poursuivis et des moyens utilisés ; il en résulte qu'une attention toute particulière est portée sur ce que sont les sujets, ce qu'ils étaient et ce qu'ils sont dans leur nouveau milieu, ainsi que sur le contenu des expériences à faire vivre aux jeunes : soit en termes de valeur à transmettre, de contenu des activités proposées ou en termes de style de mise en relation inter-personnelle.

Ce milieu est aussi social dans la mesure où les relations entre pairs et avec les adultes sont des réalités de tout instant. Finalement, comme l'affirment Gendreau et Paulhus (1967), tout milieu n'est pas en soi éducatif, c'est fondamentalement le facteur d'équilibration qui fait d'un milieu quelconque un milieu resocialisant. Cette équilibration s'établit dans la mesure où le milieu fait face à une catégorie de groupes qui ont une identité propre, et y reçoivent des individus appropriés et dans la mesure où il utilise un processus de rééducation qui soit adapté aux potentialités et aux besoins des jeunes délinquants, et si les moyens d'actions sont appropriés et réellement mis en oeuvre.

V. Les moyens d'action

La rééducation, pour être totale, nécessite la conception et l'utilisation de moyens d'action qui sont à la fois globaux et intégrés. Par moyens d'action, il faut entendre l'ensemble des procédés et des instruments qui sont utilisés pour rééduquer les jeunes délinquants.

Ces moyens d'action sont globaux parce qu'ils cherchent à répondre à l'ensemble des besoins internes et externes des jeunes. C'est d'abord le cadre environnemental et organisationnel en conjonction avec une conception spécifique de la rééducation ; celle-ci détermine le choix et le contenu des moyens d'action particuliers qui sont concernés par le genre de vie offert aux pensionnaires et qui assurent la prise en charge de sa situation personnelle. Les moyens d'action sont aussi intégrés au sens qu'une même philosophie anime chacun et qu'ils concourent tous vers le même objectif général, tout en étant individualisés en raison des besoins de chaque jeune délinquant.

Les moyens d'action peuvent être classifiés en trois groupes : les ressources humaines qui sont constituées des éducateurs et de la vie en groupe ; les moyens techniques qui comprennent les diverses activités et thérapies, et finalement, l'encadrement, c'est-à-dire le système de responsabilités qui définit les tâches, les droits et devoirs, et les sanctions. Ces trois sous-ensembles de moyens d'action sont essentiels à la rééducation ; néanmoins les ressources humaines ont une place à part dans le processus de rééducation ne serait-ce que par leur présence de tous les instants. C'est une réalité continue de la rééducation, tandis que les moyens techniques sont utilisés de façon intermittente, par exemple la thérapie de groupe a lieu une fois par semaine, ou varient constamment dans leur contenu, telles les diverses activités : sport, céramique, boulot ...

Ces trois sous-ensembles de moyens d'action constituent trois réseaux interdépendants d'influences qui s'exerceront sur le jeune afin de le faire évoluer. Les ressources humaines sont le principal agent de cette évolution, tout particulièrement les éducateurs qui, grâce à leur personnalité et à leur formation, sont les principaux agents de la transformation du jeune. Le groupe, le milieu social dans lequel baigne le jeune est non moins important ; il l'ouvre à la dimension sociale de la réalité grâce à sa structure, sa tradition, son climat, ses règles, ses valeurs. Les activités constituent un autre réseau fondamental d'influences, une réalité sur laquelle s'exerce le jeune et qui par sa diversité : activités physiques, intellectuelles, culturelles, permet au jeune d'expérimenter des champs nouveaux de stimulation et de valorisation. Le système de responsabilités, pour sa part, constitue un encadrement qui permet au jeune de savoir où il va (les objectifs), ce qu'il a à faire (les tâches et devoirs), ce qu'il peut attendre de la vie à Boscoville (les droits), et les conséquences de ses actes (les sanctions).

Ressources humaines, moyens techniques et système de responsabilités concourent simultanément à faire évoluer le jeune délinquant. Les éducateurs organisent et dirigent les activités et ils animent la vie sociale du groupe de jeunes. Les activités donnent à l'éducateur l'occasion d'entrer en relation avec le jeune et c'est par l'intermédiaire de celles-ci que l'éducateur peut réussir à faire évoluer le jeune. Le groupe permet à l'éducateur d'être accepté par le jeune et il supporte le travail de l'éducateur. Le système de responsabilités indique au jeune les limites de ce qu'il faut faire et ne pas faire et il permet à l'éducateur d'avoir un cadre connu et précis. L'un sans l'autre, ces réseaux d'influence seraient inopérants et inefficaces ; Boscoville serait un infirme.

Puisque la rééducation ne découle ni de l'improvisation, ni de la vertu magique des bonnes intentions, ni de la relation éducateurs-adolescents, elle est plutôt une entreprise qui exige une organisation minutieuse du travail de l'éducateur et une utilisation systématique et coordonnée de l'ensemble des moyens d'action, comme l'affirme avec vigueur Gendreau (1966). Dans les pages qui vont suivre, nous décrirons deux des réseaux d'influence, les moyens techniques et l'encadrement, et nous garderons pour un chapitre subséquent les ressources humaines; ceci parce que les éducateurs et le groupe sont les composantes proéminentes du processus de la rééducation.

1. Les moyens techniques

Les moyens techniques peuvent se regrouper en deux sous-ensembles : les activités pédagogiques qui s'attachent à développer les capacités des pensionnaires et les activités thérapeutiques qui sont des procédés plus spécifiques de traitement psychologique. Les premières sont le boulot, le studio (céramique), les sports, les projets et les loisirs tandis que les secondes sont la thérapie de groupe, les rencontres de semaine et les entrevues individuelles.

1a. Les activités pédagogiques

À Boscoville, les activités pédagogiques, au sens premier de ce qualificatif, c'est-à-dire qui a rapport à l'éducation des enfants, sont conçues en tenant compte des caractéristiques du jeune délinquant : celui-ci serait incapable de produire adéquatement à cause de conflits psychologiques qui lui occasionnent des blocages et des échecs, surtout au niveau scolaire. Ces troubles contribueraient à entretenir l'image négative que le jeune délinquant se fait de lui-même et ils renforceraient sa conviction qu'il est incapable de faire quoi que ce soit de valable.

Compte tenu de cette conception des difficultés du jeune délinquant, les activités auront plusieurs fonctions, la première étant de fournir au pensionnaire l'occasion de réussir dans des tâches et ainsi de découvrir ses capacités réelles de producteur. Cette découverte, par ricochet, contribuera à la formation d'une identité positive (voir Boscoville, 1964). Dans la mesure où ces expériences seront positives, le jeune sera amené à s'engager concrètement face aux valeurs que Boscoville veut lui transmettre et à les assimiler en cherchant à les pratiquer dans les diverses activités.

La deuxième fonction essentielle de l'activité est d'initier le jeune délinquant à une démarche rationnelle et à une production efficace (Guindon, 1970), ceci parce que l'on considère qu'il a accumulé un retard dans le domaine du fonctionnement intellectuel.

Les activités pédagogiques doivent satisfaire à trois conditions pour réaliser les objectifs ci-dessus. Premièrement, elles doivent créer un intérêt profond, c'est-à-dire un intérêt centré sur le besoin d'évolution normal de chaque être (Boscoville, 1964). L'intérêt étant suscité, il pourra mobiliser l'énergie du pensionnaire ; il le poussera à prendre des initiatives, à s'engager dans l'action proposée et il permettra alors l'intégration entre les dimensions affectives et intellectuelles du fonctionnement du jeune.

La deuxième condition nécessaire pour que les activités soient rééducatives est de respecter le rythme de chaque membre du groupe, en tenant compte de leurs différences individuelles (Boscoville, 1964). Les activités doivent donc être des activités individualisées d'apprentissage ; elles sont pensées pour tenir compte du rythme propre à chaque pensionnaire, de ses aptitudes, de son niveau d'évolution, de son fonctionnement intellectuel et de tous les facteurs qui peuvent affecter sa production.

La troisième condition essentielle à l'organisation des activités est de :

> faciliter une prise de contact de l'élève avec l'éducateur compréhensif et compétent qui apportera à l'étudiant le soutien affectif dont il a besoin pour rencontrer telle ou telle difficulté. C'est ainsi que l'éducateur pourra efficacement aider le jeune inadapté à se revaloriser et à se développer d'après ses propres ressources, son rôle sera plutôt d'inspirer que d'enseigner. (Boscoville, 1964, p. 17)

Une telle perspective suppose que l'on concilie le respect du rythme de chacun, une relation de qualité entre l'éducateur et le jeune, et une motivation élevée de la part du pensionnaire. Pour y arriver, il ne faut pas concevoir le jeune comme un être inerte et réceptif et l'éducateur comme celui qui enseigne et commande. Le jeune doit pouvoir prendre de l'initiative dans l'exécution des tâches et l'éducateur doit être celui qui anime et encourage.

Dans un tel système l'éducateur suscite l'intérêt du jeune, l'encourage à prendre des initiatives, à créer, à choisir, à prévoir ; il doit lui-même découvrir la meilleure manière de résoudre ses problèmes de production. Dans les moments de tâtonnement, l'éducateur encourage, soutient et oriente le jeune. Pour ceci, l'éducateur se doit d'être attentif aux besoins du jeune, disponible pour l'aider. Cependant, l'éducateur n'a pas à abdiquer toute autorité ; celle-ci repose sur une compréhension du jeune délinquant, sa compétence technique et sa relation avec celui-ci.

Ayant défini les fonctions et conditions nécessaires aux activités pédagogiques, Boscoville propose aux jeunes inadaptés un programme intégré d'activités. Le programme d'activités est formé par l'ensemble des situations d'apprentissage et des moments de vie offerts aux individus ou au groupe. À Boscoville, on définit l'activité de la manière suivante :

> C'est un ensemble structural et dynamique impliquant un certain nombre de personnes précises ayant des rôles et des tâches spécifiques, un contenu organisé de démarches bien structurées et agencées, en vue de buts généraux et particuliers concernés ou suivis, s'appuyant sur des moyens appropriés de mise en relation, le tout dans un contexte mésologique et dans un cadre temporel donné. Le tout pouvant être envisagé sous trois dimensions complémentaires : l'organisation, l'animation et l'utilisation. (Gendreau cité par Bilodeau, 1973, p. 1)

L'ensemble structural que constitue une activité est donc un ensemble de dix composantes : les sujets, les objectifs, le contenu, les méthodes didactiques, le contexte spatial, le contexte temporel, le système de responsabilités, le code et les procédures, l'évaluation et le personnel. Nous référons le lecteur à Gendreau (1978) pour plus de détails quant aux définitions des composantes et leurs agencements, de même que pour des exemples pratiques.

Boscoville propose à ses pensionnaires un programme annuel d'activités. Celui-ci comprend une variété de situations d'apprentissage, tout en maintenant une stabilité du mode de vie et en s'assurant que le rythme est diversifié. Notons tout d'abord que chaque période du cycle annuel de vie a un objectif particulier : à l'automne l'aspect intellectuel, à l'hiver l'expression, au printemps et à l'été le schéma corporel. Ces objectifs particuliers de chaque période déterminent les activités de centration, celles qui reçoivent un accent particulier : successivement le boulot et les connaissances générales (histoire, géographie...) pour l'aspect intellectuel, les projets (théâtre, mime...) et la gymnastique pour la dimension expression et, finalement l'athlétisme et le plein air pour le développement du schéma corporel. Aux activités de centration viennent s'ajouter les activités régulières qui assurent la stabilité du mode de vie; elles sont généralement journalières (studio, sports...) ou tout au moins hebdomadaires (heures de réflexion, certains sports...). À ces deux premiers types d'activités, il faut joindre les activités complémentaires, celles qui ont un caractère beaucoup plus intermittent (sorties, fêtes, loisirs culturels...). Le programme intégré comprend un second ensemble d'activités; elles sont périphériques au sens où elles occupent un espace temps beaucoup plus restreint : les activités de soutien ou thérapies (thérapie de groupe, rencontres individuelles) et les activités civiques dont nous reparlerons dans d'autres sections. Finalement, on retrouve les activités vitales qui se réfèrent à l'entretien du quartier de résidence et de son environnement et à la rencontre de besoins vitaux (vêtements, nourriture...).

Voyons maintenant à quoi correspondent les activités choisies pour permettre la rééducation et comment les principes ci-dessus y sont incorporés. Dans l'ordre, nous traiterons du boulot, du studio, des activités sportives, des projets et connaissances générales, et des loisirs et temps libres.

Le boulot

Le boulot, l'activité scolaire ou académique, est la pierre angulaire du programme d'activités à Boscoville. Sur le plan architectural, une grande pièce dans chacun des quartiers lui est réservée; sur le plan quantitatif, au moins cinq demi-journées lui sont affectées, sans compter les heures de loisirs et de temps libre que le jeune choisit de lui accorder; sur le plan conceptuel, c'est dans cette activité que certains des principes fondamentaux du travail rééducatif se sont actualisés en premier: l'individualisation, la participation du jeune à sa rééducation et la progression par étapes grâce à des objectifs spécifiques ou défis.

Le contenu et la forme de l'activité boulot se sont développés à partir de deux constatations: bon nombre de jeunes délinquants, malgré une intelligence à tout le moins normale, ont accumulé des retards scolaires et la plupart d'entre eux sont réfractaires à l'école telle que vécue par l'ensemble des adolescents. Ces observations cliniques des animateurs de Boscoville sont confirmées par nos données de recherche sur la population admise au cours des années 1974 et 1975; en effet, 63% des jeunes rencontrés avaient accumulé des retards scolaires d'au moins une année et 68% avaient déjà quitté, définitivement (42%) ou temporairement (26%) l'école au moment de leur entrée à Boscoville, c'est-à-dire entre 14 et 16 ans; de plus il est ressorti des entrevues que la vie scolaire des pensionnaires de Boscoville avait été plus difficile et plus perturbée que celle des autres jeunes délinquants (pour plus de détails sur les expériences scolaires des jeunes admis à Boscoville, voir LeBlanc et Meilleur, 1979).

Considérant ces difficultés, la rééducation du fonctionnement intellectuel est apparue comme un pilier essentiel de la rééducation totale. Et le boulot:

> ... vise à permettre au jeune de créer des liens avec les personnes (pairs, éducateurs) et avec le monde des choses par l'intermédiaire de l'acquisition de schèmes de connaissances intellectuelles qui sont organisés de manière à développer l'acquisition d'une pensée logique communicable et socialisée

d'une part et à permettre une connaissance de plus en plus grande du réel et du mode de relations avec le réel. (Gaudreau, 1973, p. 6)

Ainsi, l'activité scolaire ne peut pas être uniquement l'enseignement, la transmission d'une matière, d'un savoir, d'une notion, d'une technique. C'est la mise en relation d'un sujet avec un objet dans un contexte de vie, comme le dit si bien Julien (1972).

Cette mise en relation exige une méthode active, c'est-à-dire une méthode qui permet au jeune d'être lui-même actif intellectuellement et émotivement devant la notion à assimiler; il doit pouvoir jouer un rôle dans ce processus. C'est pour cette raison que le système de fiches est apparu comme l'instrument qui pouvait permettre cette participation du pensionnaire; il devient alors le propre artisan de son instruction et de sa formation, ceci avec l'aide d'un éducateur compétent et compréhensif. C'est donc le travail personnel du jeune, sa réflexion, ses expériences qui lui permettent de comprendre et de réaliser quelque chose. Pour ce faire les activités académiques fournissent à l'étudiant un travail qui nécessite une activité réfléchie, ordonnée à des données précises, pour supporter sa pensée, sans quoi il ne peut réussir, selon Julien (1972). C'est cette réussite, cette découverte de moyens nouveaux d'action, cette façon personnelle de procéder qui est recherchée par Boscoville quand on y parle d'actualisation des forces du moi. Pour atteindre cette réussite, le système d'enseignement est individualisé et gradué; il respecte le rythme de chacun, en tenant compte du passé du jeune et des variantes de perception, de capacité d'assimilation. Il permet à l'élève d'assimiler qualitativement et de se développer selon ses propres ressources et projets d'avenir. L'instrument de cette progression c'est le système de fiches.

La fiche est un instrument pédagogique qui présente au jeune un problème à résoudre, qui décrit les opérations qui pourront conduire à la solution de ce problème et qui propose des exercices où seront appliquées les opérations apprises. La fiche est donc l'unité de base du système, elle représente des buts immédiats à atteindre, et sa correction permet au jeune de voir ses erreurs et de vérifier concrètement ses progrès. La fiche demeure en possession de l'élève et elle sert de document de référence pour les exercices, les tests et pour les révisions qui précèdent les examens.

Les fiches sont regroupées en collections et matières (grammaire, calcul, littérature...). Chaque collection représente une année scolaire et le jeune peut organiser son travail en agençant, selon son goût, les matières d'une collection et en adoptant le rythme qui lui convient, l'intensifiant ou le réduisant suivant le moment. Chaque collection est aussi divisée en tranches (une tranche se compare à un semestre scolaire normal) et en périodes qui sont un ensemble fonctionnel de notions, chaque période pouvant comprendre un nombre variable de fiches, suivant la difficulté et la complexité des notions à acquérir.

La fiche, la période, la tranche et la collection sont autant de moments qui permettent, à la fois au jeune et aux éducateurs, de constater les progrès et réussites, de déterminer le chemin à parcourir et ainsi maintenir une motivation constante. Le travail à faire, tel que proposé par la fiche, n'est pas déterminé par un facteur de temps : ainsi le pensionnaire ne se sent pas pressé au-delà de la possibilité de son rythme, il n'a pas l'impression de perdre son temps s'il est favorisé d'une intelligence vive.

Si les avantages d'un tel système de fiches sont nombreux pour le pensionnaire et la dynamique de sa rééducation, il n'en demeure pas moins que sa mise à jour est onéreuse, et après quelques années il date; sa mise au point est complexe et difficile, et alors on ne peut offrir l'ensemble des matières disponibles dans une école secondaire. Ainsi, on reconnaît généralement qu' :

> aucun de ces programmes (collection), même s'il est conçu en fonction de donner les mêmes contenus que dans les écoles régulières, aucun ne rejoint complètement l'équivalence de ces programmes à l'extérieur. (Belzile, 1973, p. 3)

Au moment du boulot, le matin, chaque pensionnaire prend la fiche à laquelle il est rendu, étudie le problème et fait les exercices proposés. Chacun travaille individuellement, en silence, dans la pièce du quartier réservée à cet usage. S'il éprouve une difficulté, il peut consulter l'éducateur en présence qui l'aidera à s'orienter devant le problème. L'éducateur est plus qu'un consultant : il organise, il anime et il utilise les événements.

L'éducateur-professeur doit tout d'abord organiser le travail, c'est-à-dire fournir le matériel, localiser chacun, classer le matériel, corriger les fiches et transmettre les résultats. Beaucoup plus encore, il doit être un animateur de la relation avec l'objet, la connaissance; ce support, nuancé selon les circonstances et les individus, doit se doubler d'une attitude de compréhension, d'acceptation et d'aide. Il doit devenir la personne significative pour l'élève, ceci en conservant toute son autorité et le prestige dû à sa compétence. De plus, il doit utiliser l'activité, c'est-à-dire faire une exploitation éducative des événements, ou s'assurer que l'événement vécu devienne l'occasion de prises de conscience qui peuvent être des stimulants pour intensifier la démarche du pensionnaire. Ainsi, le rôle de l'éducateur-professeur permet de toucher la personnalité du jeune et non seulement l'apprentissage de connaissances ; nous aurons l'occasion de vérifier si l'éducateur joue vraiment son rôle dans ce sens.

Le boulot apparaît donc comme l'activité qui, tout en occupant l'espace temps le plus large (30% de l'horaire), a permis d'opérationnaliser les principes fondamentaux de la psycho-éducation : actualisation du moi, respect du rythme personnel, participation du jeune, graduation de la démarche, intégration d'objectifs spécifiques et globaux. C'est la pierre angulaire du programme d'activités mais son équivalence avec le programme régulier des écoles secondaires est loin d'être réalisée, comme on le reconnaît à Boscoville même.

Le studio

Le studio est l'activité d'expression artistique ; elle compte pour 10% de l'horaire et le principal médium utilisé est la céramique, choix qui, lorsqu'il a été fait au cours des années cinquante, constituait une innovation pour un internat de rééducation. Cette activité est pratiquée cinq jours par semaine, à raison d'une heure par jour, dans un local particulièrement conçu pour ce genre d'activité. Si toute une gamme de productions peuvent être expérimentées (gravures, peintures, bijoux, sculptures...), c'est la poterie qui est utilisée pour faire évoluer le jeune dans une démarche d'apprentissage. Ainsi, à l'aide de techniques artisanales qu'il apprendra à maîtriser progressivement, il fabriquera, en terre, des récipients de toutes sortes et pour tous usages, objets qui ne nécessitent que l'utilisation de matériaux et d'instruments simples à manier.

Le programme de cette activité est élaboré à partir d'un système de défis comprenant différentes étapes. Chaque étape compte une série de pièces à réaliser selon des formes et des techniques bien identifiées et de plus en plus complexes. L'agencement des étapes est faite de façon telle qu'au fur et à mesure que le jeune progresse dans ses pièces, plus d'initiative, de créativité et d'autonomie lui sont laissées. Ainsi, à son arrivée à Boscoville, le garçon se familiarise avec ce genre d'activité en manipulant de la terre pour faire un cendrier. Par la suite, il réalisera une longue série d'objets fonctionnels dont la fabrication présente des difficultés qui ont été graduées; au début, il produira ces objets au cours d'une séance, par la suite une planification sera nécessaire.

La céramique, comme le boulot, applique donc les principes d'individualisation, de participation et de graduation. Cette activité donne au jeune l'occasion de créer et de s'exprimer, elle l'oblige à surmonter des difficultés de réalisation, elle lui permet de découvrir ses aptitudes, comme le souligne Guindon (1970). Mais le studio introduit une dimension supplémentaire aux démarches décrites; c'est la libre disposition de sa production: il peut garder la pièce, en faire cadeau, la vendre lui-même ou encore la faire vendre par la Coopérative des studios. De plus, cette expérience est inscrite dans une démarche de connaissance de l'histoire des arts, d'une part, et des anciennes productions, d'autre part; l'activité est donc rattachée à l'héritage culturel.

En somme, au studio le jeune apprend à maîtriser un matériau: la terre, et des techniques; il découvre la relation concrète entre l'effort fourni et le résultat obtenu; il apprend à planifier et à s'exprimer de façon créatrice et autonome.

Les activités sportives

L'activité physique occupe une place importante dans le programme de rééducation de Boscoville; de fait,

une heure par jour est consacrée à une activité sportive individuelle, habituellement de la gymnastique sous une
forme ou une autre, et à d'autres moments (soirées, fins
de semaines, temps libres...) on pratique des sports de
groupe, ceci de façon plus ou moins intensive suivant les
périodes du cycle de vie; donc au total, environ un quart
de l'horaire est consacré à l'activité physique. Les sports
servent à développer les aptitudes physiques des jeunes,
même à rétablir ou consolider leur santé; ils servent aussi
au développement du moi des garçons, à canaliser ses impulsions agressives, à habituer le jeune à respecter les lois
sociales. De fait, à Boscoville (Potvin, 1973), on soutient
que l'activité corporelle engage la personne dans sa totalité, que la maîtrise du corps est la base nécessaire aux formes intellectuelles ou verbales d'affirmation du moi et
qu'elle est le fondement de la maîtrise des objets et des ou-
tils.

En conséquence de l'adoption de ces principes,
Boscoville jouit d'une organisation de terrains et de locaux
adéquats pour rencontrer les objectifs ci-dessus : un centre
récréatif avec grand gymnase, palestre, piscine intérieure.
Ce centre donne sur une piste d'athlétisme avec terrains de
sports d'équipe et terrains d'entraînement. De plus, Boscoville dispose de tous les accessoires nécessaires, des ca-
nots et bicyclettes jusqu'aux divers types de ballons et
d'appareils.

Si la gymnastique est quotidienne, les autres sports
changent suivant les saisons : football (septembre, octobre), ballon-panier et ballon-passe (novembre, décembre,
janvier), gymnastique aux appareils et ski de fond (janvier, février, mars), soccer (avril, mai, juin), athlétisme
(juin, juillet), plein air : cyclotourisme, canot-camping
(août) et natation (toute l'année). Aux périodes principales correspondent des temps forts : tournoi de football,

gala de gymnastique, tournoi de ballon panier et olym-
piades. Pendant les loisirs et temps libres d'autres sports
peuvent être pratiqués : hockey intérieur, ping-pong,
plongeon, balle molle, natation, tir à l'arc.

Afin de maintenir l'intérêt, des défis sont proposés
soit au groupe, soit à l'individu; toutefois le rythme et les
capacités individuelles n'en sont pas moins respectés et utilisés systématiquement par les éducateurs. Un système
d'émulation (diplômes, médailles, défis...) est un facteur
susceptible de déclencher l'intérêt et la participation de
l'individu tandis qu'une saine compétition permet d'acquérir la capacité d'apprécier les performances de l'autre
(individu ou équipe) et de se servir de cette performance
pour mieux se dépasser soi-même (Potvin, 1973).

Les autres activités

Les activités de connaissances générales alternent,
dans le programme annuel, avec les projets. Elles sont le
complément naturel du boulot et elles mettent l'accent sur
la vie sociale et politique. Ainsi, pendant plusieurs semaines, à raison de quelques heures par semaine, les pensionnaires s'adonnent à des travaux qui leur permettent de
faire le lien entre les personnes et la société, ses institutions
sociales, économiques et politiques. Ils identifient différentes structures sociales et différents types d'organisations
sociales, les situent historiquement, recherchent les valeurs
qui les animent et s'attachent à la place qu'elles font aux
individus. L'objectif visé n'est pas seulement d'acquérir
des connaissances sur la société et son fonctionnement
mais aussi de faire vivre une véritable entreprise commu-
nautaire (parlement-école).

C'est ce même objectif d'oeuvrer en vue d'un résultat commun que recherchent les projets qui durent toute

une saison. Il s'agit des projets théâtre, mime, film, volume. Le projet comporte généralement deux étapes : la conception doublée d'une étude historique dans le domaine abordé, et l'exécution (répartition des tâches, répétitions...). Les tâches de chacun sont réparties selon les étapes de rééducation atteintes et les capacités des jeunes. Cette activité vise à apprendre aux pensionnaires à produire, et à les familiariser avec des moyens d'expression souvent inconnus d'eux. Par ailleurs, comme le souligne Guindon (1970), ce travail en commun augmente la cohésion et l'identité du groupe, permet au jeune de remplir une tâche qui est valorisée par ses pairs et par lui-même.

Le régime de vie prévoit des périodes de temps libre où les jeunes peuvent lire, écouter de la musique, pratiquer un hobby..., des périodes de loisirs où des clubs sportifs, artistiques et culturels sont organisés par les jeunes, et des périodes d'activités extérieures où les pensionnaires sortent de Boscoville (cinéma, événement sportif...) ou rencontrent des gens de l'extérieur (danse...). L'ensemble de ces activités reposent sur la supervision des éducateurs, et la participation et l'initiative des pensionnaires. Elles visent l'intégration sociale des jeunes dans la communauté environnante ainsi qu'une initiation à une utilisation saine des temps libres.

1b. Les activités thérapeutiques

Les activités thérapeutiques, qu'on appelle souvent de soutien à Boscoville, sont un complément au programme d'activités pédagogiques. À ces occasions, on utilise des procédés spécifiques qui sont de l'ordre du traitement psychologique ; ce sont la thérapie de groupe, les entretiens individuels et les entrevues sur le champ. Si Boscoville est une thérapie de milieu, ces procédés sont des compléments qui s'attachent à des aspects spécifiques : la dynamique du groupe pour la thérapie de groupe et la démarche personnelle du jeune pour les entretiens individuels.

La thérapie de groupe

À Boscoville, la thérapie de groupe a toujours été rattachée à un nom, le R.P. Noël Mailloux. Celui-ci rencontrait chaque groupe pendant une heure à chaque semaine. Si, initialement, ces rencontres étaient l'occasion de recueillir des données de recherche sur les problèmes d'adaptation qui avaient conduit le jeune à la délinquance, elles sont rapidement devenues un moyen thérapeutique. Ainsi, elles sont autant d'occasions d'objectiver les problèmes de groupe; ceux-ci sont vus comme des problèmes des relations interpersonnelles entre pairs et avec les éducateurs. On s'attarde à la personnalité du groupe, on essaie de lui faire prendre conscience de lui-même, de son évolution, de ses conflits et de ses réussites (voir aussi Mailloux, 1971).

À la thérapie de groupe, il faut ajouter l'heure de réflexion hebdomadaire sous la direction de l'aumônier, qui constitue un moment d'arrêt et de réflexion sur les questions se rapportant au sens que le jeune peut accorder à la vie, à la recherche de valeurs de vie. Il ne s'agit pas d'une période d'activité thérapeutique proprement dite, mais de discussion d'ordre moral et religieux.

Les entretiens individuels

Les entretiens individuels sont de deux ordres, selon leur portée : premièrement les rencontres de semaine, sorte de bilan hebdomadaire et deuxièmement les rencontres sur le champ. Ces deux types d'entrevues qu'un éducateur est appelé à faire avec un pensionnaire en particulier, ont pour objectif d'apporter l'aide individuelle dont le jeune a besoin dans un moment particulier, sur le champ ou régulièrement, pendant tout son séjour à Boscoville.

Les entrevues sur le champ sont dictées par la situation et la conduite du pensionnaire. Celui-ci est alors retiré du groupe et un éducateur procédera à l'entretien dont l'objectif est d'assurer un soutien immédiat ou prévenir une désorganisation qui s'amorce. Le plus souvent il s'agit de permettre l'exploitation clinique d'une situation et de la rendre vraiment rééducative pour le jeune inadapté.

Les rencontres de semaine, pour leur part, ont lieu entre chaque jeune et son parrain. Ces rencontres cherchent à faire le bilan de la semaine qui se termine et à fixer les objectifs pour la semaine qui s'en vient. C'est aussi l'occasion d'une discussion sur divers sujets et problèmes, de même que sur le comportement, les attitudes, les motivations, la dynamique interne du jeune. À cette rencontre de semaine, peuvent s'ajouter des entretiens individuels plus poussés, de la part d'un éducateur expérimenté, si l'étude de cas établit que le pensionnaire peut vraiment en profiter. L'objectif de ces entretiens (Guidon, 1970) est de rendre le jeune plus conscient du processus de rééducation dans lequel il est engagé et de lui fournir l'occasion d'approfondir une relation interpersonnelle avec l'éducateur qui lui convient le mieux.

2. Le système de responsabilités

Le réseau d'influences que constitue le programme intégré d'activités s'attache à la dimension apprentissage du jeune délinquant, à son évolution dans le monde des connaissances et des objets et il demeure avant tout centré sur l'individu lui-même. Le système de responsabilités, second réscau d'influences, est pour sa part dirigé vers la dimension responsabilité de l'individu; il cherche à intégrer l'individu aux autres et surtout à la structure sociale que constituent le quartier de résidence et l'internat dans son ensemble. Le système de responsabilités, c'est la structure sociale de l'internat : des tâches, des droits, des sanctions, des structures, un code, des récompenses, des rôles formels.

Cet encadrement que constitue le système de responsabilités a été conçu pour favoriser la participation du jeune aux structures sociales institutionnelles et il a toujours été considéré comme une condition de découverte de la dimension sociale de la vie, celle-ci étant conçue comme un pré-requis la construction de l'identité de l'adolescent, à l'intériorisation des valeurs (Gendreau, 1966).

L'apprentissage de la responsabilité suppose, pour Gendreau et les concepteurs de Boscoville, la mise en place d'une structure formelle, c'est-à-dire la création de postes officiels qui seront remplis par les pensionnaires selon des critères déterminés d'accession et de participation. Le pensionnaire qui accède à ces postes est élu démocratiquement par son groupe qui par ailleurs, uni aux éducateurs, sanctionne la manière dont il assume son rôle. À Boscoville, on ne reconnaît pas à la structure formelle une valeur thérapeutique en soi. Le profit rééducatif provient de trois facteurs : les rôles doivent correspondre à des tâches réelles ; le travail doit être adapté aux besoins, aux capacités et à l'évolution des individus ; la présence discrète et éclairante des éducateurs est aussi un élément essentiel.

« La comédie des responsabilités postiches est une erreur dangereuse. Non, le jeune ne peut pas et ne doit pas être un éducateur en petit. » Gendreau (1966, p. 37) veut ainsi affirmer que le jeune doit prendre des responsabilités d'organisation mais pas de rééducation; s'il concourt à la rééducation des autres, c'est par ricochet. Les tâches qu'on lui propose ne doivent pas être honorifiques, mais utiles et nécessaires. Elles doivent avoir de l'importance et à Boscoville on reconnaît celle-ci en y rattachant un salaire.

Le système de responsabilités, comme les activités, respecte les principes d'individualisation et de graduation. Ainsi, la prise de responsabilité est structurée selon les mêmes étapes qui définissent le cheminement de la rééducation du jeune délinquant; chaque étape comporte ses propres défis, droits, devoirs, rôles, règles, sanctions.

De plus, l'attribution des responsabilités doit dépendre du moment propice; elle doit être dans des formes adaptées aux besoins et aux capacités des individus; elle doit être coordonnée avec l'évolution du jeune inadapté. Cette exigence d'un agencement des caractéristiques des individus et de la structure formelle est telle qu'à un moment donné, dans un quartier particulier, il est possible qu'aucun pensionnaire n'accède à un des rôles officiels parce qu'aucun n'a encore atteint le niveau d'évolution nécessaire.

Le dernier élément essentiel pour que la structure formelle soit thérapeutique, c'est la présence perspicace des éducateurs. L'éducateur est toujours un participant et un collaborateur à part entière dans la structure officielle: il sera ministre et le jeune sous-ministre. De plus il devra voir, par une présence discrète, à supporter ou orienter le pensionnaire au bon moment, à l'éclairer et à proposer des moyens et solutions possibles au moment opportun. L'éducateur partage donc les responsabilités plutôt que de s'en délester au profit des pensionnaires.

Après avoir énoncé les principes qui soutiennent la structure formelle, voyons maintenant certaines de ses composantes : les tâches, les droits et devoirs, les sanctions et récompenses, la cotation comme instrument qui fait le lien entre droits, comportements et sanctions.

2a. *Les tâches*

La structure formelle prend deux formes à Boscoville : la structure civique et la structure vitale. Boscoville étant défini comme une cité, il existe un maire, le directeur de la vie de groupe, et des échevins élus pour une durée de quatre mois et représentant chacun des quartiers de rééducation (la banlieue, quartier où s'initie l'étape acclimatation, en est exclue car les jeunes qui y résident n'ont pas encore obtenu leurs droits de citoyens). Le candidat échevin, à la condition d'avoir atteint l'étape personnalité, se présente; il propose son programme et des élections ont lieu. L'échevin est le porte-parole de son quartier et il participe à l'organisation de la vie sociale de Boscoville. Il amène au conseil de ville les problèmes et suggestions issus de son quartier, il en discute au conseil, il ramène au quartier les décisions prises au conseil de ville et leurs justifications. Dans son quartier, l'échevin anime le conseil du quartier qui se réunit pour organiser la vie du quartier et régler les problèmes qui sont de son ressort.

À côté de cette structure civique coexiste la structure vitale qui est concernée par l'entretien du quartier et du linge, l'organisation des loisirs et sorties, et le fonctionnement général du quartier. Ainsi, plusieurs tandems composés d'un éducateur (ministre) et d'un pensionnaire (sous-ministre) sont constitués pour s'occuper de ces besoins vitaux. Pour devenir sous-ministre élu par le groupe, il faut avoir atteint l'étape production et avoir démontré de la compétence, de l'intérêt et une capacité d'organisation dans le secteur concerné. Si un groupe n'est pas capable, comme groupe, de produire systématiquement des résultats positifs, il n'aura pas le droit de posséder un conseil de quartier élu démocratiquement. Dans un tel cas, les participants seront nommés par les éducateurs et ils joueront un rôle d'exécutant, face aux diverses tâches à accomplir.

2b. Les droits et devoirs

Voyons comment, à chacune des étapes de la rééducation, est articulé l'ensemble des droits et devoirs ; ceux-ci complètent la structure civique et vitale.

À l'arrivée, on demande au jeune de se prendre en main de façon à ce qu'il soit plaisant de vivre avec lui. Il devra apprendre à prendre soin de lui et des autres éléments du milieu (Déom, 1972). L'accent est mis sur la propreté, la façon de se nourrir, de se vêtir... sur l'entretien du lieu de résidence. Le jeune inadapté n'a pas encore acquis ses droits de citoyen : il ne peut circuler librement à Boscoville, il n'a pas droit de sortie. Toutefois on lui reconnaît un droit limité à la correspondance et au téléphone, on lui fournit gratuitement le tabac et les liqueurs douces. Le jeune, dès son entrée dans l'étape suivante, acquiert ses droits de citoyen : droit de circulation dans la cité, droit de sortie, droit de visite, droit de correspondance et de téléphone et droit au salaire. Ces droits ne seront pas illimités, des autorisations sont nécessaires pour circuler dans la cité ; les sorties de groupe sont permises et les sorties individuelles seront d'environ une par mois ; de plus le jeune pourra avoir des vacances à Noël, à Pâques et à l'été ; la correspondance et le téléphone sont non limités dans la mesure où le pensionnaire en use raisonnablement ou avec justification à l'appui ; finalement, un salaire lui sera attribué suivant ses tâches, la cote de semaine obtenue et l'étape. Le salaire est beaucoup plus symbolique que réel (quelques dollars par semaine) ; il permet au jeune d'avoir de l'argent de poche (en plus les jeunes reçoivent une allocation fixe pour l'achat de vêtements, d'articles de toilette...).

Après avoir traversé cette étape, le jeune accède à une autre étape. Il obtient plus de liberté dans l'exercice de ses droits; il peut sortir plus souvent, son salaire est plus élevé et il acquiert de nouveaux droits : il peut se présenter à des postes de responsabilité dans la structure civique et vitale. Par contre, les exigences deviennent plus élevées : par exemple pour recevoir le maximum de points à une activité, le jeune ne doit pas se contenter de respecter l'horaire et les normes, il doit aussi produire selon sa capacité. En plus, on demande au pensionnaire de s'impliquer de façon personnelle, comme membre du groupe, que ce soit au plan des fonctions officielles, des tâches à accomplir, de l'élaboration des défis à relever et de la progression de chacun.

À la dernière étape du processus de rééducation, il n'y a pas de nouveaux droits mais la liberté est plus grande dans l'exercice des droits acquis. Toutefois les devoirs envers soi et les autres deviennent plus pressants. Le jeune est appelé à contribuer directement à la construction de la cité (Déom, 1972). On lui demande de jouer un rôle créateur, dans un style personnel, auprès de son groupe et du milieu dans son ensemble. Il jouera un rôle de modèle pour les autres pensionnaires et des tâches nouvelles lui seront assignées : par exemple faire visiter Boscoville aux nouveaux arrivés et aux visiteurs de l'extérieur.

2c. *Le système d'évaluation*

Une fois le pensionnaire initié, non pas à la lettre du code, mais à son esprit, il connaît ses droits et devoirs, ce qu'on attend de lui. Ce code spécifie aussi les sanctions qui sont : une cote inférieure à une période d'activité, une perte de droit (salaire, sortie, visite, correspondance, circulation dans Boscoville...). Par exemple, le jeune qui, sans motif valable, arrive en retard à la suite d'une sortie, pourra voir son droit de sortie limité ou enlevé ; en d'autres cas, une amende diminuera le salaire en raison d'un juron ou d'une conduite inacceptable ; l'isolement par retrait du groupe pour une période d'activité ou pour une période plus longue et la comparution devant le juge pour un grave écart de conduite, par exemple une fugue ou un délit pendant une sortie, constituent enfin d'autres formes de sanctions. Ces sanctions ne sont pas d'un automatisme certain ; elles sont habituellement précédées d'un appel au calme, d'avertissements et/ou de rencontres sur le champ. De plus, elles sont appliquées de façon graduée ; ainsi le premier manquement peut occasionner la perte d'un droit de sortie par exemple, alors que les manquements subséquents peuvent conduire à des mesures plus sévères, perte de tous les droits de citoyen, comparution, etc.

Ces sanctions qui viennent donner un caractère impératif au code nécessitent l'existence d'un système d'évaluation : c'est la cotation. La cotation est une évaluation chiffrée de la performance du jeune ; elle permet, de l'extérieur, d'indiquer au pensionnaire la conduite à prendre pour atteindre les défis et les objectifs proposés. Mais c'est aussi une appréciation de la conduite choisie, c'est un point de repère qui est donné à l'individu. Ainsi la cotation est le lien qui relie les droits et devoirs, les sanctions et la conduite du jeune. Elle permet aux éducateurs de mesurer l'adaptation du pensionnaire à Boscoville, sa participation et son évolution.

Après chaque activité, l'éducateur doit coter la performance de chacun des pensionnaires en attribuant une note, ceci habituellement en présence du jeune et il est entendu que celui-ci peut donner librement son avis sur la cote attribuée. Au terme de la semaine, les cotations sont additionnées et transformées en pourcentages. Ces pourcentages permettent de déterminer le type de semaine du sujet, A, B, C, D, E, ce qui spécifie des droits (salaire, sortie...) (pour plus de détails voir les *Journées d'études* 1964 et 1967). Le boulot et le studio sont toujours cotés et dans la plupart des quartiers toutes les activités, même les ménages et les activités civiques sont aussi évalués. Il n'existe pas à proprement parler de directives écrites sur la façon de procéder à la cotation ; il s'agit plutôt d'informations transmises d'éducateurs à éducateurs et qui proviennent d'un ensemble complexe de traditions propres à chaque quartier, de règles rattachées à telle ou telle activité, de valeurs générales, de modes de fonctionnement, d'exigences d'éducateurs particuliers. Néanmoins certains aspects de la performance sont habituellement évalués : à savoir le respect des consignes et procédures (où et quand il faut faire quoi, avec quels moyens), le respect de l'éducateur et de son support (de ses interventions), la productivité (quantité et/ou qualité du travail) et le respect des pairs. De plus, la cotation est adaptée à l'étape atteinte par le jeune ; ainsi la cote maximum est plus difficile à atteindre à mesure que le jeune progresse à travers les étapes.

La mise en application d'un système d'évaluation aussi complexe pose d'importants problèmes de standardisation ; en effet il y a facilement des variations qui s'installent entre les quartiers ou entre les éducateurs d'un même quartier. Nous avons étudié ces variations (Beaulne, 1974) et il est ressorti qu'en ce qui concerne les rationnels de la cotation, le consensus est important entre les quartiers et les éducateurs ; par ailleurs, pour ce qui est de la technique de cotation, les variations sont beaucoup plus marquées entre les éducateurs pour une même activité, entre les activités et d'un quartier à l'autre. Ainsi les barèmes sont très fluctuants ; on ne les fait pas toujours varier suivant les étapes de la rééducation et les attentes des éducateurs sont souvent variables. La cotation, comme système d'évaluation, apparaît donc comme un instrument dont l'utilité est certaine pour la dynamique de la rééducation mais dont le maniement est difficile.

VI. Le processus de rééducation

Une innovation majeure dans le domaine de la rééducation, comme le montre Cusson (1974), est le développement, par Boscoville et ses animateurs, de la théorie des étapes de la rééducation qui permet d'orienter et de contrôler l'évolution du jeune délinquant pendant sa rééducation. Si l'idée d'étapes de rééducation avait été perçue par Makarenko, Airchorn, Redl et Bettelheim, il en revient à Gilles Gendreau et à ses collaborateurs de Boscoville de l'avoir concrétisée et appliquée et à Jeanine Guindon (1970) de l'avoir formalisée en théorie.

Les étapes de la rééducation définissent un processus d'évolution caractérisé par une série d'objectifs intermédiaires que le jeune est encouragé à poursuivre afin d'atteindre l'objectif général de la rééducation. Cet objectif général, c'est la transformation de la personnalité du jeune délinquant pour faire en sorte que :

> l'équilibre atteint lui permet de faire face aux difficultés normales de l'adaptation à la réalité en s'appuyant sur toutes ses ressources : les siennes propres et celles que le milieu social met à sa disposition (Gendreau, 1966).

Il ne s'agit pas seulement de prévenir la récidive mais de faire intérioriser au jeune la maîtrise de soi et les valeurs nécessaires à l'adaptation aux responsabilités de la vie (Boscoville, 1964).

Pour ceci, il faudra changer la perception que le délinquant a de lui-même et d'autrui (Gendreau, 1966).

Pour réussir cette transformation de la personnalité du jeune délinquant, il convient de progresser pas à pas. C'est pourquoi on a développé les étapes de la rééducation qui sont ces pas, ces buts à moyen terme qui sont proposés aux jeunes afin de les faire participer à leur propre rééducation. Les théoriciens de Boscoville affirment que ces étapes, qui constituent un modèle «développemental», rendent compte de l'évolution réelle du jeune au cours de la rééducation. À chacune des étapes, le pensionnaire a des besoins et des capacités bien précis. La connaissance de l'étape à laquelle est rendu un jeune fournit de précieuses indications aux éducateurs sur les interventions qui sont les plus appropriées. Par ailleurs, les étapes constituent autant de jalons qui permettent au jeune de connaître précisément les buts qu'il faut poursuivre à un moment donné et de constater régulièrement le progrès qu'il a réalisé.

Sur un plan formel, la théorie des étapes, s'inspirant de la théorie de Piaget, postule un passage graduel d'un état d'équilibre rudimentaire à un état d'équilibre supérieur. Et comme l'affirme Guindon (1970), le processus de développement n'est pas une croissance quantitative continue mais plutôt une suite de phases discontinues et qualitativement distinctes. Chaque phase, chaque étape est un stade : elle fait atteindre à un nouvel équilibre ; en fait, chaque étape est une structure d'ensemble qui découle logiquement de la précédente. Guindon (1970) nous dit qu'à chaque étape, l'organisation du moi est remise en cause sur les plans de la configuration du passé et du futur, des capacités de se confronter avec de nouvelles tâches et situations, de la combinaison des pulsions et défenses et du rayon des rencontres significatives. Elle souligne également un aspect fondamental du processus de rééducation tel qu'il est appliqué à Boscoville : elle fait remarquer qu'on ne peut séparer les aspects cognitifs et affectifs de la personnalité, un disfonctionnement intellectuel pouvant nuire à une adaptation sociale adéquate.

Conformément à ce cadre théorique le processus de rééducation devient une démarche d'acquisition de l'autonomie, pour reprendre les mots de Tessier (1970), et les étapes de la rééducation doivent être conçues comme un ensemble de buts intermédiaires qui sont proposés au jeune afin de le faire participer à sa rééducation (Cusson, 1974). Le processus de rééducation, tel qu'il est vécu à Boscoville, devient donc un modèle d'évolution en quatre phases : acclimatation, contrôle, production et personnalité.

1. Les étapes de la rééducation

La description des étapes qui suit résume les formulations de Gendreau (1966), Guindon (1969, 1970), Tessier (1970) et Cusson (1974) et elle emprunte particulièrement au rapport de recherche préparé par Cusson et Ducharme (1974).

1a. L'étape acclimatation

Les objectifs de la première étape du processus de rééducation, l'acclimatation, peuvent se résumer en trois mots : acclimater, empêcher et éveiller. En effet, le premier objectif de l'étape, comme son nom l'indique, est d'acclimater le jeune délinquant à l'internat, à son programme et à son régime de vie, c'est-à-dire faire acquérir au jeune le sentiment d'être bien dans l'institution perçue comme un univers maternel, favorable et digne de confiance (Guindon, 1969).

Ce que l'on demande effectivement au jeune, c'est, selon Tessier (1970), d'accepter le fait que Boscoville est un milieu de traitement, ce qui implique que le pensionnaire admet qu'il a besoin d'aide et de traitement, et que Boscoville peut répondre à ce besoin. Le second objectif de cette première étape, le contrôle de la conduite, suppose que Boscoville met en oeuvre les moyens nécessaires pour empêcher l'agir délinquant ; il est alors essentiel que l'internat fasse en sorte que le jeune soit dans l'impossibilité de continuer son agir délinquant et qu'il soit ainsi libéré de la tension qu'occasionne le comportement délinquant.

Le dernier objectif poursuivi au cours de la première étape est d'amener le jeune à vivre en harmonie avec son milieu, à le respecter et, plus particulièrement, à participer à sa propre rééducation, participation qui prendra un sens pour lui dans la mesure où les expériences vécues au cours des activités l'auront touché d'assez près pour favoriser l'augmentation de l'estime de soi et mettre en branle le processus de restructuration du fonctionnement cognitif. Ceci est relié au postulat selon lequel le jeune délinquant est convaincu de son incapacité, qu'il ne vit que dans le présent, sans lien avec le passé et sans perspective d'avenir. Son activité n'est que mouvement, il est incapable de voir les liens qui existent entre ce qu'il fait et les conséquences de ses actions (Guindon, 1970).

Pour atteindre les trois objectifs de l'étape acclimatation, les concepteurs de Boscoville affirment qu'il faut procurer au jeune délinquant un milieu où il pourra expérimenter l'apaisement, le bien-être et la sécurité. Par ailleurs, le milieu et l'organisation de la vie, en conformité avec le second objectif énoncé précédemment, doivent aussi contribuer à contrer les impulsions délinquantes du jeune. De plus, un aspect essentiel du rôle de l'éducateur à cette étape est de manifester suffisamment de fermeté, de manière à empêcher le passage à l'acte. Pour réaliser plus adéquatement ce contrôle, le jeune est placé dans un quartier spécial, le quartier d'observation où le régime de vie est conçu dans cette perspective. Cet encadrement contribue aussi à éviter la formation d'un sous-groupe délinquant propice à créer un climat de tension et à dresser une barrière infranchissable entre éducateurs et garçons. À cette étape, le contrôle du comportement est donc imposé par l'environnement plutôt que pris en main par le jeune lui-même.

Finalement, le dernier objectif de l'acclimatation, l'éveil de l'estime de soi et la réactivation du fonctionnement cognitif, est assuré par des activités qui constituent des conditions favorables à l'expérience de la réussite. Selon Guindon (1970), les activités qui contribuent le mieux à réaliser cet objectif sont celles qui exigent surtout l'utilisation des opérations sensori-motrices, qui sont d'une durée telle que le jeune puisse atteindre l'objectif fixé à l'intérieur d'une période de temps limité et qui sont organisées de telle sorte que la seule utilisation des moyens proposés soit un gage de succès, et que les activités permettent au jeune de faire facilement le lien entre son action et les résultats obtenus.

Lorsque les éducateurs jugent que l'acclimatation est bien engagée, sinon terminée, le jeune quitte la Banlieue et il accède à un quartier de rééducation, tout en devenant citoyen de Boscoville.

1b. L'étape contrôle

Le début de l'étape contrôle coïncide habituellement avec l'arrivée du jeune dans le quartier où il devra vivre pendant le reste de son séjour à Boscoville. Théoriquement, son comportement a encore besoin d'être soumis à des contrôles extérieurs; le jeune ne se soumet pas encore de lui-même aux exigences de la réalité et aux règles qui sont acceptées dans son nouveau milieu de vie. Pour défendre sa structure délinquante, le pensionnaire pourra encore avoir recours à différents mécanismes: conformisme de façade, refus de communiquer avec les éducateurs, exploitation des pairs ...

C'est pour cette raison que le premier objectif de la seconde étape est l'acquisition et surtout, la consolidation du contrôle personnel de son comportement extérieur. Le jeune doit se concentrer sur l'apprentissage du respect du milieu, ce que Tessier (1970) met en exergue et que les animateurs de Boscoville affirment en déclarant que l'intérêt et l'énergie du garçon sont en quelque sorte orientés vers l'acquisition de la maîtrise de ses actes (Boscoville 1964).

Le deuxième objectif de l'étape contrôle est « l'intégration à une vie de groupe comme réalité sociale » (Guindon, 1969, p. 128). Les théoriciens de Boscoville voient les objectifs de contrôle des actes et d'intégration à la vie de groupe comme étroitement liés et dépendants l'un de l'autre. Le contrôle du comportement devant faciliter l'intégration du jeune à son groupe, on dit (Boscoville, 1964) que le jeune doit chercher à acquérir une certaine emprise sur son comportement ce qui le rendra acceptable aux autres citoyens plus évolués occupant son nouveau quartier. La conformité aux attentes des autres membres du groupe résulte de ce processus et celles-ci s'expriment dans le code de conduite et la tradition du groupe. Le jeune, grâce à cette conformité, sera accepté par ses camarades comme membre du groupe et cette solidarité fournira le « moratoire » nécessaire à l'intériorisation progressive d'un contrôle personnel (Guindon, 1969).

L'atteinte de ces deux premiers objectifs, contrôle de ses actes et intégration au groupe, présuppose l'existence d'un groupe cohésif et structuré positivement. Ce type de groupe exige une tradition et il permet un esprit de corps qui le rend apte à accepter le nouveau à la condition que ce dernier respecte le code et la tradition du groupe. La conséquence première de ces principes implique que les éducateurs s'assureront que le groupe ne s'orientera pas vers une sous-culture délinquante ou institutionnelle : les éducateurs verront à favoriser un leadership qui valorise l'idée de rééducation tout en facilitant l'intégration du nouveau, entre autres en s'assurant que les sanctions du groupe soient appropriées.

Parallèlement à ces deux premiers objectifs de l'étape contrôle, les éducateurs doivent s'assurer que le jeune progresse au niveau des activités. Le jeune ne doit plus seulement exécuter les activités proposées, il doit arriver à s'y intéresser et à pouvoir les penser ; plus particulièrement, réfléchir et comprendre l'articulation des fins et des moyens et étendre son action sur une période de temps plus longue.

Au terme de l'étape contrôle, le jeune aura donc fait certaines acquisitions importantes pour les étapes ultérieures : respect intériorisé de la tradition, intégration au groupe et intérêt réel pour les activités. Cette évolution pourra être décelée par certains signes : le pensionnaire manifeste le désir de prendre des responsabilités dans le groupe et d'y apporter sa contribution personnelle. Sur le plan cognitif, le jeune deviendra capable d'appliquer les techniques apprises en posant certains choix ; il pourra entreprendre une démarche active, concrète, proportionnée aux conditions de la réalité et orientée vers un but sanctionné par le milieu. Il pourra également penser et parler de la réalité au lieu de simplement agir directement sur elle.

1c. *L'étape production*

La troisième étape, la production, est marquée par deux axes : la production dans les activités et un nouveau type de relation avec l'éducateur : celui-ci devient un ami.

Sur le plan des activités, à l'étape production, le jeune travaille à mieux utiliser ses capacités et à profiter adéquatement des opportunités que lui offre le milieu. Il développe ses aptitudes personnelles, il acquiert une méthode de travail, il utilise le milieu et ses ressources pour atteindre des résultats concrets. Ainsi, comme on le dit à Boscoville :

> l'occupation créatrice prend davantage de valeur aux yeux de nos citoyens : s'instruire, créer et jouer un rôle responsable dans le groupe sont maintenant des actions devenues importantes. Toute cette activité, tout ce rôle développe davantage le sentiment de valoir quelque chose, d'être quelqu'un, d'être normal, puisque chacun peut remporter des succès comparables à ceux des êtres normaux. (Boscoville, 1964, p. 33)

Si le développement des capacités du jeune est le premier pivot de l'étape production, le second est celui de l'autonomie. Les éducateurs incitent le pensionnaire à prendre des initiatives, à faire des choix. Durant les activités on lui propose des objectifs et on laisse au jeune le choix des moyens et dans les autres secteurs de vie, il dispose de plus d'initiatives (organiser les temps libres, choisir des tâches...). Au cours de l'étape production, l'accent est donc placé sur la compétence, la capacité d'atteindre des objectifs, le sentiment d'efficacité, le rendement. Pour ce faire, comme le signale Guindon (1970), les activités doivent être suffisamment complexes pour permettre le choix parmi divers moyens, assurer divers agencements possibles de ceux-ci et exiger du jeune une forme quelconque de planification. En même temps qu'il découvre l'importance de la création, développe ses aptitudes et sa compétence, acquiert une méthode de travail et développe une image plus positive de soi, le pensionnaire doit aussi transformer ses relations interpersonnelles.

À l'étape production, le jeune n'a pas encore renoncé définitivement à un style de vie délinquant et ceci le conduit à manifester beaucoup d'ambivalence à l'endroit des éducateurs qui incarnent une exigence de changement. Même si l'éducateur ne réussit pas à exercer une influence profonde sur le jeune qui refuse de s'identifier à lui et aux valeurs qu'il représente, il se produit un rapprochement entre le pensionnaire et l'éducateur. Celui-ci devient de plus en plus un ami et un homme dont on admire la compétence. La relation que les éducateurs cultivent avec le pensionnaire doit l'amener à se rapprocher d'eux, provoquer le désir de rencontres et témoigner de leur compréhension. De son côté, il doit pouvoir répondre aux attentes du jeune : il doit s'impliquer dans sa démarche d'acquisition d'une compétence et il doit s'engager dans le nouveau type de relation qu'il suscite et encourage. À l'étape de production, il doit aussi s'opérer une mutation des relations avec les pairs ; comme avec les éducateurs le mode amical et le respect de la compétence des autres doit s'instaurer. De plus, le choix des amis doit devenir plus conscient et plus approprié à l'évolution accomplie jusque-là.

1d. L'étape personnalité

L'étape personnalité est la quatrième et dernière étape formelle du processus de rééducation. Cette étape, à la différence des autres, place peu d'accent sur les activités, elle se concentre sur les relations interpersonnelles, la structure interne du jeune et ses rapports avec la société et l'avenir. Pendant l'étape personnalité, Boscoville tente de faire vivre au jeune une transformation radicale de son style de vie, une conversion. Les objectifs proposés ont pour fonction de faire réaliser et accepter au pensionnaire qu'il est différent et qu'il ne sera jamais plus le même que le jeune délinquant qui arrivait jadis à l'internat. Le jeune, au cours de cette étape, acquiert la maîtrise de lui-même, de son environnement et de son futur. La transformation attendue est exprimée de la manière suivante dans les textes de Boscoville :

> La conversion de ce délinquant, au vu et au su de tout le groupe, aux schèmes de la non délinquance est, sans contredit, le signe d'une victoire valeureuse de cet ex-délinquant. (Boscoville, 1964, p. 34)

Ce jeune doit donc réaliser et accepter qu'il n'est plus et ne sera jamais plus le même garçon, celui qui arrivait à l'internat. Cette option pour son nouveau style de vie comporte plusieurs conséquences. Tout d'abord au niveau social il pourra être capable de se considérer apte à entrer en contact avec des milieux non délinquants, dans la mesure où il aura consolidé son renoncement à la délinquance. Cette époque est celle de l'engagement personnel de vivre dans une zone sociale non délinquante et avec des personnes honnêtes et respectables (Boscoville, 1964). Sur le plan intellectuel, on considère que le jeune de cette étape devrait pouvoir accéder à un fonctionnement cognitif adapté à son niveau de développement, c'est-à-dire, le niveau opératoire formel propre à l'adolescence. Voici, d'après les théoriciens, l'importance que l'on reconnaît à cette capacité de penser formellement :

> L'expérience rééducative démontre que cette pensée formelle est requise pour défaire l'identité négative que s'attribue le jeune délinquant. Pour que l'inadapté puisse émerger de son identité négative, il lui faudra saisir son inadaptation personnelle à travers une évaluation exacte de sa propre « vérité historique ». Il doit pouvoir comprendre les liens qui ont existé entre son inadaptation et les événements qui ont conditionné sa vie. Cette rétrospective historique ne sera toutefois valable que dans la mesure où ce même adolescent saura distinguer clairement la « vérité historique » qui le liait, d'un futur possible où il pourra exercer sa liberté nouvelle. Or, penser en regard du possible suppose l'acquisition et l'assouplissement des schèmes inhérents à la pensée formelle. (Guindon, 1969, p. 158)

La transformation se situe aussi au niveau des valeurs et de l'idéologie : le jeune adhère aux valeurs proposées par Boscoville et il agit en conséquence. Il acquiert donc un style de vie nouveau, conforme aux exigences du milieu, mais qui lui est propre : il découvre et développe une manière d'être personnelle (Guindon, 1970).

Si le premier objectif de l'étape personnalité est de faire réaliser au jeune qu'il a transformé son style de vie, le second objectif est de lui faire accepter de tenir compte du réel, de l'amener à consentir aux exigences de la réalité. Il prendra alors conscience, de façon réaliste, de ce qu'il est, des événements qui ont contribué à l'influencer et des possibilités qui s'offrent à lui dans l'avenir, ce qui lui permet de dresser des plans d'avenir, non seulement souhaitables, mais aussi réalisables.

Parallèlement à la poursuite de ces objectifs, on attend de l'ex-jeune délinquant qu'il apporte sa contribution personnelle à la rééducation. Tessier (1970) parle d'une «contribution consciente à un milieu thérapeutique», cette participation devant apparaître et se développer tout particulièrement dans les relations avec les pairs et dans la prise de responsabilité officielle :

> Le jeune homme assume personnellement ses responsabilités envers les pairs autant en remplissant une «fonction officielle» délimitée par l'organisation du groupe que dans sa façon personnelle de vivre et de faire respecter la tradition du groupe. En ce sens, il collabore avec les éducateurs à l'intégration de ses pairs au groupe, ainsi qu'à une promotion de la cohésion du groupe. D'autre part, le sérieux avec lequel le jeune endosse ses responsabilités à l'égard des autres lui confère un rôle particulier : celui de stimuler la participation active des membres au mode de vie du groupe. Les pairs ne tardent pas à choisir ce jeune comme «modèle». (Guindon, 1969, p. 161)

Cette ouverture sur autrui se manifeste par une relation d'échange entre le jeune et l'éducateur. Pour le favoriser, les éducateurs dirigent les échanges avec le jeune sur les options fondamentales de vie et sur l'avenir. Le jeune pourra se réaliser à l'étape de personnalité dans la mesure où les éducateurs lui laisseront une large marge d'autonomie pour se fixer des objectifs propres et s'organiser comme il l'entend. Il est généralement difficile aux éducateurs de laisser au jeune le degré d'autonomie que l'on préconise en théorie et de lui retirer progressivement le support que l'internat lui procurait.

Le processus de rééducation ne se termine pas avec la quatrième étape ; à Boscoville on reconnaît une phase dite de transition ou d'insertion sociale qui, sans être érigée en étape formelle, constitue un jalon essentiel. Lorsque le jeune en est à se dégager progressivement de l'internat et qu'il le quitte, on met à sa disposition un service de soutien qui facilitera, si nécessaire, la réintégration sociale : la recherche d'un lieu d'hébergement, d'un travail, d'activités de loisirs... On n'offre pas au jeune des conditions de vie mais plutôt des moyens de les trouver, et pendant cette phase d'une durée variable, les éducateurs sont toujours disponibles pour rencontrer et supporter affectivement le jeune s'il le demande.

Cette théorie des étapes du processus de rééducation que nous venons de décrire succinctement, propose un modèle d'action centré sur des objectifs généraux et spécifiques qui sont réalisables à travers un cheminement individualisé. Ce cheminement a pour point de départ l'acceptation de s'engager dans une rééducation et la neutralisation des opportunités de l'agir délinquant. Dans une première phase on travaille sur le contrôle externe du comportement, puis l'attention se porte sur l'intégration au groupe ; ensuite l'accent est mis sur les relations interpersonnelles et enfin, à la dernière phase, la construction d'une nouvelle identité est la centration majeure. Si ces diverses étapes concernent « l'être », parallèlement « le faire » progresse, de l'exécution pure et simple à la compréhension de l'agencement des fins et des moyens, à l'acquisition d'une compétence et, finalement, à la créativité.

La conception formelle du processus de la rééducation qui vient d'être résumé, propose des objectifs généraux et des sous-objectifs ; elle explicite l'évolution attendue du jeune inadapté tout au long de son séjour à Boscoville. Il n'en demeure pas moins que cette conception est tout abstraite, c'est pourquoi Boscoville utilise un concept intermédiaire : celui de défi. Ce concept rend opérationnelles les notions sous-jacentes à la théorie des étapes de la rééducation. Les défis sont des objectifs plus concrets qui rejoignent le jeune dans tous les moments de sa vie quotidienne. Ils sont agencés selon une progression bien déterminée :

> Le défi est une invitation stimulante par laquelle nous signifions à un jeune que nous le croyons capable, en fonction de son potentiel, de faire face à une situation précise, mais déséquilibrante. (Ducharme *et al.*, 1975, p. 10)

Le défi est un objectif de portée limitée ; il est issu de la situation même et se réfère à une période de temps relativement courte. L'objet du défi présente quelque chose de significatif, quelque chose qui invite le jeune à s'y confronter et à se dépasser, quelque chose de réalisable, c'est-à-dire un objectif qui a un rapport direct avec le contexte dans lequel le pensionnaire se trouve placé. À Boscoville, les défis sont agencés à l'intérieur d'une période d'activité, par période d'activité et par semaine. Ils sont donc présentés par ordre croissant de difficulté. Les défis concernent toujours la personne face au contenu d'une activité, face aux pairs et/ou face aux éducateurs.

Si le défi est l'opérationnalisation des objectifs généraux des étapes de la rééducation, il est aussi le pivot des moyens d'action dont nous avons parlé à la section précédente. En effet, il y aura des défis dans chaque activité, à chaque moment de la vie et le défi devient le centre du système d'évaluation car il est présent dans les droits et devoirs, dans les sanctions et la cotation. Le défi c'est le lubrifiant de la rééducation.

2. Une théorie en application

Le programme de traitement de Boscoville repose sur une théorie qui affirme que la rééducation est un processus constitué d'étapes, tout comme le développement général de la personne. À chaque étape correspondent des objectifs à atteindre, qui se concrétisent par des conduites particulières envers les pairs et les éducateurs et dans les activités, si nous nous référons à la description que nous venons d'en faire. Puisque Boscoville adhère à une telle théorie, l'approche de la mesure séquentielle du comportement apparaît la façon la plus appropriée pour sortir de l'ornière de la récidive et aborder différemment la question de l'efficacité de l'internat. Cette voie avait été pavée par quelques travaux de pionniers, notamment ceux de Jesness (1965, 1969, 1971, 1972) et Cusson (1972, 1973, 1975) qui ont construit des instruments permettant d'observer l'évolution de la conduite d'un jeune pendant son séjour en internat. Nous avons suivi cette voie parce qu'il s'agit d'un moyen original d'évaluer l'efficacité de l'intervention.

2a. Des étapes cumulatives et hiérarchiques

Nous avons, avec l'aide de Bernard Tessier, opérationnalisé dans un instrument dénommé *Indicateurs d'étapes* (LeBlanc et Tessier, 1978), la théorie formalisée par Jeanine Guindon. Il s'agit de trente-six énoncés, à raison de douze par situation de vie (activités, relations avec les pairs et les indicateurs), qui sont autant de comportements observables, d'acquisitions que les pensionnaires de Boscoville devraient faire en séquence durant leur séjour. Après s'être assurés de la qualité technique de cet instrument, la première question que nous nous sommes posée est la suivante : la séquence postulée des acquisitions, des comportements, est-elle observable empiriquement ? À l'aide de deux populations de pensionnaires de Boscoville et de diverses analyses (nous servant de la technique statistique de Guttman), nous avons pu apprécier la validité interne du postulat central de la théorie, à savoir que les acquisitions sont séquentielles et cumulatives. (Pour tous les détails techniques, il faut consulter LeBlanc et Tessier, 1978, et LeBlanc et Ménard, 1980.)

Les résultats sont fort probants à l'égard de ce postulat. En effet, pour le domaine des activités, il est apparu sans nul doute, que les acquisitions sont hiérarchiques et cumulatives et l'ordre théorique se retrouve à peu près intégralement dans la réalité. Une analyse serrée du contenu des indicateurs est venue confirmer ces résultats statistiques. En somme, la théorie des étapes est valide quand elle soutient que pendant la rééducation on peut faire faire aux jeunes délinquants sous traitement, dans les activités, des acquisitions progressives et cumulées, en termes de comportements observables.

Par ailleurs, les résultats sont un peu moins probants quant à l'évolution dans les relations avec les pairs et avec les éducateurs. Les coefficients statistiques sont légèrement plus faibles et la séquence empirique des acquisitions diffère sensiblement de la séquence postulée théoriquement. Toutefois une analyse serrée du contenu des indicateurs a montré que la séquence empirique présentait une logique certaine. La relative faiblesse des indicateurs d'étapes en rapport avec les relations avec les pairs et les éducateurs, nous a conduit à approfondir le contenu des comportements dans ces deux secteurs, ceci à partir de données provenant d'autres instruments. Il s'agissait d'une sorte de validité externe. Les résultats de cette démarche nous permettent de conclure : premièrement que les jeunes changent sensiblement leurs comportements d'une étape à l'autre ; deuxièmement que cette évolution ne se fait pas sur tout le processus mais sur une portion de celui-ci. Ainsi les relations avec les pairs semblent évoluer beaucoup plus pendant les premières étapes, d'acclimatation à production, alors que les relations avec les éducateurs paraissent se développer ultérieurement dans le processus, entre les étapes contrôle et personnalité. Ces résultats viennent peut-être expliquer pourquoi il était plus difficile, dans ces deux domaines, de constituer des échelles cumulatives et hiérarchiques, tel qu'attendu à la lecture de la théorie.

L'ensemble de ces analyses nous éclaire sur la validité de la théorie et d'une façon générale nous devons conclure que celle-ci est claire dans le cas de la séquence des comportements dans les activités d'apprentissage (le scolaire, les sports, les arts...); toutefois des doutes demeurent quant à la pertinence de la théorie des quatre étapes dans le cas des relations humaines (envers les pairs ou avec les éducateurs). Dans le cas de celles-ci, le postulat d'un développement continu, cumulé et hiérarchique apparaît plus difficilement soutenable. Il semble se produire des acquisitions mais sans une logique implacable comme dans le cas des activités. Il s'agit de sauts qualitatifs moins nombreux et plus localisés. La question demeure, à savoir si ces résultats mitigés sont obtenus en raison de la faiblesse de la formulation théorique pour la question des relations humaines ou en raison d'une opérationnalisation déficiente.

On peut raisonnablement avancer que la qualité de l'instrument est directement responsable des résultats ambigus dans le secteur des relations humaines. Toutefois, il nous semble que c'est difficilement le cas étant donné les divers moyens adoptés pour opérationnaliser l'instrument, les contrôles de variabilité et de fidélité des énoncés, les diverses manipulations techniques. S'il est impossible de constituer des échelles pleinement adéquates aux dimensions relations avec les pairs et relations avec les éducateurs, les résultats ambigus peuvent difficilement être attribués au manque de qualité de l'instrument. Surtout que la validité de l'instrument a été prouvée, d'une part en comparant les résultats obtenus avec ceux provenant d'évaluations cliniques de la part des éducateurs (compétence réelle et mathématique) et d'autre part, avec les données d'autres instruments, conduites et attitudes qui ont confirmé que les indicateurs d'étapes mesurent bien ce qu'ils sont censés mesurer et qu'ils permettent de situer un pensionnaire dans le processus de rééducation. De plus, une analyse du contenu de l'ordonnancement des énoncés de l'instrument indicateur d'étapes (Ménard et LeBlanc, 1980) n'a montré aucune contradiction évidente dans leur séquence empirique.

Le deuxième ordre d'explications de l'ambiguïté des résultats fait appel à des considérations en rapport avec la théorie elle-même. Premièrement, un lecteur averti des textes des concepteurs de la théorie reconnaîtra facilement que celle-ci est particulièrement bien étayée au niveau des activités ; par contre, elle est beaucoup moins précise et explicite relativement au développement de la conduite et des attitudes d'un pensionnaire face à ses pairs et aux éducateurs. Cette imprécision peut avoir engendré une opérationnalisation inadéquate, d'où des résultats ambigus. Deuxièmement, la nature même du domaine des activités par rapport à celle des relations humaines peut expliquer les différences dans les résultats obtenus.

Ainsi la performance dans les activités fait davantage référence à un apprentissage technique, ce qui ne serait pas le cas dans les relations avec autrui. Les activités, respectant en cela la théorie, sont structurées de telle sorte que le pensionnaire apprend progressivement la séquence d'une activité et par conséquent assimile simultanément la séquence des comportements conformes à la séquence d'apprentissage. Citons un exemple donné par Jeannine Guindon (1970) :

> La première partie, effectuée en silence, comporte des tours de piste en marche et en course, puis les exercices de réchauffement. La deuxième partie consiste en la pratique du football américain... jeux portant uniquement sur la technique de réception de passes. Les cinq actions demandées au garçon... (p. 171)

Par contre, l'établissement d'une relation avec autrui fait référence à des aspects beaucoup moins précis et moins techniques. Une relation est souvent tributaire des émotions que des individus ressentent les uns envers les autres et ces émotions sont souvent le fait d'expériences antérieures. En fait, l'adolescent délinquant a déjà suivi tout le processus du développement psychologique de l'enfant. Il en a résulté des acquisitions qui se sont enracinées. Postuler qu'un processus de rééducation permettra au jeune délinquant de faire à nouveau tout le chemin du développement psychologique de l'humain, cette fois de la bonne façon, est fort hardi, compte tenu des acquisitions antérieures de l'adolescent. Et nos résultats (Ménard et LeBlanc, 1980) donnent du poids à cette explication. En effet, les acquis des pensionnaires sont fort sensibles entre l'étape acclimatation et l'étape contrôle, ceci surtout dans le domaine des relations avec les pairs, alors qu'entre les étapes contrôle et production, et production et personnalité, c'est dans la sphère des relations avec les éducateurs que les changements sont les plus marqués et les plus courants. Ces résultats expliquent peut-être la difficulté rencontrée, à savoir, constituer à partir des indicateurs d'étapes des échelles qui seraient cumulatives et hiérarchiques pour les relations avec les éducateurs et les relations avec les pairs. Si les acquis sont ainsi localisés, il devient normal que les échelles construites à partir des indicateurs d'étapes soient plus difficilement constituables, ce qui n'est pas le cas pour les activités. En résumé, les résultats équivoques sur le plan des relations avec les pairs et avec les éducateurs peuvent s'expliquer par le fait que le développement des relations avec autrui ne semble pas se faire suivant une séquence ordonnée en quatre étapes, mais apparaît plutôt comme une explosion pendant une période plus limitée du processus de rééducation.

2b. *Le cheminement à travers les étapes*

S'il a été possible de construire un instrument qui situe raisonnablement bien les pensionnaires de Boscoville dans les étapes, celui-ci nous a permis d'analyser le cheminement des pensionnaires dans le processus de rééducation. Ces analyses ont fait ressortir des résultats surprenants que les écrits théoriques ne laissaient pas présager. Ces résultats sont les suivants : fort peu de jeunes (moins de 10%) traversent les quatre étapes de rééducation pendant leur séjour à Boscoville ; près de la moitié n'y gagne aucune étape ; ceux qui progressent font en général un gain d'une étape ; très peu de jeunes débutent en acclimatation, la plupart le font en contrôle ou en production ; moins le pensionnaire est avancé dans les étapes à l'arrivée, moins il progressera par la suite ; les gains se font essentiellement au cours de la première année de séjour (Ménard et LeBlanc, 1980).

Reprenons l'analyse du cheminement des pensionnaires à travers les étapes de la rééducation, ceci en confrontant l'étape à l'entrée (après quatre semaines de séjour en banlieue) et l'étape à la sortie, et en compilant le pourcentage de pensionnaires qui ont progressé d'une, deux ou trois étapes pendant leur séjour à l'internat. Ces démarches nous permettront de compléter le tour d'horizon qui nous rendra aptes à statuer sur la validité de la théorie quand elle affirme que pendant la rééducation à Boscoville les pensionnaires devraient traverser les quatre étapes de la rééducation. Le tableau 1 présente, pour l'ensemble de la population (113 jeunes), l'étape déterminée par les éducateurs à l'entrée et l'étape atteinte au moment de la sortie.

Des trente-deux jeunes classés en acclimatation à l'entrée à Boscoville près de la moitié, soit 47%, ne font aucun progrès durant leur séjour, c'est-à-dire qu'ils n'ont pas changé d'étape à leur départ de l'internat. Le pourcentage des garçons classés en contrôle qui ne font aucun progrès demeure du même ordre de grandeur, soit 45%. Par contre, des quinze adolescents qui commencent leur rééducation en production, seulement 27% ne font aucun gain, les autres atteignent l'étape qu'il leur reste à franchir, soit l'étape personnalité.

Tableau 1
Étapes à l'entrée et à la sortie
(indice général de rééducation)

Entrée	Acclimatation		Contrôle		Production		Personnalité		Total	
Sortie	N	%	N	%	N	%	N	%	N	%
Acclimatation	15	47%							15	13%
Contrôle	4	13%	30	45%					34	30%
Production	6	19%	9	14%	4	27%			19	17%
Personnalité	7	22%	27	41%	11	73%			45	40%
Total	32	28%	66	58%	15	13%			113	100%

La modalité adoptée pour faire le calcul des gains d'étapes est la suivante : par exemple, un garçon qui débute en acclimatation et se rend en contrôle fait un gain d'une étape, de même pour celui qui débute en production et se rend en personnalité. Ainsi un gain d'une étape signifie qu'un garçon a changé d'étape ou au mieux qu'il a traversé deux étapes, celle où il se trouvait à l'entrée et celle où il se classe à la sortie. Suivant cette procédure de calcul, les progrès réalisés par les cent treize garçons s'avèrent peu élevés dans plusieurs cas. Quarante-trois pour cent (49/113) des pensionnaires ne font aucun gain dans les étapes. 21% (24/113) ont progressé d'une étape, 29% (33/113) franchissent deux étapes et seulement 6% (7/113) parviennent à l'étape personnalité pour un gain de trois étapes.

Tout compte fait, peu de jeunes cheminent à travers tout le processus de rééducation ou même une portion substantielle de celui-ci; seulement le tiers progresse de plus d'une étape. Ces résultats éclairent les précédents (tableau 1) en ce sens que quarante-cinq (45) garçons quittent Boscoville à l'étape personnalité, ce qui semble à première vue très satisfaisant. Mais le tout signifie beaucoup moins en termes de progression lorsque l'on sait que vingt-sept de ceux-ci ont débuté en contrôle et onze en production. Le tableau 1 permet de conclure que les jeunes délinquants qui commencent leur rééducation à une étape moins avancée sont ceux qui quittent l'internat après avoir fait le moins de progrès. Le pourcentage de jeunes délinquants qui progressent d'une étape ou plus est similaire chez les pensionnaires qui débutent en acclimatation (53%) et contrôle (55%). Par contre, 73% des jeunes en production à la première évaluation gagnent une étape.

Les progrès réalisés durant le séjour varient selon la situation de vie. Les résultats démontrent que les jeunes commencent leur rééducation en ayant plus d'acquisition à la situation de vie relations avec les éducateurs, moins à la situation de vie relations avec les pairs, la situation de vie activités se situant entre les deux premières. Cependant, comme nous l'avons vu précédemment, le taux de progression ne se présente pas dans cet ordre. Ainsi, 61% des garçons qui débutent en acclimatation à la situation de vie relations avec les éducateurs y demeurent jusqu'à la fin de leur séjour. Il en est de même pour 47% des jeunes qui débutent en contrôle; de plus 10% de ceux-ci vont même jusqu'à régresser et quitter l'internat à l'étape acclimatation. De ceux qui entrent à Boscoville à l'étape production, 22% ne progressent pas, 29% régressent d'une étape et 12% reculent de deux étapes. Donc, peu importe l'étape où les jeunes se situent à leur entrée à la situation de vie relations avec les éducateurs, la majorité (60%) ne font aucun progrès sur cet aspect.

À la situation de vie activités, le pourcentage de pensionnaires qui ne font aucun progrès demeure très élevé, mais un peu moins qu'à la situation de vie relations avec les éducateurs. 54% demeurent en acclimatation parmi ceux qui ont débuté à cette étape. Chez ceux admis en contrôle, 31% ne progressent pas et 7% régressent à l'étape acclimatation. Finalement des six jeunes entrés en production, trois atteignent l'étape suivante, soit l'étape personnalité.

À la situation de vie relations avec les pairs, le pourcentage de pensionnaires qui réalisent des progrès est dans l'ensemble plus élevé qu'à la situation de vie relations avec les éducateurs et un peu moins élevé qu'à la situation de vie activités. Ainsi, 52% des garçons admis en acclimatation demeurent à cette étape. 38% de ceux entrés en contrôle ne progressent pas et 16% régressent à l'étape acclimatation. Finalement, trois des cinq garçons entrés en production quittent Boscoville à cette étape.

En somme, Boscoville parvient à faire progresser très peu de garçons sur la totalité des étapes, quelle que soit la séquence : activités, éducateurs, pairs et indice général de rééducation. L'internat échoue dans ses efforts pour faire traverser les quatre étapes aux garçons. Cette conclusion est surprenante car les écrits théoriques nous donnent l'impression que les jeunes délinquants qui séjournent à Boscoville traversent l'ensemble des étapes de la rééducation et ce n'est pas le cas dans nos observations. Ces résultats n'infirment pas la théorie des étapes, mais ils mettent en question l'objectif de rééducation et ils éclairent les les limites de l'efficacité de Boscoville.

En effet, la rééducation à Boscoville signifie la recherche d'une transformation radicale de la personnalité des jeunes délinquants qui y sont placés, cette transformation étant acquise lorsque le pensionnaire a traversé les quatre étapes de la rééducation. Nous ne l'avons pas observé car il n'y a que très peu de jeunes qui franchissent effectivement les quatre étapes de rééducation et les gains enregistrés par les jeunes se résument habituellement aux acquis prévus pour une seule étape. En conséquence, il n'est pas possible de parler de rééducation, il faut plutôt reconnaître que les jeunes expérimentent un développement mais pas une transformation majeure de leur personnalité. Ces conclusions nous permettent de parler de l'efficacité de Boscoville, un des objectifs de ce livre.

L'efficacité, en termes de cheminement à travers les étapes de la rééducation, avec les acquisitions qu'elles signifient, est donc plutôt mitigée. On fait évoluer le jeune délinquant, ceci apparaît clair ; mais le rééduque-t-on, transforme-t-on ses attitudes ? La réponse à cette question ne peut être définitive mais elle doit plutôt se formuler ainsi : il n'y a pas de transformation radicale du comportement des jeunes délinquants car ils ne traversent pas les quatre étapes du processus de rééducation. Des chapitres subséquents abordent aussi cette question mais sous l'angle de développement de la personnalité. Toutefois, il est déjà clair que des progrès sont enregistrés et qu'ils se concrétisent par des gains d'une ou deux étapes. En termes d'efficacité à court terme, cela signifie que nous pouvons conclure que le programme de Boscoville aide les jeunes qui y sont placés, ceci en termes de développement comportemental à l'internat.

Chapitre II

Les ressources humaines :
théorie et mise en application

Les ressources humaines : théorie et mise en application

Le deuxième chapitre porte sur les ressources humaines en tant que moyens d'action pour parvenir à rééduquer des jeunes délinquants. Il complète le chapitre précédent qui traite des moyens techniques d'action et du processus de rééducation. Au chapitre premier, nous avons présenté la philosophie de la rééducation élaborée à Boscoville et les moyens pédagogiques, organisationnels et mésologiques choisis pour l'actualiser. Au cours de ce deuxième chapitre, nous parlerons aussi de moyens d'action ; cette fois il s'agit des ressources humaines : les éducateurs et le groupe. Il s'agit de rapporter la définition de rôle que l'on adopte pour l'éducateur et les moyens mis en place pour s'assurer qu'il met en pratique ces préceptes. Par la suite, la fonction du groupe dans la rééducation sera exposée. Ces développements compléteront le portrait de ce que Boscoville propose comme modèles et méthodes de rééducation des jeunes délinquants.

Ce chapitre nous permettra aussi d'attaquer de plein front une des questions essentielles qu'aborde ce volume : l'évaluation de l'application des principes de la rééducation et l'appréciation de la qualité des services offerts. Nous présenterons des données empiriques sur la pratique des moyens d'action : nous identifierons les éducateurs ; nous examinerons le climat social dans les équipes d'éducateurs ; nous analyserons les modes d'intervention des éducateurs auprès des individus, dans les activités et sur le groupe ; nous présenterons l'état des relations interpersonnelles ; nous décrirons la structure des groupes de jeunes, le climat social qui les caractérise et les relations interpersonnelles qui y sont courantes. L'analyse de chacun de ces thèmes sera faite dans une perspective d'évaluation, c'est-à-dire que nous confronterons nos observations aux prescriptions issues du modèle théorique de la rééducation à Boscoville. Il s'agira donc d'apprécier la qualité de la mise en application des principes qui guident le travail des éducateurs et l'utilisation des groupes de pensionnaires.

Le but ultime de ce deuxième chapitre est donc de conclure sur la qualité du traitement qui est offert aux jeunes délinquants placés à Boscoville. Il s'agit donc d'estimer la valeur du traitement appliqué par Boscoville, étape cruciale avant d'aborder la question de l'impact de ce traitement sur les jeunes délinquants qui y participent.

I. L'éducateur et son intervention : prescriptions et pratiques

Que doit faire l'éducateur auprès de jeunes délinquants ? Quels sont les traits et caractéristiques dont il a besoin ? Voilà les questions principales que nous aborderons dans cette section. Questions qui appellent deux types de réponses : les prescriptions issues de la conception que Boscoville se fait du rôle de l'éducateur et la pratique effective de ce rôle telle que nous l'avons observée. Ce sont ces deux perspectives que nous proposerons dans les pages qui suivent.

1. Le rôle de l'éducateur : prescriptions

Le rôle de l'éducateur en internat de rééducation n'est pas facile. Il doit établir une relation avec un jeune délinquant dont les carences personnelles et sociales sont indéniables. Il doit faire évoluer ce jeune, transformer sa personnalité suivant les objectifs de Boscoville, ce qui n'est pas un objectif limité. De plus, il doit remplir sa tâche dans un contexte ambigu : il travaille avec un jeune qui fait l'objet d'un placement judiciaire, c'est-à-dire d'une restriction indéterminée de sa liberté ; mais ce placement doit devenir un traitement accepté et voulu. Ce contexte n'est pas sans susciter des difficultés qui relèvent de l'opposition entre une relation d'autorité et une relation d'aide. Finalement, les moyens que l'on met à la disposition de l'éducateur sont limités ; on lui dit d'utiliser avant tout sa personne, ceci en conjonction avec ses connaissances et son expérience et avec les moyens techniques décrits au chapitre précédent.

De fait, peu d'écrits sont accessibles à l'éducateur, écrits qui puissent l'aider à remplir directement sa tâche : ceux-ci traitent des attitudes, des principes d'intervention mais fort peu de la manière de faire dans les diverses situations qui seront rencontrées. Les écrits sont beaucoup plus nombreux, substantiels et précis quand il s'agit d'analyser la clientèle, les jeunes délinquants, et de traiter de la nature d'un milieu pour qu'il soit thérapeutique. Mais fort peu nombreux sont les travaux systématiques qui étudient l'identité des éducateurs, les traits qui sont associés à la réussite dans cette tâche, la conduite la plus appropriée dans telle ou telle situation ou face à tel ou tel inadapté. À Boscoville, quelques écrits nous permettent de reconnaître la définition proposée du rôle d'éducateur, et les traits, habiletés et attitudes privilégiés chez les éducateurs. Mais avant d'aborder ces propositions, il convient de souligner un principe qui sert de pierre angulaire à la définition du rôle de l'éducateur à Boscoville. Ce principe, c'est le suivant :

> La valeur d'une institution est directement proportionnelle à la valeur de son personnel en contact direct avec les jeunes. (Gendreau, 1966, p. 22)

Cet extrait exprime clairement une idée fondamentale des concepteurs de Boscoville, à savoir que l'éducateur est défini comme le pivot de la rééducation. Ce principe est directement en rapport avec les éléments de la théorie qui affirme que si une transformation de la personnalité des jeunes pourra être atteinte, ce sera avant tout grâce à la relation. Cet extrait nous indique aussi que l'accent sera porté sur la compétence de l'éducateur plutôt que sur les moyens techniques et environnementaux de la rééducation.

À Boscoville, l'éducateur est effectivement le pivot de la rééducation parce qu'il est physiquement présent auprès des pensionnaires du lever au coucher. Il est de tous les moments de la vie des jeunes ; il est aussi de toutes les activités des pensionnaires car c'est lui qui les organise, les dirige, les anime et les évalue. De plus, il est responsable du processus de rééducation car il observe le jeune et identifie ses besoins. Il élabore une stratégie de rééducation, il la met en marche et la réalise car il établit une relation avec le jeune, il l'invite à évoluer, il lui transmet les valeurs du milieu et lui sert de modèle.

Définir l'éducateur comme le pivot de la rééducation facilite notre tâche d'évaluation ; elle l'est d'autant plus que l'on parle de compétence et qu'il est relativement facile de choisir des critères de compétence personnelle, sociale et professionnelle. Décrire et évaluer le rôle de l'éducateur à Boscoville peut se faire dans la mesure où les écrits précisent plus ou moins bien ce que doit être et ce que doit faire l'éducateur.

L'éducateur doit être un individu modèle, un individu compétent et un individu engagé. Ces trois caractéristiques sont particulièrement importantes parce que le rôle de l'éducateur consiste spécifiquement à connaître, comprendre et contrôler le processus qui permet aux jeunes délinquants d'évoluer vers un style de vie socialement acceptable. Pour réussir cela, l'éducateur devra se présenter comme un exemple qui incite le jeune à devenir compétent, engagé et en évolution. Ainsi, à Boscoville on désire que l'éducateur soit considéré comme un modèle pour le jeune, un exemple qu'il voudra suivre, et on affirme qu'il est le patron de la démarche de rééducation du jeune délinquant (Gendreau 1960).

Donc, l'éducateur est celui qui témoigne, celui qui permet aux pensionnaires de constater de visu qu'il est possible d'être compétent, engagé et d'évoluer. Pour ce faire, l'éducateur doit posséder certaines qualités personnelles, certains traits de personnalité qui en font un individu modèle. L'éducateur doit aussi être celui qui, par son engagement, sa participation à la vie de l'internat, suscitera l'engagement du jeune dans le processus de rééducation. Finalement, il doit être compétent, c'est-à-dire posséder les moyens techniques qui l'aideront dans sa tâche parce qu'il ne peut compter que sur ses ressources personnelles.

Après vingt-cinq années d'expérience, après de nombreuses réflexions sur le sujet et avec de multiples observations d'éducateurs en action, Boscoville en est arrivé à se construire un modèle d'homme pouvant constituer l'intervenant le plus approprié. Celui-ci se connaît, affirme ses valeurs, est toujours à la recherche d'un meilleur équilibre affectif et intellectuel et il possède certains traits spécifiques de personnalité. Notons qu'on reconnaît à Boscoville qu'un bon éducateur n'est pas nécessairement celui qui présente les traits attendus mais l'on est avare de précisions sur l'énumération de ces traits. Au cours de la sélection, on utilise divers instruments (tests projectifs et psychométriques, entrevues, questionnaires...) mais une liste de traits privilégiés est impossible à trouver. Toutefois, notons aussi que l'on s'entend pour reconnaître ce que n'est pas un bon éducateur (Gendreau, 1978) : il ne recherche pas dans la profession d'éducateur une solution à ses propres conflits, un prolongement de l'enfance ou la sécurité de l'internat ; il n'éprouve pas un goût très marqué pour les perspectives intellectuelles au détriment de l'action ; il n'est pas profondément perturbé de telle manière que le contact avec des jeunes délinquants ne pourra pas raviver ou amplifier des problèmes très particuliers. Ainsi sont les contre-indications, les éléments pathologiques et certaines aptitudes non recommandables.

La complexité et la difficulté du rôle d'éducateur exigent de celui-ci un grand nombre de compétences : compétences personnelles et compétences techniques. L'éducateur compétent devra avoir un équilibre psychologique et une affectivité maîtrisée qui lui permettront d'entrer en relation avec le jeune et de l'influencer. L'éducateur doit lui-même être en évolution, être capable de proposer des buts aux jeunes et faire confiance à sa capacité d'évoluer s'il veut aider les jeunes à changer. Il doit posséder des schèmes de valeurs intériorisés et être engagé face aux buts de Boscoville. Il doit être disponible et capable de se donner. Il doit se connaître et pouvoir faire de l'introspection pour amener le jeune à se connaître. Il doit avoir des capacités de leader et d'animateur qui lui permettent d'agir sur le groupe. Finalement, il doit pouvoir coopérer avec l'autorité et avec les autres éducateurs.

À ces compétences personnelles et sociales, l'éducateur devra ajouter une compétence pédagogique et technique. Un des premiers aspects de celle-ci est la maîtrise des principes fondamentaux qui régissent la théorie sur laquelle Boscoville désire que les éducateurs appuient leurs interventions. L'éducateur doit posséder des connaissances sur tous les concepts essentiels qui se rapportent au développement de l'enfant et de l'adolescent, tant du point de vue cognitif qu'affectif. Il doit être capable d'unifier ces diverses connaissances de manière à posséder une vision claire et intégrée du processus de rééducation. Cet apprentissage permet à l'éducateur d'acquérir une discipline de pensée et de travail qui doit être complétée par un esprit de recherche. La compétence apparaîtra à travers une attitude critique sur le travail accompli, un esprit de perfectionnement et un souci d'innovation pour répondre le mieux possible aux besoins des jeunes (Gendreau, 1966).

Un second aspect de la compétence, c'est la maîtrise technique de l'activité dont l'éducateur est responsable. L'éducateur recourt à des techniques d'intervention, ce que Redl et Wineman (1964) appellent des techniques du maniement du comportement. Le recours à ces procédés permet de réduire le niveau d'improvisation et de donner à l'éducateur des moyens pouvant mettre le jeune en relation avec lui-même, avec les autres, avec la réalité extérieure et avec la personne de l'éducateur (Gendreau, 1978). Ces techniques sont apprises grâce à la pratique et leur maniement relève de l'expérience. Être compétent sur le plan pédagogique et technique veut dire faire le boulot, les activités sportives... de telle manière qu'elles soient source d'apprentissage pour les pensionnaires et démarche vers la rééducation.

La compétence n'est pas suffisante, selon les prescriptions de Boscoville, l'engagement est primordial. Ainsi l'éducateur doit être engagé, aimant et participant à la vie des pensionnaires. S'engager c'est investir envers les buts poursuivis par Boscoville ; c'est « vivre avec », selon l'expression de Gendreau (1966). Cet impératif du vivre ensemble signifie plus que la proximité physique ou la permanence à toutes les heures de la journée ; c'est une attitude d'engagement professionnel et personnel qui doit transparaître à l'intérieur de ces présences.

2. Le rôle de l'éducateur : pratiques

Le qualificatif « pratiques » nous plonge directement au coeur de la démarche que nous avons poursuivie pendant les sept années qu'auront duré nos activités de recherche à Boscoville. Cette démarche, c'est l'évaluation. De plus, le terme « pratiques » est au pluriel, ceci parce que nous pensions trouver différentes façons de faire selon les quartiers, selon les individus. Évaluer les pratiques, les façons de faire de Boscoville comme internat et des éducateurs comme agents de transformation, voilà un de nos objectifs.

Que signifie évaluer ? Évaluer signifie confronter une réalité observée à une norme. Cette norme peut être une philosophie, une conception, des préceptes de rééducation ; elle peut être d'autres réalités équivalentes, d'autres internats de rééducation ; elle peut être un idéal ; elle peut être, à l'intérieur d'un internat, l'unité dont le fonctionnement est jugé de meilleure qualité. Dans le cas de notre démarche d'évaluation concernant le rôle de l'éducateur, la norme sera l'ensemble des prescriptions que formule Boscoville.

Nous proposons dans cette section une évaluation de l'effort, puisque nous serons en mesure de parler de la qualité des ressources humaines. Il s'agit de confronter d'une part, les attentes de Boscoville sur le type d'éducateur et l'identité sociale, professionnelle et personnelle des éducateurs et, d'autre part, d'identifier la qualité de l'intervention des éducateurs, c'est-à-dire est-ce qu'ils pratiquent les interventions prescrites au niveau de l'observation, de l'organisation, de l'animation, de l'utilisation des activités. Par la suite, nous aborderons le thème de l'équipe, la qualité de son fonctionnement, à savoir le niveau de dialogue, d'assistance réciproque, de communication et la qualité de la coordination. Finalement, nous nous intéresserons à la nature des relations interpersonnelles entre éducateurs et surtout, entre les éducateurs et les pensionnaires.

Tout en décrivant et en appréciant l'effort des éducateurs pour atteindre l'objectif de la rééducation, nous serons amenés à présenter les mécanismes qui facilitent l'entrée en rôle (embauche et entraînement), qui assurent l'application des connaissances et des apprentissages techniques (supervision, comités, journées d'étude) et qui permettent un contrôle de la qualité de l'intervention des éducateurs (coordination, supervision, évaluation annuelle, comités, journées d'étude).

2a. Qui sont les éducateurs ?

À Boscoville, on soutient qu'un internat de rééducation, c'est d'abord son personnel éducateur. Voyons qui ils sont sur le plan social, professionnel et personnel. (Pour présenter ce portrait, nous nous servirons des rapports de recherche suivants : Cusson et Ducharme, 1974 ; Ménard, 1974-1979 ; Cusson et LeBlanc, 1980.)

Identité sociale

Au milieu de la période de recherche, en juin 1976, il y avait à Boscoville 41 éducateurs réguliers et coordonnateurs, ceci pour sept unités (deux quartiers d'observation et cinq de rééducation). Théoriquement Boscoville peut se prévaloir de 6 éducateurs par quartier donc de 42 éducateurs professionnels. En plus de ces éducateurs réguliers, on trouve généralement une douzaine de stagiaires, c'est-à-dire des étudiants en psycho-éducation pour la très grande majorité.

Parmi les 41 éducateurs réguliers en poste en juin 1976, on trouvait 39 hommes et 2 femmes ; les 7 coordonnateurs étaient de sexe masculin. La clientèle de Boscoville est entièrement du sexe masculin et le personnel l'est aussi pour la très grande majorité. Quant à l'âge, notons que plus de 60% (26/41) des éducateurs ont entre 26 et 30 ans, 24% (10/41) moins de 25 ans et 12% (5/41) plus de 30 ans. La moyenne d'âge était de 28,3 ans en 1976. Celle-ci est très stable : 28,8 ans en 1970 (Cusson 1971), 27,6 ans en 1974 et 28,3 ans en 1979. Les coordonnateurs ont aussi entre 25 et 30 ans pour la très grande majorité. Nous sommes donc en présence d'hommes dans la force de l'âge qui sont mariés pour la plupart, 87% (36/41), et ce depuis en moyenne trois ans.

Identité professionnelle

Examinons le degré de préparation du personnel au travail d'éducateur, sachant que les concepteurs de Boscoville affirment que les éducateurs ont besoin pour remplir adéquatement leurs tâches, de connaissances sur le développement humain, la pédagogie, l'organisation d'activité, la vie de groupe. La quasi-totalité des éducateurs (39/41) possèdent une formation spécialisée et 36 sur 41 ont une formation universitaire en psycho-éducation, dont 31 des 36 au niveau de la maîtrise. Quand on sait que Boscoville vise à appliquer la théorie de la psycho-éducation, il saute aux yeux que cet internat dispose d'un personnel adéquatement formé.

La formation académique reçue à l'École de Psyco-éducation de l'Université de Montréal dure trois ans au niveau du baccalauréat et une année au niveau de la maîtrise. Elle comporte une partie théorique où on initie l'étudiant à la pensée d'auteurs tels que Redl, Bettelheim, Erikson, Piaget, aux écrits des concepteurs de la psycho-éducation : Mailloux, Guindon, Gendreau, et aux techniques d'intervention auprès des jeunes délinquants. Vient s'y ajouter une partie pratique sous forme de stages à Boscoville qui débutent en deuxième année et qui comprennent des heures de présence équivalentes à plus de la moitié des heures de travail d'un éducateur régulier, des entretiens psychologiques et des rencontres avec un superviseur. De plus, la sélection des candidats éducateurs est particulièrement rigoureuse (questionnaire, entrevues, tests) et elle constitue un tri systématique : 53% des candidats à l'École de Psycho-éducation présenteraient des contre-indications flagrantes, 9% seraient des cas douteux et 13% présenteraient plus de faiblesses que de forces, c'est donc dire que 26% des candidats sont acceptés (Tremblay, 1979).

Une formation académique et pratique, même appropriée, ne suffit pas ; encore faut-il acquérir le tour de main, l'habileté, l'art de transformer une idée, un concept, un principe en des gestes concrets que seule donne l'expérience. La plupart des éducateurs ont occupé leur premier emploi à Boscoville, soit 27/41 (66%), parmi les autres 8/14 avaient déjà eu une expérience de travail dans un domaine connexe. Pour ce qui est de l'expérience à Boscoville, elle était de 3,52 ans en juin 1976 (notons que ce nombre d'années n'inclut pas les années de stages pendant les études).

Si, en juin 1976, le personnel éducateur avait en moyenne 3,5 années d'expérience comme éducateur régulier, pour leur part les coordonnateurs comptaient 6,5 années d'expérience et les éducateurs 2,85 années. La moyenne d'années d'expérience de 3,5 ans est relativement stable, elle était la même en 1974 et en 1979; toutefois, la durée d'emploi d'un éducateur à Boscoville semble diminuer, passant de 8 ans en 1966 (Gendreau, 1966) à 7,25 en 1970 (Cusson, 1971), à environ 6 ans en 1974 et par la suite, ceci en additionnant les années de stage et de travail comme éducateur régulier. Il est aussi intéressant de noter que l'on a une distribution bien étalée des années d'expérience : 20% des éducateurs (8 / 41) ont moins d'une année d'expérience, 27% (11 / 41) une ou deux années, 37% (13 / 41) trois et quatre années, 12% (5 / 41) cinq et six années et finalement, 5% (2 / 41) sept années et plus. Notons de plus que le personnel cadre, éducateurs seniors et responsables divers, sont aussi d'anciens éducateurs de première ligne à Boscoville et certains d'entre eux avaient plus de vingt années d'expérience au moment où nous avons fait la recherche. Finalement, il convient de souligner que la plupart des éducateurs n'ont travaillé que dans une seule unité (66% ou 27 / 41) et ils étaient en poste dans cette unité depuis 2,4 ans au moment de la recherche.

En somme, les éducateurs de Boscoville possèdent une expérience réelle de travail en contact direct avec des jeunes inadaptés et celle-ci est plus longue que celle des éducateurs dans d'autres centres d'accueil, selon une étude soumise au Comité Batshaw (1975). Cette expérience n'est pas seulement du temps passé avec des jeunes délinquants, elle est aussi occasion de formation grâce aux mécanismes de supervision. En effet, on organise systématiquement l'horaire de l'éducateur de manière à ce qu'il ait à travailler avec des éducateurs plus expérimentés. Il y a une gradation des tâches : par exemple on ne peut parrainer ou avoir un jeune en entrevue sans posséder un certain nombre d'années d'expériences et, même là, on est supervisé; on accède progressivement des responsabilités vitales aux

responsabilités cliniques. L'éducateur participe à des comités cliniques de quartier et d'activité dans le quartier et à
l'internat ; de plus, individuellement et en groupe,
l'éducateur est supervisé à chaque semaine : il aura alors à
faire un retour critique sur les problèmes rencontrés, ses
actions, les jeunes... L'expérience et la supervision sont
des avantages indéniables pour les éducateurs de Boscoville et ils assurent, avec les stages préalables, que ceux-ci
mettent en application la théorie et ses principes d'intervention ; ils garantissent une homogénéité dans l'intervention tout en servant de contrôle de la qualité. En dernier
lieu, il convient de signaler que si la supervision, les journées d'études, les comités sont des occasions de formation
permanente en cours d'emploi, une bonne proportion
d'éducateurs, (45%, 19/41) ont suivi des cours de spé-
cialisation dans l'activité (studio, sports, boulot...)
qu'ils animent.

Identité personnelle

En théorie, l'éducateur de Boscoville doit avoir atteint un niveau élevé de maturité affective et émotionnelle ;
pour ce faire, il a dû acquérir une bonne connaissance de
soi. Une des manières de vérifier qu'une connaissance de
soi est acquise, c'est de s'assurer que les éducateurs ont
participé ou participent à des activités thérapeutiques qui
les concernent. La grande majorité (78%, 32/41) des éducateurs étaient dans cette situation en juin 1976 et les proportions étaient assez semblables en 1974 (82%) et en 1979
(72%). Il s'agissait de la totalité des coordonnateurs et des
deux tiers des éducateurs. Les activités thérapeutiques
auxquelles a participé le personnel de Boscoville étaient
la thérapie de groupe (22/33), la thérapie individuelle
(8/33) et l'entrevue (3/33), et ces activités étaient en
cours depuis trois ans en moyenne.

Cet indice, la participation à des activités thérapeutiques, est sûrement trop grossier pour nous permettre de
conclure que les éducateurs ont une bonne connaissance
d'eux-mêmes. Il est vrai que nous aurions peut-être dû
vérifier le niveau de maturité psychologique et social des
éducateurs à l'aide de tests psychologiques; toutefois des
travaux, comme ceux de Tremblay (1979), nous permettent de penser que les éducateurs formés par l'École de
Psycho-éducation et effectivement embauchés à
Boscoville possèdent les qualités personnelles requises et
privilégiées dans la définition que l'on a adoptée de
l'éducateur, surtout lorsque l'on connaît le nombre de
filtres utilisés durant la formation (tests et entrevues de
sélection, supervision et évaluation pendant les stages) et
au moment comme à la suite de l'embauche (sélection,
probation, supervision, évaluation ...).

Les données rapportées ci-dessus nous permettent
de dresser le portrait type suivant de l'éducateur de Boscoville : c'est un homme de 28 ans qui possède une scolarité
de maîtrise en psycho-éducation, qui travaille à Boscoville
depuis trois ans et demi comme éducateur régulier et qui a
cumulé de six à sept ans d'expérience auprès des jeunes
inadaptés, qui poursuit sa formation professionnelle et qui
participe à des activités thérapeutiques dans le but d'acquérir une meilleure connaissance de soi et un meilleur
équilibre psychologique.

De ce portrait, trois traits se dégagent d'emblée : la
compétence, la stabilité et l'homogénéité. Compétence : le
groupe d'éducateurs ont reçu une formation poussée et
spécialisée; ils disposent d'une expérience pratique appropriée et importante; ils continuent à se perfectionner sur
les plans professionnel et personnel; ils ont les traits de
personnes ayant un bon niveau de maturité. Stabilité :
d'une année à l'autre le personnel présente les mêmes caractéristiques sociales, professionnelles et personnelles; il

investit relativement longtemps dans une carrière à Boscoville. Homogénéité : celle-ci est indéniable sur les plans de l'identité sociale (sexe, âge, état civil), professionnelle (formation en psycho-éducation) et personnelle (activités thérapeutiques) mais elle est aussi vérifiable d'un quartier à l'autre (Ménard, 1974-1979, établit qu'il y a peu de variations sur toutes ces caractéristiques à travers le temps et l'internat).

2b. Comment interviennent les éducateurs ?

Comment les éducateurs de Boscoville remplissent-ils leurs tâches ? Font-ils du travail de qualité ? Leurs interventions correspondent-elles à ce que l'on doit attendre d'eux ? Sont-elles constantes ? Autant de questions qui nous permettront d'évaluer la qualité du travail des éducateurs, le niveau d'adéquation avec lequel ils remplissent leur rôle.

Un instrument appelé intervention des éducateurs a été mis au point[1]. Ce questionnaire se compose de 111 énoncés et chacun des énoncés décrit une conduite de l'éducateur pour l'un ou l'autre aspect de son rôle. Pour chaque énoncé, on obtient une cote de 1 à 7, donnée par les collègues de son équipe. Le questionnaire permet d'appréhender ce que font les éducateurs et la manière dont ils interviennent, et de confronter ces résultats avec les prescriptions sur ce qu'ils devraient faire.

Avant d'aborder les résultats obtenus, il convient de confronter la définition théorique du rôle de

---

1 L'instrument a été élaboré par Robert Ménard, Maurice Cusson et Marc LeBlanc, ceci à partir d'écrits psycho-éducatifs, d'instruments cliniques de Boscoville et de certains travaux théoriques. Bélanger (1977) a construit l'instrument à l'aide de procédures statistiques pour choisir les items valables, constituer les échelles finales et valider les résultats.

l'éducateur en tant qu'observateur, organisateur, animateur, utilisateur, équipier et agent relationnel, avec les
définitions adoptées dans le cadre de notre instrument de
mesure. Il s'agit de montrer comment nous avons opérationnalisé ces dimensions du rôle de l'éducateur dans un
instrument qui permet d'apprécier comment l'éducateur
remplit son rôle auprès des individus, dans les activités et
sur le groupe. On trouve les définitions des échelles dans la
partie gauche du tableau 2.

La première tâche de l'éducateur, c'est d'observer
le jeune délinquant (Gendreau, 1966; Guindon, 1970). On
demande à l'éducateur, grâce aux observations participan-
tes, aux entrevues et aux données recueillies par les autres
éducateurs, d'arriver à cerner les problèmes du jeune et les
moyens dont ce dernier dispose pour régler ses problèmes,
cette connaissance devant permettre la planification et la
programmation des interventions et leur ajustement à la
mesure des réactions des pensionnaires à celles-ci. Pour
appréhender cette dimension du rôle de l'éducateur, nous
avons construit une échelle de connaissance (1)[2] qui se
rapporte au fait d'être bien informé sur les garçons et de
communiquer correctement cette échelle dans les rapports
cliniques prévus. La connaissance désigne donc
l'éducateur qui a inventorié les problèmes, les capacités et
l'évolution actuelle du jeune et qui rend bien compte de
l'impact de ses interventions.

L'éducateur, en tant qu'organisateur (Gendreau,
1978), aménage le milieu à la mesure des besoins et capacités des jeunes délinquants; il met en place les conditions
nécessaires à la rééducation. Six échelles de mesure ont été
mises au point pour permettre de cerner cette dimension
du rôle de l'éducateur : quatre échelles se rapportent aux

---

2 Ces chiffres entre parenthèses indiquent la définition de référence
au tableau 2.

activités : préparation (10), compétence (16), cadre spatio-temporel (17) et méthode (18); et deux échelles se réfèrent directement à l'aménagement du milieu : animation des temps libres (22) et besoins vitaux (24). On demande à l'éducateur de mettre sur pied des activités qui puissent être source d'apprentissages techniques et d'être un agent facilitant le processus de la rééducation. Dans ce contexte, la préparation des activités doit être soignée; elle se réfère à la conduite de l'éducateur qui planifie et prépare les activités dont il est responsable, ceci avant de se présenter devant les jeunes. Cette préparation exige de la compétence de la part de l'éducateur, c'est-à-dire une bonne connaissance de l'activité qu'il dirige et des méthodes didactiques nécessaires pour former les pensionnaires qui participent à son activité. La préparation de son activité exige qu'il donne une attention particulière au cadre spatio-temporel, qui est important dans la conception psycho-éducative du processus de la rééducation; ainsi, il organise et dirige son activité de telle sorte que les garçons occupent un espace bien défini pendant l'activité et que le temps attribué à l'activité soit bien utilisé. Le dernier aspect dont l'éducateur doit tenir compte dans son rôle d'organisateur est celui de transmettre une méthode de travail. En plus de son rôle d'organisateur, l'éducateur doit aménager le milieu; pour ce faire il donne une attention spéciale aux besoins vitaux : c'est-à-dire qu'il organise de façon adéquate les moments des repas, du coucher ... et il voit à l'utilisation de ces moments dans une perspective de rééducation. Et il anime les temps libres, c'est-à-dire organise, avec la collaboration des pensionnaires, les activités spéciales pendant les soirées et les fins de semaine tout en s'assurant qu'elles sont intégrées à la démarche de rééducation de chacun.

     L'éducateur n'est pas seulement défini comme observateur et organisateur; il doit aussi être animateur

parce qu'il est responsable de l'évolution de chaque jeune
(Gendreau, 1978). Pour contribuer à l'évolution des
jeunes inadaptés, il doit les inciter au progrès, les entraîner
à poursuivre et à réaliser les objectifs de la rééducation.
L'incitation, selon Cusson (1974), débute par un effort de
persuasion entrepris par l'éducateur pour s'assurer la collaboration du jeune; elle comprend l'influence exercée par
celui-ci pour neutraliser les pressions et déterminismes qui
peuvent nuire à sa démarche et aussi l'encouragement et le
soutien du cheminement des pensionnaires. La persuasion,
l'influence et l'encouragement seront favorisés si l'éducateur présente des projets significatifs et réalisables, s'il
dispose d'une dose d'influence et de pouvoir charismati-
que et s'il sait neutraliser les forces susceptibles de
détourner le jeune de sa démarche. Pour cerner le rôle
d'animateur qui s'exprime par l'incitation, cinq échelles de
mesure ont été retenues : l'incitation à la rééducation (3),
l'incitation dans les activités (11), la valorisation (6), l'action sur le groupe (19) et les rencontres de groupe (21).
L'incitation est l'action de l'éducateur qui stimule le jeune
délinquant à rencontrer des défis; on le persuade de s'engager dans un processus de changement, de poursuivre les
objectifs de la rééducation. Dans les activités, l'incitation
prend la forme d'une motivation à poursuivre et à réaliser
les buts de l'activité. Par l'incitation, l'éducateur intéresse
le jeune à son activité et il exige une production de qualité.
L'incitation suppose que l'éducateur a confiance dans la
capacité du jeune de changer et qu'il est prêt à le valoriser.
La valorisation, autre échelle, est la réaction de l'éducateur qui approuve et encourage les garçons qui se conduisent bien, et souligne ainsi leurs succès et leur capacité de
réussir. Si l'éducateur doit animer l'évolution de chaque
individu, il doit aussi en faire autant en ce qui concerne la
vie de groupe. Dans son action sur le groupe, l'éducateur
doit contribuer à créer des relations harmonieuses parmi

les garçons du quartier ; il aide les garçons à s'intégrer au groupe, il apaise les conflits et il encourage la solidarité entre les pensionnaires. Finalement, dans son rôle d'animateur, l'éducateur dirige les rencontres de groupe et y participe de façon engagée.

Notons que nous présentons des échelles de mesure qui se rapportent à des rôles mais il est un fait indéniable : certaines des échelles peuvent définir plusieurs rôles à la fois. Ce sera encore plus vrai pour le rôle d'utilisateur qui consiste, comme nous l'avons vu précédemment, à rendre signifiants les éléments du vécu quotidien (Gendreau, 1978). Pour ce faire, l'éducateur contrôlera les événements dans le cours des activités (13), il favorisera la responsabilité (23) et l'autonomie (9), et il réagira avec justice à la conduite des jeunes (7 et 8). Ainsi l'éducateur assurera un contrôle des événements pendant les activités en s'adaptant aux situations et aux réactions des garçons, de telle sorte que non seulement l'activité continue mais encore que ces événements soient utilisés pour l'évolution du pensionnaire. Utiliser les événements veut aussi dire que l'éducateur réagira de façon appropriée, avec justice, aux jeunes qui se conduisent mal. Réagir avec justice veut dire que l'éducateur garde son sang-froid devant les conduites inappropriées et qu'il inflige des sanctions et conséquences à bon escient et sans arbitraire. Il ne doit pas être négligent (c'est une autre échelle), c'est-à-dire qu'il ne doit pas manifester une tolérance excessive à l'endroit des conduites inacceptables ni fermer les yeux devant celles-ci. L'éducateur, comme s'y attendent les concepteurs de Boscoville, utilise les événements, organise la vie de l'internat et anime les activités et la vie de groupe en assurant que soit permis le niveau le plus élevé d'autonomie et de responsabilité. L'autonomie sera permise dans la mesure où l'éducateur favorise l'initiative et l'indépendance des pensionnaires : il laisse les jeunes décider d'eux-mêmes le plus

souvent possible, il les encourage à entreprendre un cheminement personnel et il s'abstient de les aider quand il les
croit capables de surmonter seuls les difficultés qu'ils rencontrent. De plus, l'éducateur doit confier des responsabilités aux jeunes qui peuvent les assumer et il les aide dans
l'exercice de celles-ci, l'autonomie accordée et la responsabilité donnée étant des qualités de l'incitation et de l'aide
dans l'action des éducateurs.

Un autre aspect du rôle d'éducateur est celui d'équipier (Gendreau, 1966) et nous l'avons abordé à l'aide de
l'échelle travail en équipe (26) qui évalue la participation
au travail d'équipe tout en maintenant un certain degré
d'autonomie. Il s'agit de cerner le soutien mutuel, l'esprit
d'échange, de coopération et d'entraide, de même que la
ponctualité (25) qui est une condition minimale du travail
en équipe.

Le dernier rôle, sinon le plus important, de l'éducateur, est celui d'agent relationnel (Guindon, 1970). La
relation, l'aide, l'amour, l'autorité sont le point de départ
et les conditions nécessaires à tous les aspects de l'action
de l'éducateur et à l'engagement du jeune dans une démarche de rééducation. La relation est la pierre angulaire de la
rééducation ; elle est mesurée à l'aide de cinq échelles :
relation (2), aide individuelle (5), aide dans les activités
(14), cotation (15) et autorité (20). L'échelle relation
cerne la situation d'un éducateur qui s'engage dans des relations interpersonnelles de qualité avec les jeunes. Il s'entend bien avec les jeunes, il est aimé et respecté d'eux et il
communique facilement. Cette relation se concrétise aussi
par de l'aide, c'est-à-dire l'action d'assister, de supporter,
de conseiller et de diriger le jeune dans ses efforts pour
changer. Il s'agit d'interventions de support qui sont faites
au moment opportun, qui répondent aux besoins des
jeunes concernés et qui produisent les résultats escomptés.

Cette aide se concrétise plus spécifiquement dans les activités où l'éducateur apporte aux jeunes une assistance adéquate dans le déroulement des tâches prévues à l'activité en cours. La relation et l'aide sont complétées par l'action de cotation où l'éducateur fait une évaluation correcte de la production et du comportement du pensionnaire pendant les activités et les temps libres ; une évaluation que l'éducateur fait accepter aux jeunes. Finalement, la relation sera empreinte d'autorité, thème fort peu abordé dans les écrits sur Boscoville. Guindon (1970) parle du « ferme soutien » que l'éducateur doit apporter à son action, c'est-à-dire un contrôle, une forme d'autorité qui doit maintenir un minimum d'ordre et empêcher l'agir délinquant ; une autorité qu'on doit utiliser avec discernement et intelligence. L'autorité, pour nous, sera présente si l'éducateur est obéi des pensionnaires et surtout, s'il garde le contrôle de la situation durant les routines, transitions et temps libres.

Jusqu'ici nous avons fait le lien entre les six aspects du rôle de l'éducateur et les échelles de mesure que nous avons construites. Toutefois, il existe un principe de rééducation qui est fermement soutenu par les concepteurs de Boscoville et qui devrait colorer tous les aspects de l'intervention des éducateurs, c'est l'individualisation. En effet, Gendreau (1966), Guindon (1970) et Tessier (1970) insistent sur la nécessité pour l'éducateur de faire référence constamment, dans ses interventions et ses actions particulières, à la réalité personnelle et unique du jeune, réalité qui comporte son passé, son présent, son avenir et l'étape atteinte dans le processus de la rééducation. L'individualisation de l'action auprès des individus (4) consiste donc à proposer aux garçons des objectifs qui tiennent compte de leur niveau d'évolution, de leurs capacités, de leurs intérêts et de leurs problèmes. L'individualisation est une incitation adaptée aux sujets à qui elle s'adresse et elle suppose une connaissance appropriée des individus. Dans le cadre des activités, l'individualisation (12) peut être vue comme le fait de proposer des objectifs d'activités qui tiennent compte des caractéristiques des sujets concernés ; il s'agit d'adapter l'activité aux besoins, à l'évolution et aux capacités des jeunes présents.

Établir le rapport entre les aspects du rôle de l'éducateur et les diverses échelles mises au point, comme nous venons de le faire, nous permet d'aborder plus directement la question qui nous intéresse : est-ce que les éducateurs se comportent selon les prescriptions proposées par le modèle théorique élaboré à Boscoville ? La performance des éducateurs est-elle celle qui est attendue ? Est-ce que les éducateurs pratiquent quotidiennement ce qui est inscrit dans la définition de leur rôle ?

De manière à répondre empiriquement à ces interrogations, nous présenterons, dans les pages qui suivent, les moyennes et écarts types des quartiers pour les vingt-six échelles de l'instrument intervention des éducateurs. La performance sera d'autant meilleure que les moyennes seront élevées et les écarts types petits.

Au premier coup d'oeil, il ressort du tableau 2 que les moyennes sont élevées : en général autour de 7,72 pour un maximum possible de 10, donc une cote de 77% avec un écart plutôt faible, 1,33 en moyenne. De fait, les échelles les plus faibles indiquent une moyenne de 6,44 et les plus fortes de 8,78 ; c'est donc dire que les éducateurs, à quelques exceptions près, obtiennent les cotes de performance variant entre 5,6 et 10. Ces résultats signifient que les éducateurs de Boscoville interviennent de la manière dont leurs collègues s'attendent à ce qu'ils le fassent.

Tableau 2
Intervention des éducateurs[1]
(N = 30)

Action sur les individus		
	Quartiers	
1. *CONNAISSANCE*: Le fait d'être bien informé sur les garçons (capacité-problèmes-évolution) et de communiquer correctement cette connaissance dans les rapports cliniques.	7.74[2]	1.28[3]
2. *RELATION*: Le fait d'être engagé dans une relation interpersonnelle de qualité avec les garçons.	7.44	1.39
3. *INCITATION*: L'action de l'éducateur qui entraîne les jeunes à poursuivre et à réaliser les objectifs de la rééducation.	7.43	1.42
4. *INDIVIDUALISATION*: Le fait de proposer aux garçons des objectifs qui tiennent compte de leur niveau d'évolution, de leurs capacités, de leurs intérêts et de leurs problèmes.	7.63	1.35
5. *AIDE*: L'action de l'éducateur qui assiste, supporte, conseille et dirige le jeune dans ses efforts pour changer.	7.62	1.22
6. *VALORISATION*: La réaction de l'éducateur qui approuve et encourage les garçons qui se conduisent bien, soulignant ainsi leur succès et leur capacité de réussir.	8.31	1.25
7. *JUSTICE*: Réactions appropriées de l'éducateur aux jeunes qui se conduisent mal. L'éducateur «juste» garde son sang-froid devant les conduites inappropriées des jeunes et il inflige des sanctions (conséquences) à bon escient et sans arbitraire.	7.83	1.03
8. *INDIFFÉRENCE*: La conduite de l'éducateur qui manifeste une tolérance excessive à l'endroit de conduites inacceptables, fermant les yeux devant celles-ci.	2.26	1.38

Tableau 2 (suite)
Intervention des éducateurs[1]
(N = 30)

Action sur les individus		
	Quartiers	
9. *AUTONOMIE*: Le caractère des interventions de l'éducateur qui favorise l'initiative et l'indépendance chez les garçons.	7.41[2]	1.34[3]
10. *PRÉPARATION*: La conduite de l'éducateur qui planifie et prépare les activités dont il est responsable avant de se présenter devant les jeunes.	7.53	1.28
11. *INCITATION*: L'action de l'éducateur qui motive les garçons à poursuivre et à réaliser les buts de l'activité dont il a la responsabilité. Il intéresse les jeunes à l'activité et il exige d'eux une production de qualité.	7.99	1.07
12. *INDIVIDUALISATION*: Le fait de proposer des objectifs d'activités qui tiennent compte des caractéristiques des sujets concernés.	7.61	1.01
13. *CONTRÔLE DES ÉVÉNEMENTS*: La conduite de l'éducateur qui, pendant les activités qu'il dirige, s'adapte aux événements et aux réactions des gars de telle sorte que non seulement l'activité continue mais encore que ces événements sont utilisés pour la rééducation.	6.44	0.84
14. *AIDE*: L'action de l'éducateur qui apporte une assistance adéquate aux jeunes pendant les activités.	8.10	1.17
15. *COTATION*: Une évaluation correcte de la production et du comportement du jeune pendant les activités. C'est aussi une évaluation que les garçons acceptent.	7.73	1.07

Tableau 2 (suite)
Intervention des éducateurs[1]
(N = 30)

Action sur les individus		
	Quartiers	
16. *COMPÉTENCE* : La caractéristique de l'éducateur qui connaît bien l'activité qu'il dirige et les méthodes didactiques nécessaires pour former les garçons dans cette activité.	7.94[2]	1.77[3]
17. *CADRE SPATIO-TEMPOREL* : Le fait de l'éducateur qui organise et dirige son activité de telle sorte que les garçons occupent un espace bien défini pendant leur activité et que le temps consacré à l'activité soit bien utilisé.	8.59	1.22
18. *MÉTHODE* : Le fait de l'éducateur qui transmet une méthode de travail dans le cadre des activités.	7.59	1.59
19. *ACTION SUR LE GROUPE* : L'action de l'éducateur qui contribue à créer des relations harmonieuses entre les garçons du quartier. Il aide les garçons à s'intégrer au groupe, il apaise les conflits et il incite les jeunes à devenir plus solidaires de leurs camarades.	7.41	1,53
20. *AUTORITÉ* : Le fait que l'éducateur est obéi par les garçons et garde le contrôle de la situation pendant les routines et les transitions.	8.10	1.41
21. *RENCONTRE DE GROUPE* : Le fait de diriger et de participer de façon valable aux rencontres de groupe.	6.88	1.84
22. *ANIMATION DES TEMPS LIBRES* : Le fait d'organiser les activités spéciales pendant les soirées ou les fins de semaine et d'intégrer ces activités à la rééducation.	7.85	1.30

Tableau 2 (suite)
Intervention des éducateurs[1]
(N = 30)

Action sur les individus		
		Quartiers
23. *RESPONSABILITÉS*: Le fait de confier des responsabilités aux jeunes qui peuvent les assumer.	7.58[2]	1.29[3]
24. *BESOINS VITAUX*: Le fait d'organiser de façon adéquate les moments des repas, du coucher, etc. et d'utiliser ces moments dans une perspective de rééducation.	8.01	1.15
Autres échelles		
25. *PONCTUALITÉ*: Le fait de se présenter à l'heure aux présences requises.	8.78	1.76
26. *TRAVAIL EN ÉQUIPE*: Le fait pour un éducateur de participer à un véritable travail d'équipe avec les autres éducateurs.	6.85	1.72

1. Résultats compilés par Pierre Bélanger (1977).
2. Moyennes: elles sont sur 10.
3. Écarts types.

L'éducateur paraît être un producteur excellent, les moyennes sur les échelles sont toutes élevées, mais il en est qui le sont plus que les autres. Ainsi, les moyennes élevées des échelles valorisation, aide dans les activités et cadre spatio-temporel, peuvent s'expliquer par l'importance que l'on attache à ces aspects de l'intervention à Boscoville, tandis que le haut niveau des échelles besoins vitaux et ponctualité s'expliquent peut-être par la relative facilité de ces conduites. D'autre part, certaines échelles sont plus faibles : contrôle des événements, rencontre de groupe et travail en équipe; ceci peut s'expliquer par la relative difficulté d'être excellent dans ces secteurs.

Malgré le haut niveau de performance générale présenté par l'ensemble des éducateurs de Boscoville, des différences n'en sont pas moins présentes. Les écarts types nous indiquent que si certains éducateurs sont excellents, d'autres sont très bons mais personne n'apparaît foncièrement mauvais. Il y a aussi des variations d'un quartier de rééducation à l'autre. Le tableau 3 indique qu'il y a effectivement des différences statistiquement significatives pour dix des vingt-six échelles mesurant l'intervention des éducateurs (Bélanger, 1977). Ces échelles sont : relation, incitation, aide et autonomie dans le secteur de l'intervention auprès des individus, individualisation, aide et cotation dans le secteur d'intervention par les activités, et action sur le groupe, responsabilité et travail en équipe dans le secteur de l'intervention par le groupe. En somme, les variations entre les quartiers sont plutôt minces et il est permis de conclure que Boscoville est un milieu où l'intervention est relativement uniforme d'un quartier à l'autre. Toutefois, cela ne nous empêche pas de noter que chacun des quartiers a en quelque sorte une personnalité qui lui est propre, ou un niveau de performance spécifique. Même si l'écart est petit entre les quartiers, les unités 4 et 5 obtiennent systématiquement des médianes légèrement supérieures aux autres tandis que l'unité 3 est celle qui présente la performance la plus faible mais qui demeure, sur le plan absolu, encore très bonne. Il est aussi intéressant de noter que les dimensions qui présentent des différences sont celles qui font appel à la personne de l'éducateur : incitation, aide, individualisation... tandis que les échelles qui ne différencient pas les quartiers font principalement référence à la structure et à l'organisation : préparation des activités, besoins vitaux, cadre spatio-temporel... Ainsi,

Tableau 3
Différenciation de l'intervention selon les quartiers de rééducation

	Groupe 1	Groupe 2	Groupe 3	Groupe 4	Groupe 5	Test de Kruskal-Wallis	
	Md[1]	Md	Md	Md	Md		
Intervention sur les individus							
Connaissance	7.61	7.85	7.14	8.33	8.33	H^2 = 9.11	P^3 = .0584
Relation	7.61	6.90	6.34	7.85	8.25	H = 15.8	P = .0033[4]
Incitation	7.61	7.26	6.36	8.57	8.25	H = 17.9	P = .0013*
Individualisation	7.35	7.19	7.14	8.25	8.19	H = 9.09	P = .1349
Aide	7.67	7.76	7.14	8.12	8.33	H = 11.1	P = .0254*
Valorisation	8.28	7.85	8.03	8.61	8.63	H = 6.85	P = .1441
Justice	7.64	7.85	7.71	8.42	7.71	H = 4.84	P = .3043
Négligence	1.79	2.15	3.40	1.43	2.23	H = 8.64	P = .0707
Autonomie	7.39	6.63	6.37	7.95	8.21	H = 19.6	P = .0006*
Intervention dans les activités							
Préparation	7.14	7.50	7.41	8.21	7.05	H = 1.78	P = .7762
Incitation	7.78	7.57	7.50	8.78	8.28	H = 8.63	P = .0710
Individualisation	7.02	7.67	7.26	8.51	8.08	H = 17.7	P = .0014*

						H	P
Contrôle des événements	6.07	6.72	5.98	6.84	6.74	H = 6.47	P = .1667
Aide	8.17	8.03	7.50	8.63	8.81	H = 7.95	P = .0448*
Cotation	7.23	7.95	7.61	8.51	8.09	H = 12.9	P = .0119*
Compétence	8.03	9.16	8.03	7.85	8.48	H = 4.07	P = .3969
Cadre spatio-temporel	8.83	8.92	7.67	9.21	8.57	H = 4.60	P = .3302
Méthode	7.67	7.28	7.42	8.46	7.50	H = 6.11	P = .1908
Intervention sur le groupe							
Action groupe	7.38	7.32	6.16	8.21	8.12	H = 13.5	P = .0091*
Autorité	8.00	7.85	6.97	9.00	9.04	H = 8.10	P = .881
Rencontre	6.66	6.90	5.89	8.09	7.61	H = 7.72	P = .1023
Animation	7.73	7.61	7.23	8.33	8.39	H = 6.65	P = .1557
Responsabilité	7.61	7.54	6.84	8.33	8.36	H = 16.1	P = .0029*
Besoins vitaux	8.15	8.57	7.61	7.85	7.71	H = 4.78	P = .3101
Ponctualité	9.16	9.49	8.57	9.46	9.74	H = 6.13	P = .1897
Travail d'équipe	6.96	7.23	5.89	7.58	7.97	H = 16.3	P = .0026*

1. Médiane.
2. Valeur H de l'analyse de variance de Kruskal-Wallis.
3. Propabilité.
* Différences statistiquement significatives.

lorsque les échelles indiquent des différences entre les quartiers, elles reflètent plus la personnalité et l'identité personnelle des éducateurs que des différences au niveau de l'idéologie et des principes de la rééducation.

L'intervention des éducateurs de Boscoville n'est pas seulement homogène d'un quartier de rééducation à l'autre, elle est aussi stable dans le temps tout au long de la période pendant laquelle nous avons mené notre recherche. Les données présentées par Bélanger (1977), et Cusson et LeBlanc (1980) établissent que la qualité du travail éducatif a été maintenue pendant toute la durée de l'intervention ; en effet, Bélanger démontre qu'il n'y a aucune différence significative entre l'intervention des éducateurs en 1975 et 1976, et Cusson et LeBlanc (1980) concluent que les moyennes des éducateurs sont remarquablement stables entre 1976 et 1979.

En somme, l'intervention des éducateurs de Boscoville se caractérise sans contredit par une performance de haute qualité, une performance relativement homogène d'un quartier à l'autre, et stable dans le temps. Ces résultats sur l'intervention des éducateurs nous font penser qu'ils travaillent très bien. Un oeil critique serait peut-être porté à dire qu'il y a de la complaisance et de l'autosuffisance derrière ces belles moyennes. C'est possible ; après tout ce sont des éducateurs de Boscoville qui jugent d'autres éducateurs de Boscoville. Toutefois, il y a une très forte congruence entre l'évaluation de l'intervention des éducateurs et le point de vue des pensionnaires sur celle-ci (voir Bélanger, 1977) ; nous reviendrons sur le sujet dans la section climat social.

Les éducateurs de Boscoville présentent un rendement supérieur, ils pratiquent le modèle d'intervention proposé par les concepteurs du centre. Les facteurs qui favorisent cette situation sont nombreux ; toutefois deux doivent retenir notre attention : la formation et l'encadrement. Comme nous l'avons démontré précédemment, les éducateurs possèdent une formation théorique avancée : maîtrise en psycho-éducation, une formation personnelle, une participation à des activités thérapeutiques, et une formation pratique appropriée, grâce à des stages ; c'est cette formation qui rend possible l'accomplissement précité des tâches demandées aux éducateurs. Cette formation est complétée par un encadrement systématique qui assure que les éducateurs donnent un rendement maximal et selon les attentes de Boscoville ; cette supervision mutuelle et réciproque, que favorisent les comités et la répartition des tâches, est le support de la mise en application des principes qui guident l'intervention. Formation et encadrement constituent une paire et l'un sans l'autre la performance des éducateurs serait sûrement de moins bonne qualité et pas aussi conforme à la théorie prônée à Boscoville.

2c. Quel est le climat social dans les équipes ?

À Boscoville, si l'éducateur est le pivot de l'intervention, l'équipe est un mode de vie. En effet, les six éducateurs de chaque équipe doivent se partager les présences, les tâches d'organisation et d'animation de la vie du quartier. L'équipe est donc constituée à partir d'une connaissance des complémentarités et d'une acceptation de l'assistance réciproque. Elle comprend : un coordonnateur, qui est un éducateur plus expérimenté ayant démontré des aptitudes supérieures de leadership et de présence auprès des jeunes et des collègues, et cinq éducateurs, dont une éducatrice dans certains quartiers.

L'équipe est envisagée comme une entité thérapeutique agissant sur les jeunes. Elle se manifeste par une coopération de tous les instants entre les éducateurs, c'est-à-dire une assistance réciproque qui repose sur l'habileté à communiquer avec l'autre et à le comprendre au niveau de sa vie professionnelle, l'exemple de compréhension et de coopération entre les éducateurs, devant servir aux pensionnaires dans leur démarche de rééducation. À cet égard, Gendreau (1966) affirme que les points faibles d'une équipe se retrouvent isomorphiquement dans le groupe des pensionnaires. Une équipe où les éducateurs seraient non cohérents dans leurs buts et dans leurs actions, où les éducateurs s'accepteraient difficilement entre eux serait vite perçue comme déficiente par le groupe de jeunes. C'est pourquoi Lachapelle (1969) insiste pour dire que l'équipe doit avoir une politique commune face aux groupes de jeunes délinquants et qu'elle doit aussi utiliser une stratégie commune qui, non seulement évite les manipulations de la part des jeunes, mais aussi permet à l'équipe et aux gars de s'y reconnaître. Finalement, l'équipe ne doit pas seulement être un modèle d'assistance réciproque et une source de développement personnel, elle doit aussi être un modèle d'organisation, c'est-à-dire de répartition des tâches, d'ordre et d'organisation, puisque l'on désire apprendre aux jeunes à vivre dans un groupe structuré positivement.

L'instrument développé par Moos et Humphrey (1973), le *Group environment Scale*, nous est apparu tout à fait approprié pour cerner le climat, l'état des équipes d'éducateurs. C'est un instrument simple, un questionnaire de 90 items auxquels on répond par vrai ou faux, qui nous renseigne sur la personnalité d'un groupe. Celle-ci est approchée sous trois angles : les relations, le développement du groupe et de la personne, et l'organisation, ceci à l'aide de dix échelles : cohésion, support du responsable, expression, autonomie, orientation des tâches, découverte de soi, colère et agressivité, ordre et organisation, contrôle du responsable et innovation. [3]

---

3. Neuf items composent chacune des échelles, les scores varient de 0 à 9 sur chaque échelle; voir Ménard (1976) pour plus de détails sur l'instrument, sa construction et son adaptation française.

La dimension relation comprend l'échelle cohésion, c'est-à-dire la participation et le sentiment d'appartenance des éducateurs à leur équipe, le degré d'unité et d'esprit de corps, l'échelle support du coordonnateur qui se réfère au degré d'encouragement et d'aide qu'il donne aux éducateurs, et l'échelle expression, c'est-à-dire le degré de liberté et de spontanéité dans l'expression des sentiments et des pensées ; il s'agit d'une absence de contrôle et de réserve dans les échanges entre les éducateurs de l'équipe. Pour sa part, la dimension développement compte l'échelle autonomie qui est l'encouragement que l'équipe donne à l'initiative, à la confiance en soi et à l'affirmation de soi, l'échelle orientation des tâches qui est l'importance que l'équipe accorde aux tâches concrètes et aux problèmes pratiques de la vie quotidienne, l'échelle découverte de soi qui mesure jusqu'à quel point les éducateurs de l'équipe se parlent ouvertement de leurs problèmes personnels, de leurs doutes, de leur rêves..., finalement l'échelle colère et agressivité qui apprécie la tendance des éducateurs d'une équipe à se critiquer, à se disputer, et qui compte les manifestations ouvertes de colère et d'agressivité. La dernière dimension de l'instrument, l'organisation, comprend l'échelle ordre et organisation, c'est-à-dire le degré d'organisation au sein de l'équipe : buts partagés, règles claires, activités planifiées, discussions ordonnées, l'échelle contrôle du coordonnateur qui se rapporte au degré de pouvoir et de contrôle du coordonnateur de l'équipe : celui-ci dit comment faire, reprend les éducateurs, décide du travail à faire, a le dernier mot, et finalement l'échelle innovation qui mesure le degré de changement et d'expérimentation que se permet l'équipe en opposition avec la stabilité et la routine.

Voyons maintenant la personnalité des équipes de Boscoville. Pour ce faire, nous comparerons Boscoville aux résultats obtenus par Moos et Humphrey (1973) dans leur étude de trente équipes oeuvrant dans divers organismes américains et aux données recueillies dans deux centres d'accueil de Montréal (LeBlanc et Ménard, 1975 et Brill, 1979). Le tableau 4 rapporte ces données. L'impression générale qui se dégage d'un premier examen des moyennes rapportées dans ce tableau est la suivante : le climat des équipes de Boscoville est nettement meilleur que celui des équipes des autres organismes. Boscoville domine sur la plupart des échelles et pour les trois dimensions de l'instrument. Cette première observation est importante dans la perspective d'évaluation que nous adoptons. En effet, ces résultats nous indiquent la haute qualité du climat des équipes de Boscoville. On y pratique ce qui est attendu des concepteurs de Boscoville : la communication, l'assistance réciproque et une compréhension des autres coéquipiers; elles sont organisées et elles permettent aussi le développement personnel. Toutes ces caractéristiques se présentent comme un exemple pour les pensionnaires. En fait, les éducateurs font ce qu'ils attendent des jeunes. Allons maintenant plus en détails et identifions la personnalité type de l'équipe à Boscoville.

Examinons d'abord l'échelle orientation des tâches. La moyenne de Boscoville dépasse largement toutes celles des autres groupes d'équipes et il s'agit de la moyenne la plus élevée parmi les dix échelles. Le pragmatisme apparaît une des caractéristiques dominantes des équipes de Boscoville. Ici, le pragmatisme signifie l'orientation de l'équipe vers des tâches concrètes, une volonté de résoudre les problèmes pratiques de la vie quotidienne. Le contraire d'une équipe pragmatique serait celle où l'on discuterait de grandes idées sans les mettre en application, où l'on rêverait tout en négligeant les tâches concrètes.

Le pragmatisme qui caractérise les équipes de Boscoville se voit confirmé à la lecture des résultats sur d'autres échelles. En effet, les échelles expression et découverte

Tableau 4
Comparaison du climat d'équipe à Boscoville avec celui d'autres centres
(Moyennes)

	Bosco-ville[1] n = 7	MSA[2] n = 11	Équipes améri-caines[3] n = 30	B[4] n = 13
1. *COHÉSION :* Participation et sentiment d'appartenance des éducateurs à leur équipe. Unité et esprit de corps.	8.15	6.57	6.04	8.12
2. *SUPPORT DU COORDONNATEUR :* Le coordonnateur encourage et aide ses éducateurs.	8.32	6.16	6.28	7.78
3. *EXPRESSION :* Degré de liberté et de spontanéité dans l'expression des sentiments et des pensées. Absence de contrôle et de réserve dans les échanges entre les éducateurs de l'équipe.	5.83	5.04	5.49	6.68
4. *AUTONOMIE :* Encouragement par équipe à l'initiative, à la confiance en soi et à l'affirmation.	7.29	5.82	6.24	7.75
5. *PRAGMATISME :* Importance que l'on accorde au sein de l'équipe aux tâches concrètes et aux problèmes pratiques de la vie quotidienne.	8.34	7.41	4.83	8.09
6. *DÉCOUVERTE DE SOI :* Jusqu'à quel point les éducateurs d'une équipe se parlent ouvertement de leurs problèmes personnels, de leurs doutes, de leurs rêves, etc.	5.68	4.36	5.32	5.25

Tableau 4 (suite)
Comparaison du climat d'équipe à Boscoville avec celui d'autres centres
(Moyennes)

	Bosco-ville[1] n = 7	MSA[2] n = 11	Équipes améri-caines[3] n = 30	B[4] n = 13
7. *COLÈRE ET AGRESSIVITÉ*: Tendance des éducateurs d'une équipe à se critiquer, à se disputer. Manifestations de colère et d'hostilité.	2.37	3.45	4.07	3.48
8. *ORDRE ET ORGANISATION*: Degré d'organisation au sein de l'équipe : buts partagés, règles claires, activités planifiées, discussions ordonnées.	6.90	6.13	4.13	6.36
9. *CONTRÔLE DU COORDONNATEUR*: Degré de pouvoir et de directivité du coordonnateur. Celui-ci dit comment faire, reprend les éducateurs, décide du travail à faire, a le dernier mot.	5.02	5.27	3.09	3.80
10. *INNOVATION*: Degré de changement, d'expérimentation. S'oppose à la stabilité, à la confiance dans les méthodes éprouvées, à la routine.	4.73	4.59	5.16	5.76

1. Sept équipes en juin 1974, cinq éducateurs et un coordonnateur.
2. Onze équipes en avril 1975, cinq à sept éducateurs et un coordonnateur, centre d'accueil francophone pour jeunes délinquants de 14 à 18 ans.
3. Équipes de Moos et Humphrey (1973) de 15 à 20 personnes.
4. Treize équipes en mars 1977, un coordonnateur et 2 à 5 éducateurs, centre d'accueil anglophone pour jeunes délinquants de 14 à 18 ans.

de soi présentent des moyennes plus faibles et elles se rapprochent des équipes les plus faibles dans ces domaines. Ces résultats indiquent qu'il existe une certaine contrainte à l'expression libre des sentiments et à la subjectivité des éducateurs : on ne dit pas n'importe quoi n'importe quand. Ceci peut se comprendre, compte tenu du pragmatisme pratiqué par les équipes de Boscoville : les éducateurs considèrent qu'ils y sont pour accomplir une tâche, pour solutionner des problèmes, non pas pour se raconter leurs problèmes personnels. Cette régulation de la spontanéité et de la compréhension de chacun se manifeste aussi par le niveau de colère et d'agressivité qui est beaucoup plus faible que dans toutes les autres équipes.

De ces indices, il ressort que les équipes d'éducateurs à Boscoville ne vivent pas du tout dans un climat de « happening ». On ne rêve pas, on colle à la réalité quotidienne, on ne se dit pas n'importe quoi, on contrôle son agressivité. Ceci est possible en raison du niveau élevé d'ordre et d'organisation (Boscoville a la moyenne la plus élevée de tous les groupes d'équipes). Ainsi le partage des buts, des règles claires, des activités planifiées et des discussions ordonnées, permettent de diminuer la colère et l'agressivité et de faciliter l'orientation vers des tâches concrètes. Ces orientations assurent tout de même un bon degré d'expression tout en permettant la découverte de soi comme homme et comme professionnel. L'ensemble de ces caractéristiques soutiennent aussi la cohésion (moyenne fort élevée). Ainsi un esprit de corps se développe, un sentiment d'appartenance se renforce et l'on peut donc travailler en équipe et être cohérent, ce qui est une des conditions fondamentales de toute démarche d'éducation.

Si le pragmatisme et la cohérence sont des traits dominants du climat d'équipe à Boscoville, il ne faut quand même pas oublier le style de leadership exercé par le coordonnateur. À Boscoville, en comparaison avec les autres résultats, le support est fort et le contrôle plus faible. Le coordonnateur dirige effectivement son équipe mais il ne le fait pas de façon directive et autoritaire. Il s'agit d'un leadership réel qui repose sur l'influence, le support, le consentement des éducateurs. Le coordonnateur ne décide pas tout, il encourage ses éducateurs. Il leur laisse un fort degré d'autonomie (voir l'échelle autonomie) tout en les aidant. Pour tout dire, il coordonne son équipe plus qu'il ne la dirige, ce qui est en totale conformité avec la définition théorique du rôle des coordonnateurs.

Un résultat est par ailleurs surprenant, c'est la moyenne plus faible de Boscoville sur l'échelle innovation. À Boscoville, on expérimente moins, on préfère s'appuyer sur des méthodes et procédures éprouvées. Ainsi, innover dans un secteur nouveau ou récent est probablement plus facile que dans un domaine où beaucoup a déjà été fait et où on doit de préférence parler de raffinement plutôt que de perfectionnement ou d'innovation. Le quart de siècle de traditions à Boscoville et la formation reçue par les éducateurs expliquent sûrement cette moyenne plus faible sur l'échelle innovation.

En résumé, les équipes de Boscoville sont cohésives, organisées, pragmatiques, dirigées par un éducateur qui coordonne et supporte, ceci tout en laissant une place adéquate au développement personnel et professionnel. Elles présentent, de plus, une qualité de vie et un climat qui s'avèrent excellents pour la rééducation si l'on compare les équipes de Boscoville avec d'autres. Ainsi le climat social dans les équipes d'éducateurs est au niveau des attentes formulées par les concepteurs de Boscoville et de plus, Ménard (1976) établit qu'il y a très peu d'écart entre le climat réel et le climat désiré par les éducateurs; c'est donc dire que ceux-ci considèrent avoir atteint un niveau quasi maximal de rendement dans ce domaine. Voyons maintenant si le climat d'équipe est aussi stable et homogène que l'était l'intervention.

Notons tout d'abord qu'à chaque échelle les variations ne sont pas énormes entre le quartier présentant la meilleure moyenne et celui présentant la moins bonne (Tableau 5). Toutefois les quartiers ayant les moyennes les plus faibles sont quand même supérieurs aux équipes mises en comparaison au tableau 4. Il existe quatre échelles sur les dix qui présentent les différences statistiquement significatives : colère et agressivité, innovation et découverte de soi, et expression. Il n'y a donc pas de différence de nature entre les quartiers. Ces résultats indiquent que chacun adopte une personnalité propre; chacun accentue l'un ou l'autre trait du modèle boscovillien. Notons aussi, comme nous l'avions fait pour l'intervention des éducateurs, que les quartiers 4 et 5 obtiennent systématiquement les cotes les plus élevées tandis que le quartier 3 présente les cotes les plus faibles. Ainsi les quartiers 4 et 5 pratiquent mieux le modèle proposé par Boscoville. Quant à la stabilité dans le temps du climat d'équipe à Boscoville, les données rapportées par Cusson et LeBlanc (1980) montrent qu'au fil des années, entre 1974 et 1979, le climat social dans les équipes d'éducateurs a varié très peu. Ceci veut dire que durant la période de recherche, le climat des équipes est resté égal à lui-même, et que dans l'ensemble la qualité s'est maintenue.

En somme, à Boscoville le climat social dans les équipes d'éducateurs est d'excellente qualité; il est relativement homogène d'une équipe à l'autre; il est stable dans le temps. Un autre aspect de l'intervention des éducateurs

Tableau 5
Différences entre les cinq quartiers

	Unité 1		Unité 2		Unité 3		Unité 4		Unité 5		Test de Kruskal-Wallis
	M[1]	E-T[2]	M	E-T	M	E-T	M	E-T	M	E-T	
Cohésion	7.60	2.07	7.50	3.21	6.67	2.50	8.86	0.38	8.67	0.52	H = 7.48 P = .1111
Support du coordonnateur	8.20	1.30	8.17	1.17	7.33	1.51	8.43	0.79	8.50	0.84	H = 3.73 P = .4437
Expression	6.60	0.55	6.50	1.76	2.67	2.50	6.57	1.72	5.50	0.84	H = 11.69 P = .0198*
Indépendance	7.20	1.30	7.33	1.86	6.17	1.72	7.00	1.92	8.33	0.52	H = 7.00 P = .1346
Orientation des tâches	8.20	0.45	8.17	0.75	7.50	1.05	8.43	0.79	8.67	0.52	H = 6.23 P = .1827
Découverte de soi	6.40	1.14	5.50	1.38	3.17	2.23	4.86	1.35	6.50	1.05	H = 10.30 P = .0357*
Colère et agressivité	1.60	1.14	1.50	1.38	3.17	0.54	2.57	0.79	4.50	1.38	H = 14.43 P = .0060*
Ordre et organisation	5.40	2.30	6.83	1.72	5.50	2.17	7.29	1.60	6.17	2.32	H = 3.74 P = .4419
Contrôle du coordonnateur	4.00	1.58	3.50	1.05	6.00	1.10	4.14	1.34	5.00	2.28	H = 8.15 P = .0863
Innovation	4.60	1.14	4.83	2.49	4.17	1.17	4.58	1.40	6.33	0.52	H = 10.73 P = .0295*

1. M: Moyenne.
2. E-T: écart-type.
* Statistiquement significatif.

a ainsi une influence constante sur les jeunes en traitement. La qualité du climat de travail s'explique par plusieurs facteurs concurrents. Rappelons tout d'abord la tradition de rééducation et le poids du modèle qui imprègnent toute la vie à Boscoville, ainsi que la sélection et la formation du personnel dont nous avons parlé précédemment ; mais le facteur le plus important pour maintenir une haute qualité est sûrement l'encadrement et les mécanismes de communication. Mentionnons les divers comités où l'équipe se rencontre, la formation des coordonnateurs (celle-ci est un processus d'apprentissage progressif et contrôlé), la constitution des équipes qui consiste à apparier le plus adéquatement possible coordonnateurs et éducateurs selon l'expérience et les caractéristiques personnelles. La symbiose de ces éléments, complétée par une conception commune de la rééducation, assure donc à Boscoville des équipes d'éducateurs où la qualité de la vie est excellente. Leur pragmatisme et leur organisation en font donc des équipes qui s'attellent réellement à une tâche difficile : la rééducation de jeunes délinquants.

2d. Quelle est la nature des relations interpersonnelles dans les quartiers de Boscoville ?

Jusqu'ici notre évaluation du traitement offert a porté uniquement sur une des composantes des ressources humaines, plus spécifiquement les éducateurs et leurs interventions : qui étaient les éducateurs ? comment ils agissaient auprès des individus par les activités, et sur le groupe des jeunes ? comment ils vivaient en équipe ? Nous aborderons maintenant un autre aspect de l'action de Boscoville : les relations interpersonnelles qui s'établissent entre les éducateurs et les jeunes.

« L'éducateur : homme de la relation interhumaine. » C'est ainsi que Gendreau (1978, p. 46), un des concepteurs de Boscoville, nous signale que les relations interpersonnelles sont la pierre angulaire de toute la démarche de rééducation de chaque jeune, la relation étant conçue comme le point de départ, le déclencheur de cette démarche; mais c'est aussi une des conditions essentielles à la poursuite de ce cheminement. La relation qui marque l'accompagnement du pensionnaire doit, selon Gendreau (1978), conserver assez de présence pour constituer une situation où l'éducateur vit avec le jeune, mais elle doit aussi avoir assez de distance pour que le jeune ne se confonde pas avec l'éducateur. Ce dilemme apparaît parce que l'on dit que la relation doit comporter de l'amour et qu'elle doit être source d'identification, mais elle doit aussi faire place à l'autonomie. On parle aussi d'aide et d'influence de l'éducateur. En somme, on demande à l'éducateur d'établir une bonne relation, tout au moins avec certains pensionnaires, si ce n'est pas avec tous les jeunes de son groupe.

Comment apprécier l'état des relations interpersonnelles entre les éducateurs et les jeunes? Nous l'avons fait en posant aux jeunes une série de questions (voir Legendre, 1975 et 1977) sur deux thèmes majeurs : la communication avec les éducateurs et la qualité de la relation que le pensionnaire entretient avec son éducateur d'entrevue ou parrain. En effet ces thèmes sont pertinents parce que le degré et la nature de la communication entre les éducateurs et les pensionnaires sont des conditions qui facilitent la relation, et la qualité de la relation avec l'éducateur d'entrevue est un indice du chemin parcouru par les pensionnaires dans ce domaine.

Si le pré-requis de la relation, c'est la communication, la question suivante devient importante : si tu avais un problème personnel et que tu voulais en parler avec quelqu'un, qui irais-tu voir le premier? 77% des pensionnaires choisissent un éducateur en premier lieu, 15% un autre jeune et 8% personne ne vivant à Boscoville (voir Legendre, 1977). Les garçons font donc plus confiance aux éducateurs qu'à leurs camarades de quartier pour discuter de leurs problèmes personnels. Ce qui signifie que les éducateurs sont informés de ces problèmes et qu'ils sont ainsi en mesure d'aider les pensionnaires et de les influencer dans une perspective rééducative.

Même si les pensionnaires se tournent plus souvent vers les éducateurs pour parler de leurs problèmes personnels, le type et la nature des communications entre jeunes et éducateurs méritent d'être étudiés avec plus de précision. Selon les analyses rapportées par Legendre (1977), les jeunes communiquent autant entre eux qu'avec les éducateurs ; les scores totaux de communication sont à peu près similaires : 0,54 entre jeunes et 0,49 avec les éducateurs. C'est donc dire que l'on parle aussi souvent aux éducateurs qu'aux autres jeunes des vingt-deux sujets de conversation qui étaient proposés dans le questionnaire. De quoi parle-t-on dans les quartiers de Boscoville ? Ou plus précisément, de quoi parlent les citoyens des quartiers avec leurs camarades et avec leurs éducateurs ? Ces questions ont été posées et les résultats sont rapportés au tableau 6 (plus l'indice se rapproche de 1 plus ce sujet de conversation est pratiqué très souvent par la totalité des pensionnaires ou éducateurs). Notons qu'un score de 0,80 indique que la plupart des pensionnaires parlent de musique par exemple, avec les autres jeunes, alors qu'ils discutent de sport, dans une même proportion, avec les éducateurs.

Les sujets de conversation qui reviennent avec la plus grande fréquence entre les pensionnaires sont dans l'ordre : la musique, les sports, la vie du quartier, les activités à Boscoville, les sorties et les camarades du quartier. Il s'agit de sujets adolescents (musique, sport) ou directement reliés à la vie à Boscoville, notons la place des sorties

Tableau 6
Fréquence des communications avec les garçons et avec les éducateurs, selon les sujets de conversation

	Gars	$\square$ 2	Éduca-teurs
- Les filles	.66[1]	.28	.38[1]
- Le travail que je pourrais faire	.57	– .03	.60
- Les coups que j'ai déjà faits (délits)	.32	.20	– .12
- La nourriture	.48	.07	.41
- Les activités de plein air	.64	.02	.62
- La drogue	.49	.23	.26
- Les sports	.79	– .02	.81
- La musique	.80	.12	.68
- Les expériences avant de venir ici	.42	.06	.36
- La politique	.36	.19	.17
- Les sorties	.70	.06	.64
- Les lois et les conséquences (punitions) à Boscoville	.38	.00	.38
- La vie du quartier	.72	– .03	.75
- Mes problèmes personnels	.38	– .20	.58
- Les éducateurs en général	.46	.11	.35
- Les activités de Boscoville	.71	.00	.71
- L'évasion ou les gars en évasion	.42	.01	.41
- Les gars du quartier	.65	– .08	.73
- Les critiques des éducateurs	.40	– .02	.42
- La sexualité	.53	.21	.32
- Notre avenir	.53	– .06	.59

1. Proportion des jeunes de Boscoville qui parlent souvent ou très souvent du sujet de conversation, soit avec leurs camarades, soit avec les éducateurs.
2. Il s'agit de la différence entre la communication entre pensionnaires et la communication entre pensionnaires et éducateurs, par exemple les filles : entre gars (.66) moins avec éducateurs (.38) égale le score de différence (.28).

de fin de semaine. Avec les éducateurs, les sujets les plus fréquemment abordés sont les mêmes, seul l'ordre change : les sports, la vie du quartier, les camarades, les activités à Boscoville, la musique et les sorties. L'analyse du tableau 6 devient encore plus intéressante si l'on s'attache à l'écart entre les indices pour un même sujet de conversation. Il apparaît que certains thèmes sont plus souvent abordés entre jeunes qu'avec les éducateurs : les filles, la drogue, la sexualité, les « coups » (délits), alors que pour les problèmes personnels, on en parle de préférence avec les éducateurs.

Les sujets de conversation les plus fréquents sont discutés aussi bien entre pensionnaires qu'avec les éducateurs. Ils portent sur des objets typiques de la culture adolescente des garçons entre 15 et 18 ans (la musique et le sport de consommation) et ils concernent la vie à Boscoville (la vie au quartier, les activités, les camarades, les sorties). Certains thèmes ne semblent pas encouragés par les éducateurs et ils sont discutés de préférence entre copains : ils ont trait aux rapports avec l'autre sexe (les filles, la sexualité) et à la vie délinquante (la drogue, les délits).

La fréquence des sujets de conversation sur Boscoville est révélatrice de la densité du vécu quotidien, ce qui s'y passe fournit d'inépuisables sujets de discussion, non seulement avec les éducateurs mais aussi avec les autres pensionnaires. D'autre part, les sujets de conversation qui ne portent pas sur la vie à l'internat sont remarquables par leur caractère anodin. Les sujets abordés de préférence avec les pairs ont une saveur de fruit défendu : les filles, la sexualité, la drogue, la délinquance. Les éducateurs, par principe, n'encouragent pas de tels sujets de conversation, sauf dans des moments précis (rencontre de semaine, discussion de groupe, thérapie de groupe...), et les jeunes se contentent d'en parler entre eux sans que les éducateurs en soient au courant. Ce partage des sujets de conversation indique peut-être des secteurs où les éducateurs sont moins à l'aise mais où les jeunes ressentent un besoin de communiquer, un besoin de rechercher des solutions à des difficultés qui sont toujours présentes. Finalement, on parle aux éducateurs de ses problèmes personnels, ce qui correspond tout à fait au rôle que l'éducateur désire jouer et que Boscoville attend de lui. [4]

Si l'étude du degré et de la nature des communications nous a indiqué qu'elles étaient amplement suffisantes pour favoriser la relation et qu'elles portaient, malgré tout, sur des sujets pertinents, il convient d'étudier la nature de la relation entre chaque jeune et son éducateur d'entrevue car il devrait théoriquement s'établir une relation privilégiée entre eux. Qu'en est-il dans les faits ? Nous avons demandé aux pensionnaires d'écrire le nom de leur éducateur d'entrevue, de penser à lui et de répondre à des questions sur l'entente, l'aide, la compréhension, l'appréciation, la considération qu'il pensait que son éducateur d'entrevue avait pour lui (le tableau 7 présente ces données pour 56 garçons en février 1976 et il est extrait du rapport de Cusson, 1977).

Les citoyens de Boscoville s'entendent très bien avec leur éducateur d'entrevue et leurs rapports possèdent les caractéristiques de la relation éducative attendue par les concepteurs de Boscoville. En effet, 77% des pensionnaires déclarent s'entendre très bien avec leur éducateur d'entrevue, et le reste, 23%, plutôt bien. Cette relation apparaît éducative car la quasi-totalité des jeunes croient que leur éducateur d'entrevue a confiance en leurs possibilités : ils pensent tous que leur éducateur sait qu'ils peuvent devenir quelqu'un, qu'ils peuvent changer. Il s'agit là d'un

---

4 Notons que, contrairement à ce que nous avons fait jusqu'ici, nous ne présenterons pas de données sur l'homogénéité des sujets de conversation pratiqués à travers les quartiers et leur stabilité dans le temps. Les données dont nous disposons indiquent qu'il y a stabilité sauf pour des variations conjoncturelles, par exemple en période d'élection la politique prend plus de place dans les conversations. L'homogénéité entre les quartiers est aussi très grande. Ces données sont rapportées par Cusson et LeBlanc (1980).

Tableau 7
Relations avec l'éducateur d'entrevue

	Quartiers N = 46
Actuellement, comment t'entends-tu avec lui?	
1. Très bien	77.3*
2. Plutôt bien	22.7
3. Plutôt mal	
4. Très mal	
Ces temps-ci, est-ce qu'il t'aide vraiment à évoluer?	
1. Oui, j'en suis certain	68.2
2. Je pense que oui	27.3
3. Je pense que non	4.5
4. Non, j'en suis certain	
Trouves-tu qu'il comprend bien tes problèmes?	
1. Très bien	59.1
2. Plutôt bien	31.8
3. Plutôt mal	9.1
4. Très mal	
Aimerais-tu être le genre de personne qu'est cet éducateur?	
1. Tout à fait	18.2
2. Dans la plupart des choses	72.7
3. Dans certaines choses	9.1
4. Pas du tout	
As-tu de la considération pour lui?	
1. Je ne le respecte pas vraiment	
2. Je respecte l'éducateur, pas plus	4.5
3. Je le respecte comme homme seulement	18.2
4. Je le respecte comme homme et comme éducateur	77.3
Est-il exigeant pour toi?	
1. Très exigeant	22.7
2. Exigeant	36.4
3. Assez exigeant	27.3
4. Pas très exigeant	13.6

* Pourcentages

élément essentiel du rôle de l'éducateur comme agent de formation. La grande majorité des jeunes considèrent qu'ils sont vraiment aidés par leur éducateur, 68% en sont certains et 27% pensent que c'est le cas, et ils se sentent compris par leur éducateur d'entrevue, 59% se disent très bien compris et 32% plutôt bien compris. Seule une faible minorité de pensionnaires déclarent ne pas être vraiment aidés (5%) et ne pas être compris (9%). Si la relation éducateur/jeune est marquée par l'entente, la compréhension et l'aide, elle n'en est pas moins conduite sous le signe d'une exigence certaine; en effet 23% des jeunes affirment que leur éducateur d'entrevue est très exigeant, pour 36% et il est exigeant et pour 23% il est assez exigeant; seulement 14% des pensionnaires déclarent que leur éducateur d'entrevue n'est pas assez exigeant.

Les relations entre les éducateurs et les jeunes apparaissent conformes aux attentes inscrites dans le modèle de rééducation prescrit à Boscoville; elles sont exigeantes, compréhensives, marquées par l'aide et empreintes d'entente. Qu'en est-il de l'identification aux éducateurs comme source de changement chez les jeunes? Notons que 77% des jeunes disent respecter leur éducateur d'entrevue comme homme et comme éducateur, 18% comme homme seulement et 5% comme éducateur uniquement (tableau 7). Ce respect ne veut pas dire que l'on aimerait ressembler à son éducateur d'entrevue; personne n'aimerait être tout à fait le genre de personne qu'est cet éducateur, 18% apprécieraient lui ressembler dans la plupart des choses et 73% dans certaines choses uniquement, finalement 9% des jeunes n'aimeraient pas lui ressembler. Les écoliers de Montréal (LeBlanc, 1976) sont plus nombreux à vouloir ressembler totalement ou presque à leur père (43%) que les pensionnaires de Boscoville (18%) à leur éducateur. À l'internat, la relation est sous le signe de réserve: 73% ne veulent devenir comme leur éducateur que dans certaines choses. Par ailleurs, il y a plus d'écoliers qui ne veulent pas du tout être comme leur père (16%) que de garçons de Boscoville qui rejettent le modèle que leur offre l'éducateur (9%). L'éducateur de Boscoville présente donc aux adolescents un modèle respecté, mais plus lointain que ne le laisse entendre la théorie boscovillienne. L'adolescent qui arrive à l'internat a déjà une identité relativement façonnée à partir des modèles parentaux et culturels qu'il a connus et il lui est alors difficile de s'identifier à des éducateurs qui sont très différents de lui, si ce n'est par leur formation professionnelle et personnelle.

Afin de compléter cette section sur les relations interpersonnelles entre les éducateurs et les jeunes, notons que les variations entre quartiers et dans le temps vont dans le même sens que celles rapportées pour le climat d'équipe et l'intervention des éducateurs (voir Cusson et LeBlanc, 1980).

En résumé, les relations interpersonnelles, que ce soit en termes de communication ou de relation avec l'éducateur d'entrevue, sont de très haute qualité à Boscoville et elles varient somme toute assez peu dans le temps et entre les quartiers, même si chacun de ceux-ci présente une physionomie qui lui est propre. Ainsi, tant sur les plans des relations interpersonnelles, du climat d'équipe et de l'intervention que sur celui de l'identité des éducateurs, on se doit de retenir que les éducateurs mettent en application le cadre théorique qui les guide et leur performance est de haute qualité tout en étant constante dans l'espace et le temps. Ainsi le traitement offert est réel dans la mesure de cette qualité de la performance des éducateurs. Cette observation n'est pas sans valeur lorsque nous nous proposons de vérifier l'effet d'un traitement sur un groupe de jeunes délinquants. Le traitement est donc clairement identifiable et véritablement appliqué. Ces caractéristiques sont d'autant plus significatives que nous pouvons ajouter que les jeunes délinquants qui séjournent à Boscoville reçoivent fondamentalement le même traitement quel que soit le quartier où ils sont placés. De plus tous les jeunes constituant notre échantillon ont reçu le même traitement, qu'ils aient été présents à Boscoville en 1974 ou 1977, car il y a stabilité dans le temps de l'action des éducateurs.

Passons maintenant à la deuxième composante des ressources humaines comme moyen d'action pour atteindre la rééducation des jeunes délinquants ; il s'agit du groupe, plus particulièrement de sa place dans le processus de rééducation. Nous aborderons des thèmes analogues à ceux de la section sur les éducateurs : les éléments structurels (composition, structure...), le climat social dans le groupe tel que perçu par les pensionnaires et les éducateurs, et les relations interpersonnelles entre les jeunes. En procédant à ces analyses, nous garderons toujours les mêmes préoccupations, à savoir contraster les prescriptions et les pratiques et apprécier la qualité du traitement offert par Boscoville.

II. Le groupe : prescriptions et pratiques

Dans un centre de rééducation comme Boscoville, les groupes de pensionnaires font partie intégrante du milieu. On rééduque dans et par le groupe. Celui-ci n'est pas seulement le contexte de la rééducation, il est aussi un des principaux moyens utilisés pour faire vivre aux jeunes délinquants une démarche de rééducation. L'extrait suivant d'un texte assez ancien, illustre très bien l'importance que l'on accorde au groupe à Boscoville :

> Participant à un ordre social à sa mesure, il y prendra des responsabilités et y adoptera un rôle. Par la

> participation intime à ce milieu social, il prendra
> conscience de son identité non délinquante, et se fa-
> miliarisera avec des cadres sociaux et avec leurs exi-
> gences objectives, ce qui le préparera à s'accommo-
> der à la réalité sociale en général. (Boscoville, 1964,
> p. 3)

Ce groupe, toutefois, ne doit pas être qu'un milieu de vie,
il doit être thérapeutique.

1. Un groupe thérapeutique

À Boscoville, le groupe est utilisé comme un véritable outil thérapeutique. Pour en arriver à formuler ce principe, les concepteurs de Boscoville ont fait le raisonnement
suivant : puisque le groupe est un phénomène naturel à
l'adolescence et considérant que la délinquance est surtout
un phénomène de groupe, le groupe doit devenir un des
instruments de la rééducation.

Gendreau (1966) et Guindon (1970), pour marquer
leur acceptation du fait que le groupe est un phénomène
naturel à l'adolescence, se réfèrent à Erikson (1959). Et
s'inspirant des travaux de Mailloux (1968-1971) et des recherches criminologiques sur le «gang» (à cet égard on
cite Block et Neiderhoffer, 1963; voir Achille, 1978), on a
conçu que l'appartenance à un groupe positivement orienté pouvait suppléer à la bande et permettre aux jeunes de
rencontrer leurs besoins, d'être accueillis, de se sentir en
sécurité et de faire des choses avec des collatéraux. S'appuyant sur les connaissances scientifiques, les concepteurs
de Boscoville ont donc reconnu l'importance des pairs
pour les adolescents et plus particulièrement des collègues
pour les jeunes délinquants. Cette assise a donc conduit au
choix du groupe comme genre de vie et comme instrument
de la rééducation.

⌈«Le groupe constitue d'abord un milieu» diront
Gendreau (1966) et Guindon (1970). C'est-à-dire qu'on
lui permettra une vie autonome tout en le liant étroitement
à la structure sociale de l'ensemble de l'internat. Le groupe
mène une vie autonome car il occupe ses propres locaux; il
a son équipe d'éducateurs, son horaire et un agencement
particulier d'activités;⌉les jeunes y demeurent en permanence après leur séjour d'environ deux mois en banlieue;
et, comme nous l'avons vu à travers certains des résultats
empiriques sur les équipes, il en vient à acquérir son originalité, sa personnalité propre. Par le fait que le groupe est
encouragé et devient avec le temps une «micro-société»
(Guindon, 1970), il peut alors prendre une grande importance aux yeux de ses membres et l'image que les pensionnaires s'en font conditionne largement le cheminement
que le pensionnaire suivra durant son séjour à Boscoville.

Mais selon les théoriciens de Boscoville,⌈le groupe
doit être plus qu'une micro-société, il doit devenir thérapeutique pour les jeunes délinquants qui en font partie. Il
le sera selon l'esprit qui l'imprégnera, les activités qu'il fera vivre et le sentiment d'appartenance qu'il suscitera.⌉

Ainsi pour Gendreau (1966), le groupe c'est un esprit :

> Le groupe incarne le milieu immédiat, structuré et
> sécurisant, actif et dépositaire de l'esprit général de
> l'institution, témoin de la tradition que l'institution
> s'est forgée au cours des expériences rééducatives
> les plus lointaines comme les plus récentes. Si le
> groupe détient cette tradition, il (le jeune) est ap-
> pelé à en vivre les valeurs sous-jacentes et à s'iden-
> tifier progressivement au style de groupe des réédu-
> qués (p. 44).

Le groupe est donc dépositaire d'un esprit et celui-ci influence les jeunes qui y vivent. Nous parlerons sur le plan

empirique de climat psycho-social; le climat du groupe, c'est sa personnalité : des attitudes, des valeurs, des façons d'être et de faire. La tradition que détient le groupe en sera nécessairement une qui est de soi socialisante parce qu'elle propose l'entraide plutôt que l'exploitation, l'accueil et l'intégration au groupe plutôt que l'appartenance en raison de la force ou de la ruse, la reconnaissance de l'individu et de sa compétence plutôt que le conformisme... L'éducateur a conséquemment pour règle de s'assurer que la tradition est maintenue et qu'elle n'est pas détournée vers des fins délinquantes.

Il faut que les G établisse un bon bon climat social.

Parallèlement à ce climat que doit établir le groupe, il a des «dispositifs socialisants», comme les appelle Gendreau (1966), c'est-à-dire le régime de vie, les activités..., et la régulation de la conduite de ses membres. En effet, il soutient que le groupe a pour fonction de valoriser et d'apprécier chacun de ses membres, la production et même le comportement, en vue de maintenir intacte l'image positive du groupe. Il doit contrôler le respect des valeurs par ses membres parce qu'il est dépositaire de celles-ci; il doit assurer le partage des tâches et responsabilités. Pour remplir ses obligations, le groupe dispose d'une structure formelle qui assure aux membres l'accès à un statut social et l'exercice des divers rôles sociaux : c'est la structure civique dont nous avons parlé précédemment. En somme, le groupe apparaît comme le lieu privilégié d'apprentissage des relations avec les autres, de l'engagement dans un rapport de respect mutuel, de compréhension et d'échange, tous ces éléments devant contribuer à la recherche de l'identité personnelle qui est la caractéristique dominante de l'adolescence et qui requiert la reconnaissance par les pairs et par des adultes significatifs.

D'autre part, Gendreau (1966) nous dit que pour qu'un groupe de vie soit thérapeutique, il convient que sa cohésion soit promue et maintenue. L'internat doit se donner des moyens pour promouvoir et maintenir la cohésion de ses groupes. Parmi ceux-ci notons la relative autonomie d'application du régime de vie et de la programmation, l'entière autonomie sur l'exécution des activités, et la collaboration pour analyser les situations, les progrès et difficultés du groupe et des individus. Il en résulte que chaque groupe se détermine une structure sociale propre qui s'exprime aux plans formel et informel. Sur le plan formel, il s'agit des postes officiels et des rôles sociaux associés aux étapes de la rééducation; ceux-ci sont tenus par les membres, selon des critères déterminés d'accessibilité et de pratique, et à la suite d'une confirmation mutuelle par les pensionnaires et les éducateurs. Le caractère thérapeutique de cette démarche sera assuré grâce à la perspicacité des éducateurs qui cherchent à établir une correspondance entre la tâche ou la responsabilité, et la personnalité ou l'évolution du jeune en cause.

Si la structure formelle est un levier indispensable au développement et au maintien des aspects socialisants du groupe, la structure informelle est non moins importante. Dans les écrits sur Boscoville, on parle rarement de la régulation des interactions, du contrôle de la structure informelle, pour assurer son caractère socialisant au groupe; mais les éducateurs reconnaissent qu'elle constitue un mécanisme essentiel pour permettre l'évolution des pensionnaires. Et Guindon (1970) nous dit que :

> tout groupe, pour être thérapeutique, devra présenter une culture informelle positive, dynamique, assumée par des éléments qui ont déjà assimilé certaines valeurs et qui puisse faire face aux sous-groupes qui demeurent délinquants et qui préconisent le plus souvent une sous-culture déviante (p. 83).

Nous tenterons de vérifier si une telle sous-culture existe à Boscoville et si elle domine la tradition socialisante que le groupe devrait prôner.

Tous les dispositifs associés au groupe ne sont efficaces et tous les bienfaits thérapeutiques attendus ne sont réels que dans la mesure où le groupe fonctionne bien. Or, la composition du groupe de pensionnaires, comme celle de l'équipe d'éducateurs, est l'un des facteurs qui influent énormément sur son fonctionnement. Dans les écrits psycho-éducatifs, comme à Boscoville, on ne trouve rien de précis sur la composition d'un groupe. Un principe qui est souvent énoncé consiste à dire que l'homogénéité des personnalités et des problèmes est contre-indiquée tout comme l'est la totale hétérogénéité. L'exécutif clinique dose les entrées dans chacun des quartiers selon le rapport entre le fonctionnement actuel du groupe, les caractéristiques de ses membres et l'impact des traits du membre potentiel sur le groupe.

L'intégration du jeune délinquant au groupe est une préoccupation qui se manifeste dès que le jeune, quittant la banlieue, entre dans son nouveau groupe. Les éducateurs et les pensionnaires les plus évolués font en sorte que ce nouveau soit progressivement intégré dans le groupe, qu'il soit accepté par ses pairs et qu'il se sente chez lui dans le quartier. Le fait que l'internat soit divisé en petits groupes de 10 à 15 pensionnaires, relativement autonomes et ayant leurs propres éducateurs, favorise le développement de l'identité de groupe et sa cohésion. Ces conditions permettent l'identification du jeune à son groupe et celle-ci est renforcée par la participation du pensionnaire aux responsabilités formelles. Cette participation permettra au jeune de s'exprimer de façon non délinquante et lui donnera l'occasion de prendre des responsabilités, d'acquérir un statut dans le groupe, de compter aux yeux des pairs et des éducateurs.

À Boscoville, les groupes ont une organisation formelle comportant des postes officiels tenus par les membres selon des critères définis. Les titulaires de ces postes sont démocratiquement choisis par le groupe qui, avec les éducateurs, sanctionne la manière dont le rôle sera assumé. L'échevin de quartier est le leader officiel du groupe ; il est élu et il participe au conseil de ville. C'est lui qui nomme quatre sous-ministres et un secrétaire qui formeront avec lui le conseil du quartier. Gendreau (1966) insiste sur trois conditions pour que ce système soit efficace : les fonctions doivent correspondre à des tâches réelles, ce ne sont pas des tâches d'éducateur mais des tâches nécessaires qui n'ont aucun caractère honorifique ; le travail doit s'ajuster au niveau d'évolution du jeune, les responsabilités ne doivent pas être au-dessus de ses forces ; la présence des éducateurs qui soutiennent et orientent les responsables est essentielle.

Ce petit groupe, le quartier, est donc une micro-société avec une structure et une organisation sociale formelle et informelle. Ayant observé que sur le plan formel la structure et l'organisation sociale étaient relativement uniformes d'un quartier à l'autre (programmation, régime de vie, structure civique... que nous avons amplement décrits), nous avons opté dans notre étude empirique pour une investigation des caractéristiques de la vie de groupe dans sa dimension informelle. Pour ce faire, nous avons retenu deux aspects de la vie de groupe : la structure qui est constituée des interactions entre les membres et de la stratification des groupes, et l'ambiance psycho-sociale du groupe ou la dynamique interne qui sera appréhendée à travers la cohésion, la présence d'éléments sous-culturels, le climat social et les relations interpersonnelles. Vérifions maintenant si la vie de groupe correspond effectivement à ce qui est prescrit dans les écrits sur le sujet.

2. *Les groupes de jeunes à Boscoville*

Le groupe est l'unité sociale de base de Boscoville et le jeune passe la quasi-totalité de son temps avec les membres de son groupe, autant pour les activités que pour les moments de loisirs. Seuls les repas se prennent dans une salle commune où tous les quartiers se retrouvent mais encore là, les jeunes doivent manger avec des membres de leur groupe à une table désignée.

Les cinq quartiers de rééducation sont prévus pour quinze garçons mais ils opèrent rarement à pleine capacité; ceci en raison soit des fugues, soit des difficultés d'approvisionnement. Durant la période de recherche, le taux d'occupation moyen, c'est-à-dire le nombre de jeunes sous la responsabilité de Boscoville était hebdomadairement de 85% donc de treize garçons par quartier; pour sa part, le taux de présence, c'est-à-dire de garçons effectivement sur place, était en moyenne de 76% ou de onze garçons par quartier (Leduc et LeBlanc, 1976). Ainsi, les groupes se composent habituellement de onze à treize pensionnaires, donc il s'agit de petits groupes et à ces pensionnaires s'ajoutent habituellement six éducateurs.

2a. *Quelle est la structure des groupes?*

Les aspects structurels de la vie de groupe ont été étudiés grâce à un questionnaire sociométrique (voir le rapport de Legendre, 1975, pour plus de détails sur l'instrument). Nous nous attacherons tout particulièrement à deux aspects: les interactions et la stratification. Les interactions se réfèrent au degré d'attrait entre les membres d'un groupe et à la nature de l'interaction : les préférences et les rejets. La stratification, pour sa part, est l'étude du niveau d'influence dans le groupe, soit détenu par les individus (leadership, prestige...) soit en termes de composition du groupe (clique, hiérarchisation ...). Ces mesures des aspects structurels de la vie de groupe ne sont pas sans limite car il y a une intrication constante de phénomènes d'ordre opératoire et de phénomènes d'ordre affectif et ils ne nous renseignent que sur la première dimension. Toutefois, certaines conditions structurelles sont essentielles pour que la rééducation soit possible.

L'indice d'interactions donne une image du nombre de relations préférentielles dans un groupe par rapport au nombre maximum possible de ces relations; le taux varie de 0,44 à 0,66, c'est donc dire que la moitié des pensionnaires des groupes sont choisis par les autres dans les quartiers en juin 1974. Le volume des relations positives et négatives est plus intéressant pour qualifier l'interaction dans le groupe et identifier son influence socialisante.

Les deux tiers des relations sont des choix préférentiels et le tiers des choix sont des rejets, ceci à un moment donné ou d'un quartier à l'autre. Ces tendances correspondent aux résultats que l'on obtient dans des groupes comparables de jeunes délinquants ou d'adolescents (Polsky, 1962; Janin et Maisonneuve, 1963; Raymond-River, 1961; Toesca, 1972; Legendre et Bondeson, 1972). Par ailleurs, Legendre (1975) a établi, à l'aide de calculs statistiques, que les relations de rejets sont stables dans le temps, entre juin 1974 et février 1977 et homogènes d'un quartier à l'autre durant cette période de cueillette de données; toutefois les relations positives varient légèrement d'un groupe à l'autre tout en demeurant stables dans le temps. Ces résultats nous indiquent donc que l'interaction est suffisamment élevée dans les groupes de rééducation de Boscoville pour que les membres puissent baigner dans un climat qui favorise la démarche de rééducation.

Cette démarche sera renforcée par la nature de la stratification du groupe. Ainsi, Legendre (1977) établit que sur les trente-cinq groupes analysés, c'est-à-dire les cinq quartiers de rééducation observés à sept moments différents, il y avait dix-neuf groupes avec une étoile (un pensionnaire populaire, celui qui a reçu le plus de choix, qui a le statut le plus élevé) et un leader (celui qui sait le plus se faire écouter des autres) qui étaient des personnes différentes tandis que dans seize groupes on retrouve la même personne comme étoile et leader. Ces résultats n'ont pas de valeur en soi, ils n'en prennent que dans la mesure où l'on a observé qu'à Boscoville les étoiles et les leaders sont toujours des jeunes d'une étape plus avancée dans la rééducation (production et/ou personnalité). Ces résultats indiquent qu'il s'agit de modèles acceptables par les éducateurs, ce qui représente une correspondance certaine avec les principes prônés par Boscoville. On peut donc parler d'un processus de contrôle du leadership par les éducateurs et ces résultats diffèrent de ceux de Bondeson (1968) qui a trouvé, dans des internats suédois, que les individus possédant un statut élevé étaient ceux favorisant des normes et des comportements délinquants. À Boscoville donc, le leadership serait potentiellement socialisant car il est le plus positif possible.

Une autre façon d'évaluer la positivité des groupes du point de vue de la potentialité de socialisation consiste à étudier la présence de cliques et la structuration du groupe. Selon les résultats rapportés par Legendre (1975), il n'existerait aucune clique à Boscoville et la hiérarchisation est faible, c'est-à-dire qu'il n'y a pas de groupe où la plupart des choix convergent vers une seule personne. Cette étude de la structure des groupes nous a aussi permis de noter qu'il y a peu de variation pendant toute la durée de la recherche ou d'un quartier à l'autre; de plus, les résultats à Boscoville indiquent moins de structuration et de cliques que dans d'autres internats pour jeunes délinquants (Legendre, 1977). La structure des groupes de Boscoville facilite d'autant plus la rééducation qu'elle est caractérisée par des relations réciproques en chaîne, comme le démontre l'analyse des sociogrammes des quartiers de Boscoville en février 1976, tel que rapporté par Legendre (1977).

2b. Quelle est l'ambiance psycho-sociale des groupes?

Les prescriptions acceptées à Boscoville affirment que la tradition du groupe doit favoriser des attitudes et des conduites qui encouragent et supportent le jeune dans sa démarche de rééducation. Cet encouragement et ce support peuvent être décelés à l'aide des mesures que nous avons utilisées: le climat social, la cohésion et les éléments sous-culturels.

Le climat social

Pour savoir comment les pensionnaires et le personnel de Boscoville perçoivent l'ambiance du groupe dans lequel ils vivent, un questionnaire portant sur le climat social des groupes (semblable à celui sur le climat d'équipe dont nous avons parlé précédemment) a été administré à tous les membres de chacun des quartiers. Cet instrument est une traduction et une adaptation du *Correctional Institution Environment Scale* créé par Moos (1973), et présentée par Ménard et LeBlanc (1978). Il est composé de 86 énoncés auxquels il s'agit de répondre par vrai ou faux. L'instrument permet, d'une part, de connaître la perception que les pensionnaires ont de leur groupe de pairs, de l'intervention des éducateurs et de l'organisation du milieu ; d'autre part, il permet d'identifier la perception des éducateurs quant à la contribution des pensionnaires à leur milieu de vie et à la qualité de la vie sociale dans leur groupe.

L'instrument comprend neuf échelles qui, comme pour le climat d'équipe, se regroupent en trois grandes dimensions : les relations personnelles qui se composent de trois échelles (l'engagement, le support et l'expression) et qui concernent le type et l'intensité des relations personnelles entre les jeunes et avec les éducateurs dans le groupe ; l'orientation du traitement qui comprend aussi trois échelles (autonomie, orientation pratique et orientation des problèmes personnels) et qui veut permettre d'appréhender les centrations de l'intervention ; et finalement la dimension organisation qui compte aussi trois échelles (clarté, contrôle des éducateurs, et ordre et organisation) et qui se réfère à l'évaluation de la manière dont fonctionne le groupe.

L'engagement mesure jusqu'à quel point les pensionnaires sont actifs et énergiques dans leur conduite quotidienne à travers le programme, c'est-à-dire la façon dont ils agissent socialement avec les autres membres du groupe, l'initiative dont ils font preuve et le développement d'une fierté et d'un esprit de groupe dans leur quartier. Il s'agit ici de l'effort que les jeunes mettent dans leur démarche de rééducation, ce qui est défini comme une condition essentielle de celle-ci dans les écrits boscovilliens dont nous avons parlé précédemment. Le support, la seconde échelle, mesure principalement le niveau d'aide que les jeunes reçoivent des éducateurs et, à un moindre degré, le support mutuel que les pensionnaires s'accordent. La dernière échelle de la dimension relation est l'expression

ou le degré d'incitation du programme à l'expression ouverte des sentiments (incluant les sentiments d'agressivité)
par les membres des groupes. Le support est par définition
un aspect fondamental du travail de l'éducateur et l'expression est un moyen, si elle est contrôlée, d'entrer en relation et de faire avancer le jeune dans sa démarche selon
les prescriptions de la psycho-éducation.

Dans la dimension orientation du traitement, l'é-
chelle autonomie mesure le degré d'encouragement que les
pensionnaires reçoivent à prendre des initiatives dans la
planification des activités. Pour sa part, l'échelle orientation pratique mesure jusqu'à quel point l'environnement
du jeune l'oriente vers la libération de l'internat, tandis
que l'échelle orientation des problèmes personnels se réfère
au degré d'encouragement que reçoivent les jeunes à s'occuper de leurs problèmes personnels et de leurs sentiments et à chercher à se comprendre entre eux. À Boscoville, les scores devraient être fort élevés sur cette
échelle, compte tenu du cadre théorique et de la méthode
utilisée.

La dernière dimension, pour sa part, dépasse ces
aspects d'attitudes pour cerner les éléments structurels,
l'organisation du groupe, ceci en complémentarité avec les
données abordées dans la section précédente. Il s'agit en
premier lieu de l'échelle ordre et organisation qui mesure
l'importance de l'ordre et de l'organisation dans le programme, au niveau de la façon dont ceci est perçu par les
pensionnaires, de ce que font les éducateurs pour encourager l'ordre et la facilité avec laquelle celui-ci est maintenu.
En second lieu, il y a l'échelle clarté qui vérifie jusqu'à
quel point les pensionnaires savent à quoi s'attendre dans
la routine quotidienne et le degré d'explication des règles
et procédures en vigueur dans le groupe. En dernier lieu,
l'ordre et l'organisation sont abordés par le biais du con-

trôle exercé par les éducateurs : jusqu'à quel point ils utilisent des mesures spécifiques pour maintenir les pensionnaires sous contrôle, c'est-à-dire grâce à la formulation de règles, dans la programmation des activités et dans les relations entre pensionnaires et éducateurs.

L'ambiance psycho-sociale d'un groupe apparaîtra suivant l'accent donné à l'une ou l'autre de ces dimensions ou échelles. Notons que Moos (1974) caractérise les groupes à orientation correctionnelle comme ayant des scores élevés sur les échelles de la dimension organisation et nettement plus faible sur les deux autres dimensions ; dans les milieux thérapeutiques, on doit retrouver des scores élevés sur les dimensions relations et orientations du traitement et des scores plus faibles sur le contrôle. Voyons ce qu'il en est à Boscoville mais au préalable situons l'internat par rapport à d'autres. Le tableau 8 présente les moyennes des neufs échelles de mesure du climat social dans des internats yougoslaves, québécois et américains.

Il ressort de la comparaison des moyennes qu'un fort écart d'évaluation du climat social existe entre les pensionnaires des internats en cause : dans les internats américains les moyennes sont les plus basses, suivis des internats yougoslaves, tandis que les centres québécois affichent les meilleures moyennes. Ainsi le contrôle des éducateurs est important dans les internats américains et moins significatif au Québec, l'inverse étant vrai : à savoir que les dimensions relations et orientations du traitement sont plus élevées dans les internats du Québec. Si on émet l'hypothèse que le climat perçu par les pensionnaires dépeint dans une certaine mesure la philosophie ou la politique rééducative suivie par les internats qui les accueillent, on peut avancer que les centres américains mettent principalement l'accent sur le contrôle des jeunes par les éducateurs et les incitent à préparer concrètement leur départ de l'internat : ce sont les

Tableau 8
Climat social dans divers internats québécois, américains et yougoslaves

	Américains[2]		Yougoslaves[3]		Québécois[4]	
	Jeunes (3651)	Éducateurs (858)	Jeunes (186)	Éducateurs (46)	Jeunes (252)	Éducateurs (128)
1. *ENGAGEMENT*: Degré de participation des garçons à la vie du quartier. Esprit de corps. Intérêt des jeunes les uns pour les autres.	4.74[1]	6.95	5.62	5.17	6.56	7.45
2. *SUPPORT*: Les éducateurs aident et encouragent les jeunes. Ils s'intéressent à ceux-ci. Les garçons s'aident entre eux.	5.13	7.32	6.83	7.43	7.43	8.32
3. *EXPRESSION*: Degré d'ouverture et de spontanéité dans les échanges entre les jeunes et les éducateurs. Absence de dissimulation dans l'expression des émotions et des pensées.	4.38	5.82	4.97	6.47	5.45	7.44
4. *AUTONOMIE*: Les éducateurs acceptent les suggestions et les critiques. Les garçons sont encouragés à être indépendants, à prendre des initiatives. Ils participent aux décisions.	4.12	6.79	6.66	7.46	6.22	7.32
5. *ORIENTATION PRATIQUE*: Les éducateurs préparent les garçons à l'avenir. Ils insistent en particulier sur les activités scolaires et sur les méthodes de travail.	6.08	7.45	6.88	7.75	7.09	7.99

6. *PROBLÈMES PERSONNELS*: L'importance accordée aux problèmes personnels: les garçons en parlent ouvertement entre eux et avec les éducateurs. On les encourage à se comprendre.	4.44	7.03	6.66	7.49	5.41	6.15
7. *ORDRE ET ORGANISATION*: Degré d'organisation de la vie du quartier. Ponctualité des éducateurs. Propreté et ordre dans le quartier. Activités planifiées.	4.32	6.09	5.44	3.11	6.39	7.47
8. *CLARTÉ*: Jusqu'à quel point la situation est claire et prévisible dans le quartier. Les conséquences du comportement des garçons sont prévisibles. Les éducateurs ne sont pas changeants; ils expliquent aux jeunes ce qui leur arrive.	5.12	6.89	6.38	6.50	6.97	8.43
9. *CONTRÔLE DES ÉDUCATEURS*: Degré de pouvoir et de directivité des éducateurs. Ils surveillent les garçons, donnent des ordres, n'acceptent pas la critique, ne font pas participer les jeunes aux décisions.	6.91	5.55	5.23	3.76	5.18	4.15

1. Moyennes.
2. Moos (1973).
3. Vodopivec (1974).
4. Ménard et LeBlanc (1978).

échelles dont les moyennes sont les plus élevées. Tout l'aspect traitement ou ambiance socialisante ne semble pas être perçu par les jeunes. Dans les internats québécois, l'inverse est vrai, et les pensionnaires ont l'impression d'être fortement supportés par les éducateurs et d'être encouragés à s'engager dans leur programme rééducatif qu'ils perçoivent comme étant bien maîtrisé par les éducateurs et clair dans ses règles et procédures mais avec un contrôle plutôt faible. Pour leur part, les internats yougoslaves se situent entre les deux extrêmes. Les éducateurs ont également répondu au questionnaire sur le climat social afin d'identifier la concordance de perception des éducateurs et des pensionnaires. Il ressort que les moyennes des éducateurs sont toujours plus élevées que celles des pensionnaires ; toutefois l'écart est plus prononcé dans les internats américains que dans les autres, ce qui indique des difficultés certaines pour l'un ou l'autre groupe.

Quant à Boscoville, comment se situe-t-il parmi les internats québécois ? Si les internats québécois présentent le portrait le plus favorable en termes d'une ambiance psycho-sociale favorable à la socialisation, qu'en est-il de Boscoville ? Le tableau 9 présente les moyennes de quelques internats québécois. Nous observons que Boscoville présente les moyennes les plus élevées et ces moyennes nous indiquent que le contrôle est le plus faible et le support le plus élevé. De plus l'écart entre les perceptions des éducateurs et des pensionnaires est généralement le plus faible à Boscoville, ce qui indique une congruence des perceptions. Ces données font ressortir Boscoville comme un milieu de haute qualité, un milieu dans lequel les jeunes s'engagent et auquel il participent. Nettement plus qu'ailleurs, ils s'y sentent supportés, aidés. Très évidemment, Boscoville est perçu par ses pensionnaires et ses éducateurs comme un milieu ordonné, prévisible, compréhensible et orienté vers un travail de développement des personnes.

Tableau 9

**Le climat social dans quelques internats québécois:
comparaison du point de vue des jeunes
et celui des éducateurs**

	BF[1]		MSA[2]		Boscoville	
	Jeunes (53)	Éducateurs (36)	Jeunes (160)	Éducateurs (62)	Jeunes (42)	Éducateurs (31)
1. *Engagement*	6.22[3]	8.25	6.34	6.44	7.81	8.55
2. *Support*	7.02	8.86	7.17	7.52	7.93	9.29
3. *Expression*	5.51	7.87	5.05	6.81	6.98	8.21
4. *Autonomie*	6.40	8.12	5.89	6.76	7.28	7.46
5. *Orientation pratique*	6.98	8.75	6.80	7.34	8.33	8.36
6. *Problèmes personnels*	5.33	7.01	5.24	5.56	6.11	6.34
7. *Ordre et organisation*	5.72	6.50	6.22	7.26	7.86	9.07
8. *Clarté*	6.52	7.78	6.64	8.19	8.76	9.61
9. *Contrôle des éducateurs*	5.20	4.23	5.40	3.83	4.29	4.70

1. Un internat anglophone pour jeunes délinquants de 14 à 18 ans (Brill et Duncan, 1977).
2. Un internat francophone pour jeunes délinquants de 14 à 18 ans (Ménard et LeBlanc, 1975).
3. Moyennes.

Ce n'est pas un milieu où l'action des éducateurs passe par le contrôle, ils sont moins directifs.

L'ensemble de ces comparaisons nous permet d'affirmer que la vie de groupe est saine à Boscoville, qu'elle atteint un niveau de qualité qui est favorable à la socialisation. Le climat social des groupes de garçons se distingue par des qualités, la cohérence et l'efficacité, qui se rapprochent fort du pragmatisme que distinguaient les équipes d'éducateurs. En effet, si l'on regarde les moyennes des échelles clarté, ordre et organisation, et orientation pratique, on obtient l'image d'un milieu cohérent, ordonné, prévisible, organisé en vue de trouver des solutions efficaces à des problèmes concrets. L'observateur qui passe quelque temps à Boscoville s'en rend aisément compte : les attentes des éducateurs sont précises et claires, ils proposent aux pensionnaires des objectifs individualisés, ils se soucient constamment de l'articulation entre les moyens et les fins. Dans les groupes, cette tendance est cependant concurrencée par une autre orientation qui se manifeste par les moyennes sur les échelles expression et orientation vers les problèmes personnels, et qui consiste à encourager les jeunes, non plus uniquement à l'ordre et à l'efficacité, mais à la spontanéité, à l'expression des émotions et des problèmes personnels. En somme, les quartiers de rééducation sont partagés entre deux tendances d'égale force : celle qui est prépondérante, la volonté de cohérence et d'efficacité, et celle qui vient gruger la précédente, favoriser la spontanéité et la plongée dans la subjectivité par l'écoute de l'autre. Ces deux vagues de fond se répercutent dans le programme ; ainsi l'activité typique de la première tendance serait le boulot alors que l'activité caractéristique de la seconde serait la thérapie de groupe.

L'influence de l'éducateur se profile de la façon suivante : support très fort, contrôle très faible et autonomie faible. Les éducateurs agissent sur les pensionnaires par l'intermédiaire d'un pouvoir peu directif qui s'appuie essentiellement sur l'aide et un support très présent. À Boscoville, l'éducateur est présent pour aider l'adolescent, le soutenir, le conseiller, lui proposer des objectifs, l'encourager ; cela ressort encore dans ces données sur le climat social, comme nous l'avions observé dans l'analyse de l'intervention des éducateurs et dans d'autres analyses.

Cependant lc jeune délinquant pris en charge est aussi étroitement encadré; toute l'organisation du milieu, la clarté des exigences, le régime de vie, la cohérence et la fermeté des éducateurs ne lui laissant pas d'échappatoires. Ces caractéristiques semblent favoriser l'engagement car la participation des pensionnaires à la vie de leur groupe, nous l'avons vu, est forte surtout dans les quartiers, ce qui va en parallèle avec la cohésion dans les équipes d'éducateurs. Ce parallélisme, cette symbiose de la vie de groupe de garçons et la vie de groupe de l'équipe d'éducateurs ont été clairement démontrés par Ménard (1976) et correspondent à l'isomorphisme attendu par Gendreau (1966) entre la vie de groupe et la vie d'équipe. Ainsi les conflits et difficultés, comme les bons moments, se répercutent instantanément dans l'un ou l'autre groupe : les pensionnaires et les éducateurs. Ces traits dominants de la vie de groupe à Boscoville (engagement, cohérence, efficacité et pouvoir peu directif), sont autant d'indices qu'il s'agit de micro-société saine dont l'ambiance favorise la socialisation, mais y a-t-il stabilité et homogénéité de l'influence du climat sur les jeunes qui vivent dans les groupes? L'ambiance psycho-sociale varie-t-elle au cours de la période de recherche et change-t-elle d'un quartier à l'autre?

Le tableau 10 démontre que sur une seule des neuf échelles, autonomie, il y a une tendance statistique à la différenciation des cinq quartiers, le groupe 3 présentant la moyenne la plus faible et le groupe 2 la plus élevée. Ces résultats militent en faveur de la conclusion que les cinq quartiers de rééducation affichent une ambiance psycho-sociale équivalente; il y a donc homogénéité dans le climat social des groupes de Boscoville. Il nous reste maintenant à contrôler le degré de stabilité du climat social dans le temps. À ce titre, nous avons analysé la moyenne du climat social dans les cinq quartiers de Boscoville de juin

Tableau 10
Climat social : différence à l'intérieur de Boscoville

	Groupe 1		Groupe 2		Groupe 3		Groupe 4		Groupe 5		Test de Kruskal-Wallis
	M	E-T	M	E-T	M	E-T	M	E-T	M	E-T	
Engagement	7.75	1.39	7.30	2.45	8.13	2.30	7.67	0.82	8.20	1.55	H = 3.16 P = .531
Support	9.13	0.99	8.60	2.17	9.25	0.71	8.50	1.38	9.10	1.10	H = 1.52 P = .823
Expression	6.94	2.64	6.89	3.18	7.64	1.92	6.11	1.83	6.67	2.28	H = 2.17 P = .704
Autonomie	7.92	1.01	8.33	1.76	5.56	2.45	6.30	1.67	7.67	1.77	H = 9.95 P = .041*
Orientation pratique	8.75	1.04	8.40	0.97	7.63	2.20	8.33	1.03	8.70	1.06	H = 4.50 P = .343
Problèmes personnels	5.56	1.33	5.33	2.21	7.36	1.56	5.93	1.52	6.44	2.50	H = 5.65 P = .220
Ordre et organisation	8.75	1.39	8.50	1.65	7.63	2.20	7.17	1.84	7.10	2.13	H = 6.10 P = .19
Clarté	9.00	1.20	8.50	1.27	8.75	1.04	8.67	0.82	8.90	1.20	H = 1.23 P = .87
Contrôle des éducateurs	3.89	1.33	4.33	1.43	4.72	2.04	5.37	1.30	3.55	0.87	H = 6.45 P = .16

1. Données de février 1974 : M : Moyenne, E-T : Écart-type.
* Statistiquement significatif.

1974 à février 1977. Ces données nous permettent de noter que le climat social tel que perçu par les pensionnaires varie peu d'une année à l'autre à Boscoville[5]. Toutefois, notons que l'échelle « contrôle des éducateurs » a vu ses moyennes diminuer légèrement. Mais, même en incluant ces deux minces tendances, nous ne retrouvons nulle part de fortes variations ; ceci nous permet de conclure à la stabilité du climat social dans les groupes. Une même ambiance psycho-sociale a constitué le bain commun de tous les jeunes délinquants de notre population à l'étude.

Cohésion, solidarité et sous-culture

L'étude du climat social a permis d'appréhender jusqu'à un certain point la qualité des relations sociales dans les groupes à Boscoville. Nous continuons dans la même veine mais, cette fois, en examinant la cohésion et la solidarité. La cohésion et la solidarité ne sont pas toujours congrues dans un groupe tout comme cette dernière n'est pas toujours orientée positivement. Si la cohésion se réfère à l'union entre les membres du groupe, celui-ci n'est pas nécessairement solidaire, c'est-à-dire qu'il ne possède pas automatiquement une communauté d'intérêt et que les membres ne se sentent pas nécessairement l'obligation de se porter assistance. De plus, même si le groupe est cohésif et solidaire, cela ne veut pas nécessairement dire qu'il est orienté vers la défense de buts socialement acceptables : un groupe cohésif et solidaire peut être une sous-culture délinquante comme le montrent amplement les écrits sur les bandes délinquantes (Block et Nierderhoffer, 1963 ; Mailloux, 1965 ; Klein, 1971).

---

5 Ces données sont disponibles aussi en ce qui concerne la perception des éducateurs (Ménard, 1979).

Legendre (1975) a étudié la cohésion dans les groupes de Boscoville à l'aide de plusieurs indices sociométriques et elle conclut qu'elle est forte. Elle a constaté que les membres des groupes choisissent comme amis des jeunes de leur groupe avant tout. Il ressort de plus qu'il y a peu de différences dans les moyennes des quartiers et dans les moyennes de chaque moment de cueillette des données. Les groupes de rééducation se constituent en une unité certaine puisque 84% des jeunes interrogés en février 1976 disent préférer demeurer dans leur groupe, contre 6% qui seraient intéressés à changer de groupe. Si les groupes sont cohésifs, sont-ils solidaires?

La solidarité peut être cernée en mesurant le support mutuel ou en demandant une évaluation générale de celle-ci. Le support mutuel est important car les pensionnaires affirment à 75% que lorsqu'un garçon est en difficulté, les autres vont généralement essayer de l'aider et seulement 8% vont le laisser se débrouiller seul. Par ailleurs, 56% des pensionnaires déclarent que la solidarité est très forte entre les membres de leur groupe, contre 32% qui l'évaluent moyenne et 12% qui l'apprécient comme faible; ces résultats sont constants dans le temps et équivalents d'un quartier à l'autre. Ce niveau de solidarité est important mais non parmi les plus élevés; en effet, Bondeson (1974) rapporte, pour plusieurs internats suédois, un pourcentage de 77% des pensionnaires qui évaluent la solidarité entre les membres de leur groupe comme forte, contre 56% à Boscoville. On pourrait penser qu'à Boscoville, il y a davantage de place pour l'individualisme parce que la cohésion et la solidarité sont à un très bon niveau, sans être excellentes. Toutefois, l'on note que les pensionnaires sont beaucoup plus satisfaits de leur vie de groupe à Boscoville que dans les internats suédois: en effet, 71% des pensionnaires de Boscoville déclarent s'y sentir très bien ou bien, contre seulement 21% des pensionnaires des internats suédois ; l'inverse étant valable, 47% des jeunes de ceux-ci s'y sentent mal, contre 8% des jeunes vivant à Boscoville, la proportion d'indifférents étant assez semblable : 21% à Boscoville, contre 32% dans les internats suédois.

Ainsi, à Boscoville, la solidarité entre les membres des groupes est très bonne sans être excellente mais les jeunes, pour la plupart, se sentent bien dans leur groupe. L'explication de ces résultats et de leurs différences par rapport à ceux de Bondeson (1974) réside peut-être dans l'orientation du groupe. Un des problèmes les plus fréquemment mentionnés dans les travaux de recherche sur les internats pour jeunes délinquants est celui de la sous-culture institutionnelle (Polsky et Claster, 1968 ; Polsky 1962 ; Empey et Lubeck, 1971 ; Lachapelle, 1973 ; Bondeson, 1974). Cette expression désigne la formation, au sein des groupes de jeunes délinquants placés en internat, d'une organisation sociale qui supporte ses membres dans leurs orientations antisociales et dans leur opposition aux autorités de l'internat. Ces sous-cultures se caractérisent, entre autres choses, par un leadership délinquant (les jeunes les plus antisociaux sont ceux qui ont le plus d'influence sur leurs pairs), par des rôles informels spécifiques (caïd, bouc-émissaire, manipulateur...), par des normes qui limitent les communications entre le personnel et les pensionnaires. Une telle sous-culture a été identifiée dans beaucoup d'internats pour jeunes délinquants ; existe-t-elle à Boscoville ?

Nos travaux (voir en particulier Legendre 1975 et 1977) ont permis d'établir que les garçons les plus populaires et les plus influents dans les quartiers sont toujours les jeunes les plus avancés dans le processus de la rééducation. En d'autres termes, les sujets les plus écoutés et les plus populaires ne sont pas les plus délinquants mais, au contraire, les sujets les plus engagés dans une démarche de rééducation. Le tableau 11 présente quelques indices qui permettent de croire qu'il n'y a pas de sous-culture délinquante à Boscoville.

Ainsi, sur le plan de l'attitude, les pensionnaires déclarent appartenir aux groupes qui font leur possible pour changer (94%), par rapport aux groupes qui « font leur temps » (6%), selon une expression consacrée dans les prisons pour adultes et pour mineurs. Quant aux rôles types de la sous-culture institutionnelle, nous avons noté que 58% des pensionnaires identifient un bouc-émissaire (un gars dont tout le monde rit), 12% un caïd (un gars qui fait marcher les autres par la peur), 37% un profiteur et 31% un semeur de zizanie. Le rôle du bouc-émissaire ressort nettement, celui de caïd n'existe pas, les profiteurs et semeurs de zizanie pointent les oreilles ici et là mais ne sont pas très courants aux yeux des répondants. La dernière question rapportée au tableau 11 permet de vérifier s'il existe à Boscoville cette pratique typique des sous-cultures institutionnelles qui veut qu'on se laisse punir pour protéger un camarade. Une chose est certaine : la règle qui veut que tout doit être fait pour protéger un camarade contre les éducateurs n'existe pas à Boscoville. Une petite minorité de pensionnaires est prête à protéger les copains (4%), un quart (27%) le feraient pour un ami intime et 63% ne le feraient jamais à Boscoville. Il ressort de ces données qu'il n'existe pas à Boscoville de sous-culture institutionnelle organisée : pas de leadership délinquant, pas de rôle délinquant (caïd...) et pas de normes visant l'isolement du personnel. Il existe bien le rôle du bouc-émissaire, mais compte tenu de l'ensemble des résultats, ce rôle semble découler beaucoup plus de l'intensité de la vie de groupe que d'une structuration sous-culturelle.

Tableau 11
Indices de la présence d'une sous-culture institutionnelle

À quel groupe appartiens-tu? (N = 52)	
Au groupe de ceux qui font leur temps	6%
Au groupe de ceux qui font leur possible pour changer	94%

Existe-t-il dans ton quartier?	Oui
1. Un gars dont tout le monde rit	58%
2. Un gars qui est obéi par les autres gars parce qu'ils ont peur de lui	12%
3. Un gars qui tire avantage des autres gars qui essaient d'être gentils avec lui	37%
4. Un gars qui commence les chicanes parmi les gars puis les laisse s'arranger tout seul	31%

Je me laisserais punir pour quelque chose que je n'ai pas fait :	
Seulement pour protéger un ami intime de mon quartier	27%
Pour protéger un gars de Boscoville que je connais bien	4%
Pour protéger n'importe quel gars de Boscoville	6%
Jamais	63%

Au terme de cette section sur le groupe comme milieu de vie et instrument de rééducation, il convient de souligner la cohérence des résultats. Boscoville propose une démocratie contrôlée et une structure civique qui permet aux pensionnaires d'accéder à des responsabilités et de partager, entre eux et avec les éducateurs, des tâches spécifiques. Parallèlement, sur le plan informel, la vie de groupe se caractérise par des structures et une dynamique que rendent possibles la socialisation et la rééducation. Ainsi la cohésion des membres et une structure axée sur les relations réciproques sont des traits qui permettent la solidarité et une orientation positive à la vie de groupe. Cette solidarité et cette positivité de la vie de groupe, en termes d'absence d'une sous-culture institutionnelle à coloration délinquante, sont des conditions qui assurent le développement d'une ambiance psycho-sociale de haute qualité et saine. Elle est de haute qualité, si on la compare à celle d'autres internats, et elle est saine parce qu'elle s'appuie sur un équilibre entre le contrôle des éducateurs et l'orientation vers la rééducation tout en conservant un haut niveau de cohérence et d'efficacité. Par toutes ces caractéristiques, Boscoville baigne ses pensionnaires dans une vie de groupe qui est indéniablement favorable à une démarche personnelle de rééducation. Ainsi, le groupe comme les éducateurs, sont deux ressources humaines du programme de rééducation où prescriptions et pratiques sont sur une même longueur d'ondes ; elles possèdent toutes les caractéristiques qui peuvent favoriser le développement d'adolescents, plus particulièrement d'adolescents en difficulté.

III. La qualité du traitement offert par Boscoville : essai de synthèse

Au terme de ce deuxième chapitre, un temps d'arrêt et un essai de synthèse sont essentiels, car avec les deux premiers chapitres, la première phase de notre démarche se termine, c'est-à-dire identifier le traitement offert par Boscoville, évaluer sa mise en application et jauger sa qualité.

Les deux premiers chapitres nous ont permis de procéder à l'évaluation de l'effort parce qu'ils comprennent trois éléments essentiels : l'identification de la théorie et des modalités d'intervention prescrites, l'évaluation de la mise en application de la théorie, et l'appréciation de la qualité de l'intervention des éducateurs et de la vie de groupe. Il est difficile pour le chercheur de porter un jugement sur la réalité qu'il observe. D'une part, on lui a appris à rechercher le plus haut degré d'objectivité possible et d'autre part ses instruments ne sont jamais fiables et sûrs, ce qui le conduit à des conclusions nuancées. Malgré ces handicaps, essayons, en toute humilité, d'apprécier l'effort fait par Boscoville.

1. L'identification du traitement offert par Boscoville

Si l'on parcourt les écrits ayant tenté d'évaluer des programmes qui avaient pour objectif de traiter des jeunes délinquants, deux faits sont surprenants : d'une part, la description du traitement proposé, de son cadre physique et organisationnel, de la conception du délinquant et de la rééducation qui le soutient, et des moyens d'action choisis, est le plus souvent inexistante ou alors elle est tellement courte qu'il est impossible de se faire une idée juste du modèle théorique, du milieu et de ses moyens d'action ; d'autre part, si cette description plus ou moins exhaustive est présente, l'impression qui en résulte en est une qui porte à juger le traitement proposé comme vague, imprécis et insuffisamment conceptualisé.

Les premiers chapitres de ce livre ont voulu pallier au manque d'informations descriptives sur le traitement à évaluer, c'est pourquoi nous présentons Boscoville de la manière qui nous est apparue la plus exhaustive possible : histoire, cadre physique et organisationnel, conception du délinquant et philosophie de rééducation, moyens d'action techniques et humains. De plus, nous avons eu la prétention de permettre au lecteur de porter un jugement qualifié sur le niveau d'explicitation de la conception du traitement qui est offert aux jeunes de Boscoville. Pour nous, plusieurs conclusions apparaissent claires : le modèle proposé par Boscoville est précis, cohérent, mûr, parcimonieux et pragmatique.

Personne ne niera le caractère précis du modèle de traitement de jeunes délinquants que représente Boscoville : il est possible de consulter des textes, ou d'observer des pratiques quotidiennes qui indiquent le comment faire sur le plan de l'organisation du milieu physique et social, de l'action des éducateurs, des activités d'apprentissage. Cette précision est aussi présente dans la théorie des étapes de la rééducation. S'il est précis, cela n'empêche pas le modèle d'être parcimonieux : on ne se réfère pas à de nombreuses théories mais à quelques-unes ; on n'utilise que certains principes d'intervention : la cohérence, la constance... on a choisi certaines activités particulières : céramique, football... ; les éducateurs ont une formation, la psycho-éducation ; en somme on ne laisse pas cohabiter n'importe quoi et l'on a développé un modèle qui repose sur quelques principes particuliers. À cette précision et à cette parcimonie du modèle, il ne faut pas oublier d'ajouter la cohérence.

Le modèle de Boscoville est marqué par une grande logique ; mentionnons quelques exemples : le jeune délinquant a des retards sur le plan cognitif, en conséquence on propose des activités permettant un apprentissage gradué et individualisé ; le jeune délinquant a des difficultés à vivre en société, en conséquence on le fait vivre en groupe où il aura à faire l'apprentissage du partage de tâches et de responsabilités, ces groupes seront petits et ils seront localisés dans des unités autonomes ; on adopte la théorie des étapes de la rééducation et en conséquence chaque activité doit prévoir un contenu particulier aux étapes et la structure civique est aussi modelée par les étapes ; ... et les exemples de cette cohérence pourraient s'allonger. Cette cohérence est le résultat d'une démarche éminemment empirique des concepteurs de Boscoville : ainsi au cours des vingt années qui ont précédé la recherche, il y avait une constante démarche qui consistait à concevoir, puis à expérimenter, puis à raffiner... jusqu'au modèle précis, cohérent et parcimonieux que nous avons décrit. C'est donc un modèle qui résulte d'une interaction constante entre théorie et pratique. Finalement, ce modèle est mûr au sens où il a atteint son plein développement. Nous pouvons affirmer cela car tout est pensé et spécifié dans la vie à Boscoville. Pas un seul aspect qui n'ait une formulation précise, cohérente avec les autres et vérifiée empiriquement.

En somme, il nous est facile d'identifier le traitement proposé par Boscoville mais nous ne sommes pas en mesure de dire s'il s'agit d'un bon traitement pour des jeunes délinquants. Boscoville satisfait donc, de manière excellente à une première condition d'une évaluation sérieuse : le traitement est clair et précis. Il n'est pas vague ou inconnu. Voyons maintenant si Boscoville peut satisfaire à une deuxième condition : met-il vraiment en application le traitement proposé ?

2. L'évaluation de la mise en application

Soutenir une théorie, proposer un modèle d'intervention n'est pas suffisant, il faut appliquer les principes, pratiquer les prescriptions d'intervention. Boscoville met en application le modèle proposé. La démonstration de la mise en application a été faite sur trois plans : nous avons constaté que les mécanismes nécessaires sont en place, nous avons observé que l'intervention possède les caractéristiques attendues, et nous avons vérifié la stabilité et l'homogénéité du traitement offert.

Les mécanismes proposés par le modèle sont bien en place à Boscoville, qu'il s'agisse du cadre physique, du cycle et du régime de vie immuables, de l'organisation où tous les comités sont en place et en opération, du système de responsabilités qui est pratiqué (structure civique, droits et devoirs), du système de formation et d'encadrement des éducateurs qui est en opération, du système clinique qui est appliqué (observation, synthèse de semaine...). En plus de la présence réelle des mécanismes, nous avons pu vérifier que la théorie des étapes imprégnait toutes les activités de Boscoville (des activités à la cotation, des tâches et responsabilités au plan de traitement...). Si nous avons pu vérifier que les composantes du modèle ne sont pas des aspects fictifs du traitement offert par Boscoville, il n'en demeure pas moins que la question de la qualité de l'effort demeure encore ouverte. En effet, la présence des mécanismes ne veut pas dire que ceux-ci sont pratiqués avec le niveau de qualité attendu ou plus précisément avec l'esprit que suggère le modèle théorique.

Si nous nous référons à l'action des éducateurs et à la vie de groupe, nous pouvons conclure que l'esprit qui les anime est tout à fait conforme aux prescriptions de la théorie boscovillienne. Ainsi nous avons démontré que les éducateurs étaient compétents sur les plans professionnel et personnel, et engagés dans leur travail parce qu'ils aimaient les jeunes délinquants et qu'ils vivaient vraiment avec eux. Quant à leurs interventions, il est apparu clairement que les éducateurs faisaient ce que l'on attendait d'eux : ils avaient une bonne connaissance des jeunes ; il les incitaient à changer ; ils animaient la vie de groupe et les activités ; ils individualisaient leurs interventions ; ils procuraient de l'aide et du support aux pensionnaires ; ils communiquaient avec les jeunes. Les équipes, comme on s'y attendait, étaient cohésives, organisées, pragmatiques tout en reposant sur de la coordination plutôt qu'un leadership directif et tout en permettant le développement personnel et professionnel de ses membres. Sur le plan de la vie de groupe, nous avons aussi démontré qu'elle est conforme aux prescriptions du modèle : elle existe car il y a attrait, solidarité, relations réciproques et elle est positive car il n'y a pas de leadership délinquant, de cliques et d'attitudes anti-société ou anti-éducateurs. Cette vie de groupe est organisée, positive, efficace et marquée par la réciprocité.

L'ensemble des faits rapportés nous porte à conclure qu'à Boscoville on met vraiment en application la théorie soutenue ; les principes deviennent des actions, ceci tant au niveau des structures mises en place que de l'esprit qui y est présent. Ainsi, l'effort est réel et calqué sur le modèle théorique. Mais deux questions essentielles demeurent : le traitement a-t-il été appliqué uniformément pendant toute la durée de la recherche ? Le traitement était-il le même dans chacun des cinq quartiers de rééducation ?

À ces deux questions, la réponse a été claire dans les données rapportées. Il est ressorti qu'entre l'hiver 1974 et le printemps 1977, la période pendant laquelle les jeunes de notre population résidaient à Boscoville, l'intervention des éducateurs, la vie de groupe et les mécanismes utilisés étaient de même nature et de même qualité ; le traitement a donc été uniforme, semblable, équivalent pour tous les jeunes délinquants de notre population. Qui plus est, le traitement a été homogène d'un quartier à l'autre. Affirmer que le traitement a été homogène ne veut pas dire qu'il l'était

parfaitement mais plutôt que, malgré des variations conjoncturelles (dues à la clientèle, aux mouvements du personnel…) et malgré des variations qui reflétaient la personnalité spécifique de chaque quartier, il était visible que
celles-ci étaient minces et qu'il aurait été faux d'affirmer
que plusieurs modèles d'interventions, de traitements,
étaient appliqués à Boscoville. En somme, le traitement
proposé aux jeunes délinquants de notre population était
stable et homogène.

Cette affirmation, liée aux précédentes sur les
structures et l'esprit qui les animaient, n'est pas sans incidence sur la valeur et la signification des résultats que nous
rapporterons subséquemment sur l'efficacité de Boscoville. En effet, ils signifient que nos conclusions sur l'efficacité seront valides pour un traitement précis et qu'il ne
sera pas nécessaire d'opérer des contrôles statistiques sur
ces variables ; il s'agit de constantes. Nous pourrons donc
dire : toute chose étant égale par ailleurs l'efficacité de
Boscoville est telle sur des jeunes délinquants.

3. *La qualité du traitement offert*

Le traitement offert par Boscoville étant particulier
et véritablement mis en application, est-ce qu'il est de
bonne qualité ? Les données présentées nous amènent à affirmer que le traitement offert par Boscoville est de très
haute qualité. Il s'appuie sur un personnel hautement qualifié (formation universitaire spécialisée, formation pratique), bien encadré (supervision, carrière…), ayant une
maturité certaine (âge moyen : 29 ans, ayant participé à
une thérapie…) et compétent (haute qualité de l'intervention). Ce personnel dispense des services de haute qualité (scores élevés sur les échelles mesurant l'intervention)
et les équipes sont un modèle de vie de groupe et de pragmatisme (score plus élevé que des groupes comparables).

Il établit des relations de qualité avec les pensionnaires (support, aide, considération, respect...) Qui plus est, il favorise une vie de groupe qui apparaît saine et positive. En effet, dans les groupes, on pratique des relations réciproques, un leadership non délinquant, des normes socialisées. Il n'y a pas les traits que l'on associe généralement à la sous-culture institutionnelle : clique, leadership délinquant, rôles anti-sociaux spécifiques. En somme, la nature de la vie sociale apparaît saine et potentiellement thérapeutique.

Nous pouvons soutenir que la vie sociale est saine et de haute qualité à Boscoville grâce à deux sortes d'arguments. Toutes les comparaisons effectuées entre Boscoville et d'autres milieux sont à son avantage (climat d'équipe, climat social, qualification des éducateurs, structure des groupes, vie de groupe...). Toutes les comparaisons effectuées avec des normes théoriques sont aussi à l'avantage de Boscoville (par exemple l'absence d'une sous-culture institutionnelle). En somme, l'effort que représente le traitement offert par Boscoville paraît posséder une qualité indéniable.

Boscoville est un milieu de vie sain. Cette affirmation ne signifie pas que Boscoville soit une intervention véritablement thérapeutique. Elle signifie seulement que le potentiel thérapeutique est présent, que les conditions sont favorables au développement personnel des jeunes qui y sont placés et rien de plus.

Le traitement proposé par Boscoville est donc identifiable, mis en application et de qualité. C'est un effort réel pour transformer des jeunes délinquants. Nous sommes maintenant mieux en mesure d'aborder les questions essentielles de notre évaluation. Quels sont les effets de ce

traitement sur les jeunes délinquants? Est-ce qu'il y a vraiment un rapport entre les effets observés et le traitement
offert? Notre évaluation de l'effort, de la qualité et de la
quantité d'activités accomplies pour changer ces jeunes est
maintenant terminée et Boscoville apparaît comme un cas
particulièrement intéressant, car l'effort est soutenu par
une théorie réellement mise en application et ceci avec un
niveau élevé de qualité. Mais avant d'aborder directement
les questions d'efficacité, il apparaît essentiel de
reconnaître la population étudiée de jeunes délinquants
(ses caractéristiques psychologiques, sociales et de délinquance) et de la suivre pendant son séjour à Boscoville.
Ces informations nous permettront de mieux apprécier
l'efficacité du traitement.

De l'efficacité de Boscoville : transforme-t-on la personnalité des jeunes délinquants ?

De l'efficacité de Boscoville : transforme-t-on la personnalité des jeunes délinquants ?

Peut-on rééduquer un jeune délinquant ? Voilà, posée crûment, la question que soulève le titre de ce chapitre. Ou plus précisément, dans quelle mesure le programme de traitement de Boscoville, systématiquement conçu et rigoureusement appliqué, provoque-t-il des changements chez des adolescents qui s'impliquaient de façon régulière dans un agir délinquant ? Nous sommes d'autant plus en mesure de répondre à cette question que le chapitre premier établit que le traitement proposé est précis et conçu dans ses moindres détails. Par ailleurs, une grande partie du deuxième chapitre démontre que la théorie est mise en application, d'une part, et d'autre part qu'il s'agit d'un milieu de vie sain, un milieu dont le potentiel thérapeutique est indéniable.

Il est possible de mesurer l'impact de Boscoville parce que le traitement a été appliqué de façon homogène d'un quartier de rééducation à l'autre et avec une stabilité certaine dans le temps, entre 1974 et 1978, ceci sur une clientèle précise. Cette situation nous permet d'aborder l'évaluation de l'impact de Boscoville, sur les jeunes qui y sont placés et sans inquétude sur la nature du traitement proposé, à savoir l'appréciation de la quantité et de la qualité des changements psychologiques survenus chez les pensionnaires durant leur séjour : c'est l'effet brut du traitement. Par la suite, nous tenterons de décanter cet effet brut et de déterminer l'effet réel; celui-ci apparaîtra lorsque nous aurons tout particulièrement évalué l'impact de la sélection, de la maturation, du calibre à l'entrée et de la durée du séjour.

Si nous nous sommes posé la question, transforme-t-on la personnalité des jeunes délinquants, comme sous-titre de ce chapitre, c'est en raison des objectifs mêmes de Boscoville. En effet, Boscoville centre l'effort de traitement sur la personnalité. L'énoncé de la politique des admissions (Ducharme, 1974) en témoigne puisqu'on y parle de difficultés personnelles ayant été la source de délinquance. D'autres écrits utilisent les termes d'évolution de la personnalité (Gendreau, 1966), d'actualisation ou de développement des forces du moi (Guindon, 1969). Si nous sommes justifiés d'utiliser la notion de personnalité comme le pivot de notre évaluation de l'impact, nous nous devons aussi d'employer le terme de transformation comme qualificatif des attentes de Boscoville. Ainsi, à Boscoville, on se définit comme un centre de rééducation et non d'éducation. De plus, les écrits nous disent que cette rééducation doit être totale (Gendreau, 1966), qu'elle doit viser la restructuration du moi (Guindon, 1969) et ici ou là on emploie les termes de mise en valeur, de développement, d'évolution, de recherche d'un nouvel équilibre. On tente donc une transformation, c'est-à-dire qu'on essaie de changer la personnalité des jeunes délinquants d'une forme à une autre, de lui donner un autre aspect. Comment opérationnaliser cette transformation de la personnalité des jeunes délinquants recherchée par Boscoville?

Nous nous sommes dit que les tests de personnalité étaient assurément le meilleur moyen de mesurer certains aspects de la personnalité des jeunes délinquants. Quant à l'appréciation de la transformation, nous avons pensé qu'une esquisse de recherche où la personnalité serait mesurée à l'entrée et à la sortie de l'internat serait le meilleur moyen de déterminer s'il y avait eu changement, évolution, transformation. Mais avant d'aborder cette question, nous avons pensé qu'une section consacrée à la clientèle était un préalable essentiel à l'évaluation de l'impact du traitement. Qui sont les garçons admis à Boscoville? Y viennent-ils tous? Les pensionnaires qui poursuivent plus longtemps le traitement sont-ils les mêmes que ceux qui quittent rapidement Boscoville? Voilà les principales questions auxquelles nous voulons répondre dans les sections subséquentes.

1. La clientèle de Boscoville

Les détracteurs de Boscoville affirment que ses succès sont dus au fait qu'il ne reçoit que les meilleurs cas. De l'autre côté, les défenseurs de cet internat déclarent qu'on n'y admet que des jeunes ayant de sérieux problèmes d'adaptation. Cette discussion aborde le problème de la sélection, question qui se répercute sur la validité des conclusions de toute évaluation; elle mérite donc qu'on s'y attarde. C'est un problème fondamental parce qu'il a souvent été démontré que le succès est beaucoup plus influencé par les caractéristiques antécédentes des sujets que par le traitement lui-même (Hood et Sparks, 1970). Ceci revient à dire que les résultats d'une intervention sont largement déterminés par le type de clientèle sur laquelle le traitement est appliqué. L'idée répandue que l'on n'a du succès que sur les « bons » cas semble donc s'appuyer sur des faits. Nous aborderons cette question de la sélection en étudiant, d'abord, le flux des clients : à l'admission, à l'entrée en traitement et au cours du séjour à Boscoville. À cet égard nos travaux ont démontré qu'il y avait un phénomène important de départs prématurés, à savoir des pensionnaires qui quittaient Boscoville sans avoir complété le traitement proposé.

L'identification de ce phénomène des départs prématurés a soutenu notre intérêt pour l'examen des caractéristiques personnelles et sociales des garçons admis à Boscoville, ce à quoi nous procéderons ensuite. Dans un premier temps, nous comparerons les caractéristiques des garçons de Boscoville avec celles des pupilles du Tribunal de la jeunesse de Montréal et ensuite, avec celles des pensionnaires d'autres internats. Nous pourrons alors répondre à la question : les garçons de Boscoville sont-ils plus ou moins engagés dans la délinquance, ont-ils plus de problèmes psychologiques et sociaux que les garçons du Tribunal ou que les pensionnaires d'autres centres d'accueil? Dans un second temps, une autre question s'imposait : les garçons qui partent de Boscoville diffèrent-ils de ceux qui y restent. Ceci nous permettra de vérifier si les pensionnaires de Boscoville qui y séjournent assez longtemps pour faire l'objet d'une intervention complète, sont différents de ceux qui partent en cours de route.

1. Le flux des clients

La clientèle d'un internat se constitue à partir de décisions nombreuses et complexes. Ces décisions mettent en cause plusieurs acteurs qui peuvent être localisés sur trois paliers interdépendants. Il y a d'abord ceux qui contribuent à la décision de placer l'adolescent : juges, agents de probation, travailleurs sociaux, psychologues, etc. Il y a ensuite les autorités de l'internat qui reçoivent les demandes d'admission et qui appliquent les critères d'admission dont elles se sont dotées. Et enfin, il y a l'adolescent lui-même et ses parents qui, dans les faits, ont leur mot à dire dans la décision du placement. Dans cette section, nous ne nous intéresserons pas au premier palier, celui du tribunal; rappelons toutefois que nos travaux (LeBlanc et Leduc, 1976; LeBlanc, 1971 et 1975; Brousseau et Le-Blanc, 1974) ont montré que les décisions à ce niveau sont souvent changeantes, incohérentes, inconsistantes et qu'elles reposent sur des critères totalement différents d'un décideur à l'autre. Voyons donc le rôle de l'internat et des adolescents au niveau de l'admission, de l'entrée en traitement et du cheminement durant le séjour.

1a. L'admission à Boscoville

Boscoville dispose d'une politique écrite des admissions (Ducharme, 1974); celle-ci spécifie les critères d'admission et les procédures afférentes. Les critères d'admission constituent le premier élément qui détermine les caractéristiques des garçons qui se retrouveront à l'internat. Officiellement, Boscoville reçoit des jeunes qui lui sont envoyés par les tribunaux de la jeunesse du Québec en vertu de la Loi des jeunes délinquants (fédérale) ou de la Loi sur la protection de la jeunesse (provinciale). Pour être admis, le jeune doit avoir entre 15 ans et 18 ans, il doit avoir au moins une quatrième année primaire, être d'intelligence normale (90 ou plus au Barbeau-Pinard) et avoir réellement besoin des services de Boscoville (des examens cliniques doivent démontrer que le jeune souffre d'un conflit intériorisé). Sont refusés, les délinquants atypiques qui souffrent de maladie mentale et les délinquants intellectuellement déficients. [1]

---

1 Depuis la fin de la période de recherche, Boscoville a ouvert un pavillon qui reçoit cette clientèle.

Cependant, tout n'est pas dit une fois que les critères d'admission sont énoncés. Devant une demande concrète, le responsable des admissions doit décider si celle-ci est conforme aux critères. Mais le tribunal peut aussi annuler la demande. De plus, certains garçons acceptés ne viennent pas à Boscoville. Tout ceci peut être représenté dans le schéma de flux qui fait ressortir ce qui arrive des demandes d'admission faites à Boscoville. La figure 1 présente le cheminement des demandes d'admission formulées auprès des autorités de Boscoville entre janvier 1974 et décembre 1975, la période de recrutement de la population de la recherche (voir LeBlanc et Leduc, 1976, pour une analyse plus détaillée). La répartition des 298 demandes d'admission se fait de la façon suivante : 20 demandes d'admission (6,7%) ont été annulées, 41 demandes d'admission (13,7%) ont été refusées, 194 demandes d'admission (65,2%) ont été acceptées et 43 demandes d'admission (14,4%) étaient en suspens au 31 décembre 1975.

Les demandes d'admission annulées (20) consistent en des requêtes auxquelles on n'a pas donné de suite ou encore auxquelles on a mis fin avant que les autorités de Boscoville aient eu l'occasion de se prononcer sur une éventuelle acceptation ou un éventuel refus. L'analyse de ces dossiers révèle que dans près des deux tiers des cas, treize dossiers sur vingt, le motif de l'annulation de la demande d'admission est inconnu, aucune note n'apparaissant au dossier, et le plus souvent l'annulation se fait par téléphone plutôt que par lettre. Notons ici qu'une rencontre avec le responsable des admissions à Boscoville et une dizaine d'entrevues avec des agents de probation ont montré, dans la plupart des cas en cause, que de part et d'autre on ne semblait pas trop empressé (voire intéressé) à ce que ces garçons séjournent à Boscoville. Quant aux autres demandes d'admission annulées (7), à deux occasions le garçon a

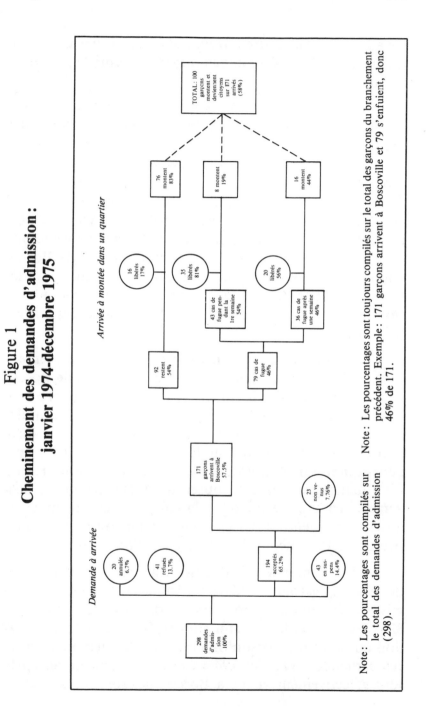

Figure 1
Cheminement des demandes d'admission :
janvier 1974-décembre 1975

Note : Les pourcentages sont compilés sur le total des demandes d'admission (298).

Note : Les pourcentages sont toujours compilés sur le total des garçons du branchement précédent. Exemple : 171 garçons arrivent à Boscoville et 79 s'enfuient, donc 46% de 171.

été admis dans un autre internat et à cinq autres occasions le garçon a été laissé en milieu ouvert, habituellement dans sa famille.

Les demandes d'admission refusées sont au nombre de quarante et une. L'analyse des dossiers montre que près de la moitié des refus sont dus à des problèmes d'ordre psychiatrique ou physique (46%); quant aux autres raisons invoquées, elles se répartissent à peu près également : raisons d'âge (le plus souvent avoir moins de 15 ans) (20%), de quotient intellectuel (inférieur à la normale) (20%), de non motivation (le garçon refuse le placement après avoir rencontré un représentant de Boscoville) (14%). Les raisons invoquées officiellement pour les refus sont donc directement reliées aux critères d'admission tels qu'ils sont énoncés dans la politique des admissions à Boscoville.

Les demandes d'admission en suspens représentent celles qui ont été formulées auprès des autorités de Boscoville et sur lesquelles la direction ne s'est pas encore prononcée; au 31 décembre 1975, quarante-trois demandes étaient encore en suspens et constituaient en quelque sorte la liste d'attente. Ces demandes d'admission sont en suspens soit en raison d'un dossier incomplet, soit en raison d'un manque de place en observation (les banlieues peuvent accueillir seize garçons à la fois), soit en raison d'une absence d'urgence à placer le garçon ou soit en raison du peu d'empressement à le recevoir (quelques cas).

Les demandes d'admission acceptées, au nombre de 194, représentent 65,2% du total des demandes d'admission formulées auprès des autorités de Boscoville et 82% des demandes d'admission réglées par une acceptation ou un refus. Lorsqu'on considère le cheminement de ces demandes, 171 des 194 garçons qui ont été acceptés sont effectivement venus à Boscoville, soit 88,1%, alors que vingt-trois garçons n'y ont pas été transférés malgré leur acceptation par l'internat, soit 11,9%.

Les motifs de la non-venue de ces garçons, dans un peu plus de la moitié des cas (13 sur 23), n'apparaissent pas aux dossiers; ajoutons par contre que la rencontre avec le responsable des admissions à Boscoville et les entrevues auprès des agents de probation ont permis d'établir que la non-venue de ces garçons à Boscoville était principalement due à leur manque de motivation pour un tel séjour. Par ailleurs, pour la moitié des cas où nous avons des explications, les dossiers révèlent que cinq garçons ne sont pas venus étant donné qu'on les a laissés en milieu ouvert et que cinq autres ont fugué du lieu où ils étaient et ils ont par la suite été libérés du placement par le tribunal. Ces décisions du tribunal dépendent de critères tels que le retour à l'école, l'acceptation d'un emploi, etc.

1b. L'entrée en traitement

Boscoville est un internat sans sécurité physique qui pratique un programme de rééducation requérant une acceptation du traitement offert (un des objectifs de l'étape acclimatation). Il résulte de ces exigences que le jeune délinquant peut facilement s'évader de l'internat et/ou indiquer ouvertement aux éducateurs qu'il refuse le traitement qu'on lui propose. Pour ces raisons, il est essentiel d'analyser l'arrivée à Boscoville (l'accueil) et l'entrée en traitement, les premiers jours et les premières semaines de séjour. La figure 1 montre le cheminement des 171 garçons qui sont arrivés à Boscoville entre janvier 1974 et décembre 1975 pendant les deux mois que dure le séjour en Banlieue.

Parmi ces 171 garçons qui sont effectivement venus à Boscoville, un peu plus de la moitié, 92, soit 54%,

ont séjourné en Banlieue sans faire de fugue; de ce nombre, 76 garçons, soit 83%, ont réussi à franchir cette étape
d'observation pour monter dans un quartier et devenir citoyens. Seize garçons qui ne se sont pas enfuis en Banlieue
ont été libérés de l'ordonnance de placement lors de leur
séjour à Boscoville, soit 17%. Plus d'un tiers de ces garçons ont été référés à d'autres internats à la suggestion de
Boscoville (Pinel, Mont Saint-Antoine, Hôpital psychiatrique); un autre tiers à été libéré à la suite d'une demande
de la part du garçon et/ou de sa famille; et finalement,
quelques garçons ont été renvoyés de Boscoville en raison
de leur comportement et/ou de leur manque de motivation
à entreprendre la rééducation.

D'un autre côté, un peu moins de la moitié des
garçons qui sont venus à Boscoville se sont enfuis lors de
leur séjour en Banlieue (79 garçons, soit 46%); il convient
de noter que les garçons sont sous clé pendant la nuit mais
que ce n'est pas le cas durant la journée. Lorsqu'on considère le moment de leur fugue, on s'aperçoit qu'un peu plus
de la moitié des garçons (46%) s'enfuient après au moins
une semaine de séjour (assez souvent vers la fin du séjour
en Banlieue). Enfin, si on considère ceux qui réussissent à
franchir cette étape d'observation, malgré une ou des fugues temporaires, seulement 19% des garçons qui ont
commis des fugues au cours de leur première semaine en
Banlieue réussissent à monter dans un quartier, comparativement à 44% des garçons qui font une fugue ayant eu lieu
après au moins une semaine de séjour en Banlieue. Dans le
premier cas, la fugue est un refus net du placement à Boscoville, alors que dans le second cas, c'est souvent un inci-
dent de parcours.

Si la fugue est le plus souvent un refus net du placement, et ceci est démontré par la grande proportion des fu-
gueurs qui ne reviennent plus à Boscoville, elle peut être le

résultat de diverses sollicitations. Ainsi les raisons liées à ce qui se passe hors de Boscoville (pour aller retrouver des filles, 84%; parce qu'on s'ennuie de l'extérieur, 85%) sont plus souvent évoquées que les raisons liées à la vie même de l'internat (pour fuir un problème à Boscoville, 38%; parce que c'est trop dur d'être en internat, 50%). En d'autres termes, l'attirance de l'extérieur est plus forte que la répulsion pour ce qui se passe dans le centre.

Les fugues sont aussi encouragées par le fait que les garçons connaissent assez mal Boscoville avant d'y mettre les pieds. En effet, l'idéologie officielle de Boscoville comme centre de traitement n'est pas tout à fait l'image que les garçons possèdent (voir LeBlanc et Leduc, 1976). S'il apparaît assez heureux que les garçons pensent qu'ils sont à l'internat pour à peu près les mêmes raisons qu'on a pu leur donner lors de leur placement, il n'en demeure pas moins que sur dix garçons qui entrent à Boscoville, quatre pensent qu'ils y sont à cause de leurs délits (la punition), deux pensent que c'est pour aller régulièrement à l'école, deux prétendent que c'est parce qu'il n'y a pas de place ailleurs (surprenant) et deux croient que c'est pour les aider à se réhabiliter. Ajoutons tout de même que les conséquences de cette information déficiente ne sont pas nécessairement néfastes; par exemple les deux tiers de ceux qui imaginaient Boscoville comme un centre sécuritaire ont eu des réactions favorables, à leur arrivée en Banlieue.

Si la fugue est le symptôme majeur d'un refus du placement, notons que son acceptation est apparue comme un processus dynamique : les attitudes des jeunes délinquants à l'égard de Boscoville évoluent dans un sens positif. À l'annonce d'un placement à Boscoville, seulement 41% des jeunes ont une attitude favorable, mais après une semaine de séjour en banlieue, le pourcentage de ceux qui ont une attitude positive est monté à 64% (LeBlanc et Leduc, 1976). Ainsi, les garçons apprennent tout de même à aimer, à accepter leur séjour au fur et à mesure qu'ils vivent à Boscoville, du moins cela est finalement vrai à l'égard de deux garçons sur trois. Par ailleurs, LeBlanc et Leduc (1976) ont démontré qu'en Banlieue il existe un lien étroit entre l'attitude des jeunes à l'égard de Boscoville et le fait d'être libéré ou de monter dans un quartier. En effet, les garçons dont les attitudes sont devenues défavorables en cours du séjour en Banlieue, ou qui ont été conbles en cours du séjour en Banlieue, ou qui ont été constamment défavorables en cours du séjour en Banlieue, ou ceux qui sont le plus souvent libérés à la suite d'une fugue.

Ainsi, le postulat de Boscoville, à savoir que le pensionnaire doit accepter l'internat comme un milieu de traitement, ce qui implique qu'il reconnaît avoir besoin d'aide et que Boscoville peut répondre à ce besoin, s'avère à la fois réaliste et contre-indiqué. L'acceptation apparaît être réellement le point de départ de tout séjour et éventuellement de toute rééducation. Étant un processus dynamique, il apparaît donc très important que les jeunes soient bien préparés avant leur arrivée, bien accueillis et bien informés, ce qui favorise le développement d'une attitude positive face à Boscoville. Toutefois, cette acceptation volontaire est contre-indiquée par rapport au mandat donné à Boscoville, qui est de garder et de traiter les jeunes délinquants qui y sont placés par le Tribunal de la jeunesse.

1c. Le cheminement durant le séjour

Une fois traversée la période du séjour en Banlieue, il y a 100 garçons sur 171 qui montent dans les quartiers de rééducation. Que leur arrive-t-il en termes de durée de séjour ? De 1974 à 1978, sur 100 garçons qui sont montés dans un quartier de rééducation après un séjour moyen de 62,7 jours en Banlieue, huit sont restés moins de cinq mois à Boscoville (donc : deux mois en Banlieue et trois mois dans les quartiers de rééducation), trente-deux ont quitté entre le cinquième et le quatorzième mois de séjour, et soixante sont restés quatorze mois ou plus. Sur ces soixante garçons, la moitié sont restés de quinze à vingt-deux mois et l'autre moitié de vingt-trois à trente-huit mois. Ces chiffres font ressortir un fait capital : tout au long du séjour il y a des pensionnaires qui quittent Boscoville.

Devant l'ensemble des résultats sur le flux des clients à Boscoville, il faut admettre que la grande majorité des jeunes délinquants qui sont placés dans cet internat quittent prématurément le centre. Prématurément dans le sens où ils n'ont pas séjourné suffisamment longtemps pour pouvoir entreprendre le traitement, pour s'y engager sérieusement ou pour le compléter. Cette mortalité de la clientèle est un phénomène dont il faudra tenir compte dans l'interprétation des résultats sur l'efficacité de Boscoville.

Le fort pourcentage de départs prématurés pose au moins deux problèmes. Premièrement, il y a le sentiment d'échec pour l'éducateur. Il voit les pensionnaires qu'il accompagne partir les uns après les autres au milieu d'une démarche inachevée. Le découragement le guette. À la longue, il risque même d'hésiter à s'engager dans une relation qui trop souvent se termine de façon décevante. Deuxièmement, il y a le sentiment d'échec du garçon lui-même. On lui fait sentir qu'une fois de plus il n'a pas réussi à aller jusqu'au bout. Il sera alors porté à minimiser les acquisitions qu'il aura faites. Les départs prématurés constituent donc une réalité complexe. Ils sont perçus comme des échecs mais ils n'en sont pas nécessairement. Les départs prématurés constituent donc des phénomènes dont la dynamique mérite une attention particulière et nous aurons l'occasion d'y revenir.

2. *Portrait différentiel des clients*

Jusqu'ici, nous avons rapporté le flux des clients et nous avons mentionné certains des facteurs qui semblaient influencer la décision des pensionnaires de Boscoville à quitter l'internat. À la lumière de ces observations, une question surgit : qui sont les clients de Boscoville ? Quelles sont leurs caractéristiques psychologiques, sociales et criminologiques ? Pour répondre à cette question, nous utiliserons la méthode comparative, opposant les clients de Boscoville aux pupilles du Tribunal de la jeunesse de Montréal et ensuite, aux pensionnaires d'autres internats. Si cette démarche nous permet de caractériser les traits et la problématique de la clientèle de Boscoville, il faudra pousser plus loin nos comparaisons : confronter les traits des pensionnaires qui quittent plus ou moins rapidement l'internat et ceux qui poursuivent plus longuement leur rééducation, comparer ceux qui partent à ceux qui restent.

2a. *Les garçons de Boscoville et les autres*

Les jeunes qui comparaissent devant le Tribunal de la jeunesse de Montréal, étudiés par Fréchette (1973), constituent un bon point de comparaison; en effet, les pensionnaires de Boscoville sont placés principalement par ce Tribunal. Avant d'aborder cette comparaison des 136 clients de Boscoville et des 418 pupilles du Tribunal de Montréal, il convient de mentionner que plusieurs de nos travaux ont établi clairement que les adolescents conventionnels (ceux qui n'ont pas eu de contact avec le Tribunal) se différencient facilement des pupilles du Tribunal (Le-Blanc et Fréchette, 1980). Rappelons que Fréchette et Le-Blanc (1979) ont démontré que la délinquance des pupilles du Tribunal est d'une ampleur et d'une gravité telles qu'il est indéniable que les pupilles du Tribunal sont engagés dans des activités délictueuses beaucoup plus importantes. Sur le plan de la personnalité, Côté *et al.* (1977) ont montré que les pupilles du Tribunal présenteraient des carences évidentes et significatives. Finalement, les travaux de Le-Blanc et Meilleur (1979) et de LeBlanc *et al.* (1980) ont établi que l'expérience scolaire, la situation familiale et les relations sociales (amis...) des pupilles du Tribunal étaient visiblement déficientes par rapport à celles des adolescents conventionnels. Si la population du Tribunal est carencée sur tous les plans, la clientèle de Boscoville l'est-elle encore plus? Voilà la question à laquelle nous nous intéresserons maintenant et pour y répondre nous résumerons les données rapportées par Achille et LeBlanc (1977), LeBlanc et Meilleur (1979), et Cusson et LeBlanc (1980).

Les garçons de Boscoville ont-ils plus d'activités délinquantes que ceux du Tribunal? Pour répondre à cette question, nous disposons de la délinquance révélée, c'est-à-dire de la délinquance mesurée par un questionnaire auquel les garçons répondent. Les garçons de Boscoville avouent avoir commis plus de délits que ceux du Tribunal (ces différences sont statistiquement significatives). Deux autres données apportent une information complémentaire. Nous savons que plus un garçon commet des délits, plus il a tendance à fréquenter des amis délinquants. Donc, le fait d'avoir des amis qui commettent de nombreux délits est un signe d'engagement dans la délinquance. De plus, on peut penser que plus un garçon s'identifie à ses pairs délinquants, plus il risque d'être engagé dans la délinquance. Nos données montrent que les garçons de

Boscoville ont tendance à avoir plus d'amis qui commettent de nombreux délits; ainsi le pourcentage de garçons qui ont des amis ayant commis des délits est de 45% pour les pupilles du Tribunal contre 67% pour les garçons de Boscoville; de plus ils s'identifient plus à leurs pairs délinquants. Nous disposons aussi de données psychométriques qui nous permettront de poursuivre notre comparaison entre les clients de Boscoville et ceux du Tribunal. Analysant ces données, nous notions (Achille et LeBlanc, 1977) que sur la majorité des mesures psychologiques les garçons placés à Boscoville avaient plus tendance à se situer dans les scores les plus négatifs, et même s'il n'y avait pas toujours de différences statistiquement significatives avec les pupilles du Tribunal, ceux-ci se localisaient plus souvent dans les scores indiquant des carences moins profondes de personnalité.

Les garçons qui viennent à Boscoville ont-ils vécu une meilleure ou une moins bonne situation familiale que leurs camarades du Tribunal? Une différence très forte ressort: seulement 15% des familles des garçons de Boscoville reçoivent des allocations de Bien-être, comparativement à 72% chez les garçons du Tribunal. Ce qui peut vouloir dire que les pensionnaires de Boscoville viennent de milieux moins démunis, moins dépendants économiquement que leurs camarades du Tribunal. Par ailleurs, dans les deux groupes, on trouve autant de placements en foyers nourriciers: à peu près un tiers des sujets ont déjà été placés en foyer d'accueil. Sur le plan des relations avec les parents, on peut dire que les deux populations ne diffèrent pas vraiment. Nous disposons aussi de quelques indices concernant le travail éducatif des parents: les premiers traitent de la connaissance que les parents ont des gens que fréquentent leur fils tandis que les seconds portent sur les changements dans les décisions des parents relativement à ce qui est permis et défendu./Ces deux facteurs souvent appelés supervision parentale et constance sont généralement considérés comme des facteurs de contrôle de la délinquance. Les différences sont à toutes fins pratiques inexistantes entre les garçons de Boscoville et ceux du Tribunal. Ce qui voudrait dire que l'éducation familiale n'a pas été meilleure chez les sujets de Boscoville que chez les autres.

Il est bien connu que les problèmes scolaires comme l'échec et l'indiscipline, sont étroitement reliés à la délinquance. Aussi, serait-il intéressant de se demander si les adolescents envoyés à Boscoville ont plus ou moins de problèmes à l'école que les pupilles du Tribunal. Il est clair que les garçons de Boscoville ont de meilleurs résultats scolaires; de plus, les garçons ont des ambitions scolaires plus élevées: 29% d'entre eux veulent poursuivre leur scolarité en vue d'une carrière, contre 16% chez les autres. L'autre volet de la situation scolaire concerne la discipline: la bonne ou la mauvaise conduite à l'école. Ici encore les tendances sont claires et vont toutes dans le même sens: les garçons de Boscoville sont plus nombreux à briser intentionnellement du matériel scolaire que ceux du Tribunal; ils font plus souvent les bouffons en classe; ils sont plus souvent mis à la porte de la classe; ils sont plus nombreux à avoir l'impression que leurs professeurs sont sur leur dos.

2b. *Les garçons de Boscoville et ceux d'autres internats*

Nous venons d'établir que les garçons admis à Boscoville se démarquent très facilement de l'ensemble des autres pupilles du Tribunal sur deux dimensions: leurs activités délinquantes sont plus importantes et leur situation scolaire est plus conflictuelle. Par ailleurs, s'ils semblent présenter des carences psychologiques plus marquées, ils n'ont pas une situation familiale plus difficile. Ces données démontrent que le degré de difficulté des garçons qui arrivent à Boscoville est certain par comparaison avec des adolescents dits normaux et des pupilles du Tribunal. Voyons maintenant s'ils se différencient des pensionnaires hébergés dans d'autres internats pour jeunes délinquants du même âge.

Le premier groupe de comparaison recruté par Fréchette (1973) est constitué de 197 garçons qui ont comparu devant le Tribunal de la jeunesse de Montréal et qui n'ont pas été placés en internat mais en probation. Le deuxième et le troisième groupes de comparaison sont constitués de clients des centres d'accueil Berthelet (112 garçons) et Mont Saint-Antoine (109 garçons). Berthelet est un centre sécuritaire situé non loin de Boscoville et qui recevait, surtout pour de courtes périodes, des jeunes mésadaptés sociaux très semblables en termes d'âge et de type de problèmes à ceux qui se retrouvent à Boscoville. Le Mont Saint-Antoine est un centre d'accueil de la région de Montréal dont la particularité est d'offrir l'apprentissage d'un métier aux adolescents qui y sont envoyés. Les résultats utilisés sont analysés plus en détails chez LeBlanc et Meilleur (1978), et chez Achille et LeBlanc (1977).

Il ressort que les pensionnaires de Boscoville avouent nettement plus d'actes délinquants que les garçons en probation et un peu plus que leurs camarades de Berthelet et du Mont Saint-Antoine. Jusqu'à quel point ces différences reflètent un engagement plus marqué, non seulement dans le comportement délinquant, mais aussi dans une orientation délinquante? Une mesure tirée d'un test psychologique, le *R.E.P.* de Kelly, qui permet de savoir jusqu'à quel point le répondant se perçoit semblable à ses pairs délinquants, nous fournit une réponse. Nous voyons que les garçons de Boscoville tendent à s'identifier plus que leurs camarades à des figures délinquantes (Moyennes : Boscoville : 7,1 ; M.S.A. : 6,0 ; Berthelet : 6,6 ; Tribunal : 6,7).

Quelques données psychométriques nous permettront de poursuivre notre comparaison. Dans l'ensemble, il n'y a pas de différence majeure entre les moyennes de Boscoville et celles des autres groupes. Ces données, et plus particulièrement les tests statistiques effectués par Le-Blanc et Achille (1976), nous amènent à conclure que dans l'ensemble, nous pouvons dire qu'il y a peu de différences statistiquement significatives entre les garçons de Boscoville et ceux des autres internats ; ils ont un peu plus de difficultés que les autres et des difficultés plus diversifiées.

Les clients de Boscoville viennent-ils de familles plus perturbées que les garçons recrutés dans d'autres secteurs du système de justice pour mineurs ? Les garçons de Boscoville n'ont pas plus connu de placements en foyers nourriciers que leurs camarades ; ils ne se sentent ni plus ni moins compris par leurs parents que les autres et leurs parents ne connaissent pas tellement plus leurs amis que les parents des adolescents recrutés ailleurs.

À Boscoville, nous l'avons vu, on accorde une place de choix au travail scolaire, aussi est-il bon de savoir jusqu'à quel point les jeunes qui sont envoyés dans ce centre ont, au départ, de meilleurs résultats scolaires et jusqu'à quel point ils sont motivés pour continuer à aller à l'école. Les clients de Boscoville disent avoir de meilleurs résultats scolaires que leurs camarades de la probation ou que ceux de Berthelet. Par contre, ils réussissent un peu moins bien que les pensionnaires du Mont St-Antoine. Sur le plan des motivations à poursuivre des études, nous trouvons un peu plus de garçons de Boscoville intéressés à continuer des études que nous n'en observons ailleurs.

3. Ceux qui restent et ceux qui partent

Quelle que soit l'interprétation que l'on puisse donner du phénomène des départs prématurés, une chose est indiscutable : une grande proportion des garçons qui sont envoyés à Boscoville quittent en cours de route. Dès lors, une question s'impose : qui sont ceux qui restent et qui sont ceux qui partent ? La question a un intérêt évident du point de vue d'une recherche évaluative. En effet, si ceux qui restent et qui subissent le traitement jusqu'au bout sont les meilleurs cas, il faudra être très réservé pour ce qui est de l'appréciation de l'efficacité de Boscoville.

Pour répondre à cette question, deux démarches seront entreprises : la comparaison des jeunes qui quittent pendant leur séjour en Banlieue (36 garçons) avec ceux qui poursuivent le traitement dans un quartier de rééducation (100 garçons) et la comparaison de ceux qui quittent au cours de la première année de séjour (56 garçons y vivant en moyenne six mois) et de ceux qui séjournent à Boscoville plus d'une année (60 garçons y vivant une moyenne de vingt mois). Ces comparaisons sont extraites respectivement d'Achille et LeBlanc (1977), et de Bossé et Le-Blanc (1979a).

3a. Ceux qui quittent en Banlieue et les autres

42% des garçons qui viennent à Boscoville ne s'y acclimatent pas puisqu'ils quittent avant que ne se termine le séjour en Banlieue, acclimatation signifiant acceptation de s'engager dans un processus de traitement et de développer un sentiment de bien-être à Boscoville. Quant aux garçons qui refusent le placement à Boscoville, la moitié (ou 21%) concrétisent ce refus par un départ en dedans d'une semaine de leur arrivée à Boscoville. L'autre moitié

(21% ou 36) quittent, à la suite d'une fugue ou d'une demande de libération, entre la deuxième et la huitième semaines de séjour en Banlieue. Ce sont ces trente-six garçons que nous comparerons à ceux qui se sont acclimatés à Boscoville et qui ont entrepris le processus de rééducation mis en place dans les quartiers. [2]

Ceux qui quittent en Banlieue sont-ils plus délinquants que ceux qui poursuivent la démarche de rééducation? Les uns et les autres n'ont pas eu plus d'activités délinquantes à proprement parler; toutefois ceux qui partent s'identifient plus à un modèle délinquant, c'est donc dire qu'ils s'orientent plus vers un rôle délinquant, une carrière criminelle même si leur productivité, en termes de délits, n'est pas supérieure. Par ailleurs sur le plan des mesures psychométriques de personnalité, nous avons observé certaines différences entre ceux qui quittent en Banlieue et les autres, et il en est de même pour leur situation familiale.

Dans l'analyse des différences entre les deux groupes en cause, un résultat s'est imposé : ceux qui quittent rapidement Boscoville ont un degré d'intelligence moindre que ceux qui demeurent. Ces différences sont très significatives statistiquement. En somme, les pensionnaires disposant d'un potentiel intellectuel moindre tendent à fuir plus promptement le traitement proposé à Boscoville.

Notons de plus que l'histoire scolaire des pensionnaires est associée aux départs prématurés : ceux qui quittent en Banlieue sont aussi ceux qui ont plus souvent abandonné l'école depuis longtemps (deux ans et plus); ils sont aussi moins nombreux à n'avoir jamais abandonné l'école

---

2 Seuls ces garçons ont été rencontrés par nos interviewers tandis que ceux ayant quitté en deça d'une semaine n'ont pu l'être.

ou à n'avoir que des abandons temporaires. Ainsi, ces données et d'autres (LeBlanc et Meilleur, 1979) tendent à montrer que l'inadaptation scolaire et le refus de l'école sont plus grands chez ceux qui quittent Boscoville lors de leur séjour en Banlieue. Ainsi, il y a un rapport certain entre un quotient intellectuel plus faible, une histoire scolaire plus difficile et le fait de quitter Boscoville qui offre un programme où la matinée est consacrée aux activités scolaires.

3b. Ceux qui partent pendant la rééducation et les autres

Pour réaliser cette comparaison, deux groupes ont été constitués. Le premier est formé de ceux qui ont complété au moins une année de séjour à Boscoville, le second est formé de ceux qui ont séjourné moins d'une année à Boscoville. Le premier groupe comporte 56 garçons et le second 60.

Ceux qui partent sont-ils plus délinquants que ceux qui restent ? Les résultats sont nets : sauf pour les vols simples, les garçons qui restent moins d'un an à Boscoville commettaient plus d'actes délinquants et ils étaient plus identifiés à leurs pairs délinquants. En ce qui concerne leur personnalité, nous avons conclu que les garçons qui restent plus longtemps à Boscoville ne sont pas vraiment différents de leurs camarades sur ces mesures si ce n'est une très faible tendance à manifester plus d'impulsion à l'agir antisocial. De plus, les garçons qui restent plus d'un an à Boscoville ont des antécédents familiaux plus favorables que ceux qui partent en cours de route.

Compte tenu des résultats rapportés précédemment, il est possible que la motivation scolaire influence la décision des garçons de rester à Boscoville ou de le quitter.

Il est clair que plus un garçon désire poursuivre des études plus il aura tendance à rester à Boscoville : 61% pour les garçons y demeurant plus d'une année, contre 37% pour les autres. Cela s'explique facilement quand on sait l'importance que le personnel de Boscoville accorde aux activités académiques, le boulot. De plus, les clients de Boscoville qui acceptent d'y rester plus d'un an se distinguent de tous leurs camarades, autant de ceux des autres centres d'accueil (Berthelet : 26% ; M.S.A. : 41% ; Tribunal : 43%) que de ceux qui quittent prématurément Boscoville (37%) ; ils sont plus nombreux à vouloir continuer leurs études. Ceci veut dire que, si on voulait sélectionner des garçons qui accepteront de rester à Boscoville de façon durable, il faudrait considérer d'abord et avant tout la motivation à poursuivre des études. Un dernier résultat va dans le même sens. Il porte sur le quotient intellectuel des deux groupes étudiés : les jeunes qui séjournent plus longtemps à Boscoville ont un quotient intellectuel plus élevé (moyenne : 115) que ceux qui partent pendant la première année (moyenne : 102). On peut penser que ces derniers éprouvent plus de difficulté à réussir dans les activités scolaires et ils abandonnent à plus ou moins brève échéance.

4. La dynamique des départs : sélection ou auto-sélection ?

33% des jeunes délinquants admis à Boscoville y poursuivent une démarche de rééducation pendant une période d'une année ou plus (théoriquement deux années sont nécessaires pour traverser les quatre étapes de la rééducation proposée). Les départs prématurés sont donc très nombreux. Cette observation donne crédit à l'un des arguments fréquemment utilisés contre les internats dont le taux de succès est élevé (ce qui serait le cas de Boscoville selon les travaux de Landreville (1967) et Petitclerc (1974)) : les internats sont sélectifs. Boscoville fixerait des critères d'admission avantageux, n'admettrait que les jeunes dont le potentiel est le meilleur et favoriserait le départ des clients les plus difficiles.

À Boscoville, nous avons montré que les clients ne sont pas choisis systématiquement lors de la demande d'admission : moins de vingt pour cent des demandes sont refusées et ceci à partir de critères qui apparaissent raisonnables dans la plupart des cas (avoir 15 ans ou plus, un niveau d'intelligence minimum, l'absence de maladie mentale avérée ...). Et dans les pages qui précèdent, nous avons établi que la clientèle reçue à Boscoville est aussi, sinon plus, diversifiée et carencée que l'ensemble des pupilles du Tribunal de la jeunesse.

La diversité des problèmes de personnalité et des histoires sociales est semblable ; par ailleurs les pensionnaires de Boscoville y arrivent à un âge plus avancé que dans les autres internats et leurs comportements délinquants sont beaucoup plus marqués. Les carences sont aussi indéniables car il a été démontré que les pupilles du Tribunal se différencient facilement, et à leur désavantage, des adolescents conventionnels et que les pensionnaires de Boscoville se démarquent des premiers. En somme, Boscoville reçoit un groupe de garçons qui sont délinquants (en termes de conduite) et qui présentent des difficultés sur le plan de la personnalité. Deux traits qui correspondent aux attentes théoriques, quant à la population pour laquelle la rééducation a été conçue.

Si jusqu'à l'arrivée du jeune l'internat n'a pas d'action sélective marquée, il n'en demeure pas moins que par la suite, 42% des garçons quittent avant la fin de leur séjour en banlieue (deux mois) et 17% avant la fin de la première année de séjour. Ces pourcentages considérables nous indiquent que dès leur arrivée à l'internat, il y a des jeunes qui partent et par la suite, il y a constamment des garçons qui décident de quitter l'internat et qui réussissent effectivement à le faire. Il existe donc à Boscoville un mécanisme de sélection de la clientèle. Si ce processus ne se fait pas au hasard, il risque fort de modifier les caractéristiques de base de la clientèle, de telle sorte que les jeunes qui y restent assez longtemps ne ressemblent pas du tout à ceux qui, au départ, y avaient été envoyés.

Dès lors s'imposait une démarche comparative visant à identifier les caractéristiques sociales, psychologiques et criminologiques de ceux qui restent, relativement à ceux qui partent au début ou au cours de la rééducation. Ces comparaisons nous ont fait découvrir les points suivants : les pensionnaires qui prolongent leur rééducation ont commis moins d'actes délinquants et ils s'identifient moins que les autres à un rôle délinquant ; ceux qui restent à Boscoville sont proportionnellement plus nombreux à avoir une bonne motivation scolaire et leur quotient intellectuel est significativement plus élevé que celui de ceux qui partent. Une dernière comparaison a été faite, celle des résultats de ceux qui partent de Boscoville avec les résultats des pensionnaires des autres internats, ceci sur la délinquance et la motivation scolaire ; il est ressorti que les jeunes qui restent présentent un niveau de délinquance égal à celui des clients des autres internats (ceux qui partent ayant un niveau beaucoup plus élevé) et ils possèdent une motivation scolaire plus marquée (ceux qui partent sont comparables aux clients des autres internats).

Ainsi, quand on parle de la clientèle de Boscoville, on désigne des groupes différents selon que l'on examine ceux qui sont reçus à l'internat, ceux qui terminent la période d'observation (la banlieue) et ceux qui poursuivent leur rééducation au-delà d'une année. Ces différences

sont, en dernière analyse, le résultat de ce que nous appelons un processus d'auto-sélection. Il s'agit d'une sélection
naturelle, c'est-à-dire un ensemble de décisions individuelles prises par des adolescents de quinze à dix-huit ans pendant leur séjour à l'internat. Le groupe des pensionnaires,
qui restent à Boscoville plus d'une année, est largement fa-
çonné par leur décision de rester ou de quitter. Ces décisions nous apparaissent comme le résultat de la confrontation entre Boscoville (son programme, ses objectifs ...) et
ceux qui y sont envoyés.

Boscoville, nous l'avons vu, est un centre d'accueil
qui possède une philosophie précise et bien articulée, qui a
une organisation complexe et bien rodée, qui jouit des services d'un personnel hautement qualifié et compétent, lequel a su maintenir très élevée la qualité de son intervention. Or, ce milieu se présente comme un tout qui n'est pas
négociable. Pour les adolescents, il est à prendre ou à laisser. Il ne laisse pas de place aux concessions. De l'autre
côté, nous trouvons l'ensemble des adolescents qui sont
envoyés à cet internat. L'analyse de leurs caractéristiques
nous a fait constater que ces garçons avaient commis plus
d'actes délinquants que les sujets de groupes eux aussi considérés comme délinquants ; ils avaient autant de problèmes
psychologiques et familiaux que ceux-ci ; par contre, ils
étaient plus motivés scolairement. En bref, les jeunes placés à Boscoville avaient au moins autant de difficultés que
des garçons réputés pour être eux aussi très perturbés.

Arrivés à Boscoville, ces garçons ont à faire un
choix simple : soit changer, c'est-à-dire accepter l'influence des éducateurs, se remettre en question, travailler,
participer, relever les défis ; soit partir, c'est-à-dire quitter
l'internat avec la volonté de n'y plus revenir ; ceci se fera
soit par la fugue, soit par des pressions pour se faire libérer.
Les autres options théoriquement possibles, comme celle

de « faire son temps » (se conformer superficiellement) ou de manipuler (jouer le système à son profit) sont en pratique exclues à cause de la détermination des éducateurs pour débusquer ceux qui tentent la première et pour déjouer ceux qui essaient la seconde. L'analyse comparée des sujets qui restent et de ceux qui quittent Boscoville nous permet de dégager quelques raisons qui ont pu peser sur la décision de ceux qui sont partis.

Il est tout d'abord possible d'affirmer qu'il y a eu un phénomène de résistance au changement. C'est ce qui ressort du fait que plus un garçon est engagé dans la délinquance (ce qui est mesuré par le nombre de délits commis et par l'identification aux pairs délinquants), plus il aura tendance à quitter prématurément. Les éducateurs de Boscoville proposent aux jeunes de changer, d'abandonner leur identité délinquante, de s'orienter vers d'autres buts. Un certain nombre de jeunes refuseront cette démarche, ils refuseront de changer parce qu'ils croient que leur style de vie délinquant présente plus d'attraits.

Un second phénomène, relié au premier, peut être identifié : il est lié au désintérêt pour les activités scolaires. Ceci ressort de la constatation selon laquelle les courts séjours sont surtout le fait de garçons moins motivés à poursuivre des études. Il est un fait qu'à Boscoville on accorde beaucoup d'importance aux activités scolaires. On y consacre pas mal de temps et beaucoup de soins. L'adolescent qui éprouve une aversion marquée pour les études et qui n'a aucune ambition sur ce plan ne verra pas pourquoi il devrait rester. Il partira parce qu'une activité centrale à Boscoville ne l'intéresse pas. Il est possible de déduire de nos résultats que certains garçons quittent l'internat parce qu'ils se sentent incapables de réussir dans les activités scolaires qui leur sont proposées. Cette affirmation repose sur le fait que le quotient intellectuel moyen des jeunes qui restent moins d'un an à Boscoville est nettement plus bas que celui de ceux qui y séjournent plus longtemps. Certains abandonneront parce qu'ils éprouvent plus de difficultés que d'autres dans les activités académiques.

Cette analyse pourrait être résumée ainsi : les départs prématurés, qui contribuent largement à façonner la clientèle de Boscoville, résultent d'une incompatibilité entre ce que propose l'internat et ce que veulent ou peuvent certains adolescents qui y sont placés.

Parler de la dynamique des départs en termes d'un processus d'auto-sélection ne signifie pas que nous devons considérer comme inopérants certains déclencheurs immédiats du départ. Il est certain que plusieurs facteurs ont un rôle non négligeable dans les départs : de la provocation et de l'encouragement de la part d'un ou plusieurs éducateurs, l'exemple des camarades qui ont réussi à quitter définitivement Boscoville, les sollicitations de la vie à l'extérieur (les amis, les filles, l'alcool, la drogue, le « fun »...), les difficultés de la vie à Boscoville (vie de groupe, transformation de soi...), l'écart entre les attentes et la réalité du programme de Boscoville, la durée indéterminée du séjour... Nous avons été témoins de l'opération de ces facteurs précipitants qui pourraient être associés à une sélection, mais il s'agit seulement de déclencheurs et non d'explications fondamentales et profondes. Le rôle du jeune délinquant et le caractère inapproprié d'éléments du programme pour certains jeunes sont bien trop évidents pour que nous puissions soutenir autre chose que le fait que les départs prématurés constituent un processus d'auto-sélection.

L'ensemble des résultats rapportés dans cette section ont une incidence pratique certaine ; ils nous permettent de spécifier le type de clientèle qui peut profiter le mieux du programme de rééducation de Boscoville. Voilà, clairement identifiés, des critères d'admission optimum pour Boscoville : perturbations marquées de la personnalité, capacité et motivation scolaires certaines, et délinquance importante mais sans engagement défini dans un rôle délinquant.

Nos résultats, en plus des implications pratiques, ont une signification majeure pour l'évaluation de l'impact de Boscoville. Ainsi, notre groupe des sujets traités, ceux qui restent plus d'une année, sera un groupe homogénéisé par le processus d'auto-sélection et le groupe des non-traités, les départs prématurés, sera un groupe somme toute assez différent. Il sera alors difficile d'évaluer si Boscoville a un impact différentiel sur diverses clientèles car le groupe des sujets traités est relativement homogène et, parallèlement, il sera hasardeux de comparer les sujets traités et les autres car il s'agit de groupes fondamentalement différents. Gardons ces difficultés à l'esprit car nous devons les considérer sérieusement dans notre plan d'analyse et dans l'interprétation de nos résultats sur l'efficacité de Boscoville.

II   *L'impact de Boscoville sur la personnalité des jeunes délinquants*

Quatre questions vont nous guider dans notre analyse de l'impact de Boscoville : les sujets traités changent-ils au cours de leur séjour ? Comment ou dans quel sens changent-ils ? Changent-ils de façon plus marquée s'ils demeurent en traitement plus longtemps ? Changent-ils selon

210 Boscoville : la rééducation évaluée

un rythme égal tout au long du séjour? Mais avant d'entrer de plain-pied dans l'analyse des données qui nous permettront de répondre à ces questions il convient de présenter quelques détails méthodologiques qui rendront plus facile la compréhension des analyses qui suivront.

1. L'esquisse de recherche

Il importe de décrire l'échantillon des sujets qui ont été utilisés pour l'appréciation de l'impact. Il s'agit des garçons qui ont été admis à Boscoville depuis le 1er janvier 1974 jusqu'au 31 décembre 1975. Le premier ensemble d'examens, que nous désignerons comme l'examen d'entrée, a eu lieu dans les dix premiers jours du séjour. Des sujets examinés à l'entrée et qui sont au nombre de cent trente-six (136), cent seize (116) formeront notre échantillon définitif.[3] Cinquante-six pensionnaires constituent le groupe que privilégiera notre recherche. Ils seront les sujets à travers lesquels nous étudierons l'impact du traitement de Boscoville. Pour la commodité de la présentation, nous désignerons ce groupe par l'expression *les sujets traités*. Ces garçons ont complété au moins une année de séjour.

Quand aux sujets qui n'entrent pas dans cette catégorie, ce sont ceux dont nous avons dit qu'ils ont eu un séjour plus bref. Nous avions prévu dès le départ que ces garçons nous serviraient de groupe de comparaison pour les sujets traités. Nous avons donc tâché de les revoir deux ans après leur admission à Boscoville, ceci afin de les examiner grâce aux instruments utilisés chez les pensionnaires

---

3 Cette réduction s'explique de la manière suivante : treize sujets n'ont pu être rejoints pour le deuxième ensemble d'examens (examen de sortie) et un a refusé de collaborer ; il y a également un sujet dont la sortie de Boscoville fut trop tardive pour qu'on ait pu l'inclure dans l'analyse. Cinq autres sujets ont été écartés parce que leur classification à l'intérieur de l'échantillon posait quelques problèmes.

à la fin de leur séjour. Soixante garçons vont donc constituer notre groupe de *sujets non-traités*. Ici encore, l'expression pose des problèmes, car ces garçons ont pour une bonne part entrepris leur traitement; ils ne sont donc que relativement non-traités. Ajoutons que soixante-dix pour cent des sujets non-traités ont vécu moins de 180 jours (ou six mois) à Boscoville.

Au niveau de sa démache empirique, la recherche sur Boscoville a impliqué l'utilisation de nombreux instruments d'évaluation; les sujets étudiés ont en effet été soumis à treize tests différents : *Maturité interpersonnelle — méthode clinique* (Warren, 1966), — *Méthode Palo Alto* (Jesness, 1974), *Hand test* (Wagner, 1962), *C.P.I.* (Cough, 1965), *N.S.Q.* (Cattel, 1973), *IPAT* (Cattel et Sheier, 1952), *Eysenck* (Eysenck and Eysenck, 1979), *Inventaire de Jesness* (Jesness, 1969), *Échelles de concept de soi* (Fitts, 1965), *Belpaire* (Belpaire, 1971), *Fit* (Venezia, 1968), *R.E.P.* (Kelley, 1955), *Échelles de délinquance révélée* (LeBlanc *et al.*, 1972) et le *Barbeau-Pinard* (Barbeau & Pinard, 1951).

Les dimensions suivantes ont été choisies comme étant susceptibles de nous indiquer les changements survenus dans la personnalité de nos sujets entre les temps de mesure. Elles sont au nombre de vingt et une; dix proviennent de l'*inventaire de Jesness*, huit de l'*échelle de concept de soi*, les trois autres proviennent de l'échelle *S.O.* du *C.P.I.*, du *Eysenck* et de l'*IPAT*. Puisque ces variables sont définies au cours de l'analyse, il ne convient pas de fixer ici leur contenu (voir Bossé et LeBlanc, 1979a et b, pour plus de détails).

L'examen minutieux des dimensions des tests par la lecture des items qui les constituent nous a permis de constater la parenté de certaines d'entre elles. Cette parenté

peut d'ailleurs être décelée sur la simple lecture de la définition des dimensions. La découverte de ce fait est précieu-
se car elle a rendu possible le regroupement des vingt et
une variables sélectionnées sous un nombre relativement
restreint de titres, ce qui donne plus de souplesse à notre
appareil analytique et, surtout, nous évite une présentation en vrac des résultats.

Sur la base de cette communauté des thèmes, cinq
sortes d'aspects de la personnalité ont pu être dégagés
qui peuvent englober sous leur titre l'une ou l'autre des
vingt-deux variables choisies. Voici comment ils peuvent
être énoncés et quelles variables peuvent leur être rattachées :

— Aspect d'adaptation et d'intégration : c'est un ensemble de mesures positives de santé psycho-sociale. En
   font partie les dimensions *score total d'anxiété, estime
   de soi, soi physique, soi moral, soi familial, soi social
   et maturité sociale.*

— Aspect défensif : il s'agit des mesures trahissant la tendance à s'obnubiler d'une manière ou d'une autre, soit
   à propos de soi, soit à propos des autres. Il englobe le
   refoulement, le *déni* et le score de *conflit net.*

— Aspect d'agressivité et d'asocialité : ici, le titre est suffisamment évocateur et point n'est besoin d'être plus
   explicite. Entrent dans cette catégorie l'*agressivité manifeste*, l'*orientation aux valeurs,* l'*index d'asocialité,*
   l'autisme et *l'aliénation*

— Aspect dépressif et/ou névrotique : il s'agit d'une façon particulière de qualifier la personnalité : dési-
   gnons-la par aspect dépressif d'abord (insatisfaction à
   propos de soi, tendance à s'isoler des autres, etc.).
   Sans vouloir faire s'équivaloir les notions de névrose et

de dépression, nous avons jugé bon de les inclure sous un même titre, nous fiant à la conception de la névrose généralement en vogue dans les milieux psychiatriques nord-américains, conception qui fait une large place au syndrome dépressif, au sentiment d'infériorité, à la faiblesse du moi, etc. Sont incluses les mesures suivantes : *névrose, retrait* et *anxiété sociale.*

— Aspect de perturbation de la personnalité : cet aspect va regrouper les quatre mesures trahissant des troubles sérieux dans la structure de la personnalité : *mésadaptation sociale, trouble de la personnalité* et *psychotisme.*

Le principal avantage de ce regroupement, c'est qu'il va nous permettre d'évaluer l'impact du programme de Boscoville en fonction de tel ou tel aspect de la personnalité. C'est la cohérence des résultats qui, en définitive, révélera la véritable valeur des critères sur lesquels nous nous sommes basés pour l'effectuer. Mais d'ici là, insistons sur le caractère de pure commodité.

2. *L'ampleur et la nature du changement*

Les garçons qui entrent véritablement dans le programme de traitement de Boscoville changent-ils au cours de leur séjour et dans quel sens vont ces changements ? Telles sont les deux questions auxquelles la simple analyse des résultats obtenus en comparant les données de l'examen d'entrée avec celles de l'examen de sortie va nous permettre d'apporter une réponse. La présentation de ces résultats procédera suivant les cinq aspects de personnalité sous le titre desquels il nous a été possible de placer les diverses variables mises à l'étude.

2a. L'aspect d'intégration et d'adaptation

Rappelons tout d'abord que les mesures dont il sera fait mention ici indiquent toutes d'une manière ou d'une autre la qualité de l'harmonie caractérisant le sujet sur le plan de sa vie psychique et sur celui de son interaction avec les autres.

Un bref coup d'oeil sur les résultats obtenus aux dimensions de cet aspect (tableau 12) permet de constater qu'à chacune des variables, le niveau de probabilité découlant du score-Z du Wilcoxon se situe dans six cas sur sept en deçà de .001 et dans l'autre cas en deçà de .01. Ce résultat indique que sous l'angle de l'adaptation et de l'intégration de la personnalité, les sujets traités ont changé de façon significative entre leur examen d'entrée et leur examen de sortie.

Par rapport à la nature du changement, il semble qu'il ait été plus marqué sur certaines variables. Ainsi, si l'on se fie à la dimension du Z dont on doit dire que plus il s'éloigne de 0, plus il permet de conclure à des changements importants, les garçons auraient sensiblement évolué quant à leur *soi moral*[4] (perception de soi en fonction d'un cadre de référence éthique personnel), quant à leur niveau général d'*estime de soi*[5], quant à leur *degré*

---

4 Le soi moral amène le sujet à se décrire en fonction du cadre de référence éthique qui lui est propre; il livre ainsi ce qu'il pense de sa valeur morale, de ses croyances religieuses et de la satisfaction qu'il a de lui-même par rapport à son credo moral ou religieux.

5 L'estime de soi est une mesure constituée par l'addition des trois dimensions suivantes : description de soi (qui je suis?), satisfaction de soi (comment je m'accepte?) et perception de son comportement (comment je me comporte?).

Tableau 12
L'évolution des traités au cours du séjour

Aspect test et échelle	Wilcoxon Nbre de ceux qui diminuent	Nbre de ceux qui augmentent	Z	P	% dans l'espace de normalité à l'entrée	à la sortie
Adaptation-intégration						
IPAT : Score total d'anxiété	39	15	−4.13	.001	55.4	71.4
TSCS : Estime de soi	12	43	−4.51	.001	48.2	78.6
TSCS : Soi physique	16	37	−3.84	.001	67.9	91.1
TSCS : Soi moral	10	45	−5.11	.001	32.1	76.8
C.P.I. : Maturité sociale	9	46	−4.44	.001	23.2	60.7
TSCS : Soi familial	20	34	−2.35	.01	59.0	69.6
TSCS : Soi social	13	43	−3.85	.001	71.4	85.7
Agressivité-antisocialité						
Jesness : Agressivité manifeste	50	5	−6.02	.001	53.4	87.4
Jesness : Orientation aux valeurs	52	3	−5.98	.001	41.1	82.1
Jesness : Index d'asocialité	47	8	−5.23	.001	17.9	46.4
Jesness : Autisme	45	10	−5.04	.001	55.6	75.0
Jesness : Aliénation	47	5	−5.53	.001	50.0	91.0
Défense						
Jesness : Refoulement	18	32	−1.89	.03	69.6	57.1
Jesness : Déni	8	40	−4.22	.001	55.4	69.6
Jesness : Score conflit net	27	29	−0.43	.33	76.8	80.4
Névrose et/ou dépression						
TSCS : Névrose	15	40	−4.04	.001	71.4	87.5
Jesness : Retrait	35	13	−3.45	.001	60.7	69.6
Jesness : Anxiété sociale	30	24	−0.80	.21	41.1	64.3
Perturbation						
Jesness : Mésadaptation sociale	52	2	−6.01	.001	25.0	69.6
TSCS : Troubles de la personnalité	8	47	−5.69	.001	35.7	82.1
Eysenck : Psychotisme	41	10	−4.71	.001	48.2	82.1

d'anxiété[6], quant à leur niveau de *maturité sociale*[7] et quand à leur *soi social*[8]. Pour ces diverses variables, le nombre de ceux qui améliorent leur performance à l'examen de sortie varie de 43 à 46 sur 56 (au-delà de 75%). Les résultats fléchissent quelque peu quant au *soi physique*[9] et quant au *soi familial*[10]; ils donnent à penser que les garçons évoluent un peu moins à ces dimensions, mais ils se situent tout de même en deçà du seuil de signification statistique ($p < 01$).

Quant aux données provenant du pourcentage de la population dans l'espace de normalité à l'entrée et à la sortie, il faut dire qu'elles nous fournissent ici des informations intéressantes. D'abord elles révèlent qu'à cinq variables, dont quatre au sujet desquelles nous avons montré qu'il y avait lieu de croire à des changements importants (*degré d'anxiété*, *estime de soi*, *soi moral* et *soi social*), les sujets traités se retrouvent à leur sortie de Boscoville dans l'espace de normalité dans des proportions qui vont de

---

6 Le score total d'anxiété indique le degré d'anxiété consciente et inconsciente chez le sujet. Cette anxiété est considérée comme résultat de cinq facteurs de fonctionnement de la personnalité : faiblesse dans la conception de soi, faiblesse du moi, tendance paranoïde, disposition à la culpabilité et tension nerveuse.

7 Le degré de maturité sociale tourne autour de trois thèmes centraux : sentiment de dépression (timidité, dévalorisation de l'autre, culpabilité); sentiment d'être malchanceux; comportements déviants (école buissonnière, ennuis judiciaires, boisson, etc.); ressentiment contre la famille (sentiment d'y être malheureux, incompris, exclus, etc.).

8 Le soi social est une mesure identique au soi moral sauf qu'ici le contexte de référence déborde largement le cadre des valeurs morales. Il s'agit du «soi» dans les relations avec les autres en général.

9 Le soi physique indique la façon dont il se perçoit physiquement; il s'agit de la vision qu'il a de son aspect physique, de son état physique (de sa santé), de ses habiletés corporelles et de sa sexualité.

10 Le soi familial est un indice qui reflète la manière dont le sujet se sent dans sa famille, sur le plan des conduites et des valeurs; il fait référence à la perception qu'a le sujet de lui-même en fonction de ses proches.

71,4 à 91,1%, ce qui est considérable. Ces données permettent également de saisir deux autres faits d'ailleurs reliés entre eux. D'une part, à propos de trois des variables ayant donné lieu à des variations importantes (*estime de soi, soi moral, maturité sociale*), le pourcentage de l'échantillon occupant l'espace de normalité à l'entrée était réellement bas, particulièrement pour les deux dernières (respectivement 32,1 et 23,3%). Ce déficit laissait beaucoup de place pour des changements éventuels qui n'ont d'ailleurs pas manqué de se produire. Inversement, et c'est là notre deuxième point, à d'autres dimensions la proportion dans l'espace de normalité est assez élevée à l'entrée ; c'est le cas en particulier du *soi social*, du *soi familial*, du *soi physique* et du *degré d'anxiété* où les chiffres sont de l'ordre de 55,4 à 71,4%. Donc dans ces cas, les déficits étaient moins importants chez nos sujets ce qui, au contraire des variables ci-dessus évoquées, laissait peu de place pour un changement.

Avant de quitter ce premier aspect, remarquons le taux de l'échantillon dans l'espace de normalité à la sortie quant à la variable *maturité sociale* : il est le plus bas de tous à 60,7% et il démontre que près de 40% des sujets ne jouissent pas encore d'un niveau de socialisation satisfaisant, en dépit des progrès importants qui ont été accomplis. Il s'agit là d'une donnée qui mérite notre attention, compte tenu du but spécifique du programme de traitement qui est justement de socialiser les sujets qui s'y soumettent. Ce résultat laisserait entendre que ce but n'est pas véritablement atteint auprès d'un nombre important de garçons.

2b. *L'aspect d'agressivité et d'antisocialité*

Les résultats que nous allons maintenant examiner concernent l'aspect d'agressivité et d'antisocialité. Les variables rassemblées sous ce titre se situent pratiquement à l'exact opposé de celles dont nous venons de considérer les résultats. Alors que celles-ci trahissaient chez les sujets qui y obtenaient un score élevé une sorte d'harmonie personnelle et sociale, celles concernées par le présent aspect ont trait aux difficultés du sujet à vivre avec lui-même (*agressivité manifeste*[11], *orientation aux valeurs*[12]) ou avec les autres (*index d'asocialité*[13], *autisme*[14], *aliéna-*

---

11 L'agressivité manifeste reflète la perception de sentiments déplaisants, ceux de colère et de frustration, et une tendance à réagir facilement en fonction de ces émotions, ainsi qu'un malaise conscient concernant la présence et le contrôle de ces sentiments. Le sujet est désappointé tant à propos de soi que des autres, puisqu'il n'arrive pas à se comprendre et à se sentir bien dans sa peau. Il sait qu'il peut réagir brusquement et il est préoccupé par le contrôle de ses réactions.

12 L'orientation aux valeurs des classes socio-économiques inférieures traduit une tendance à partager les attitudes et les opinions caractéristiques de personnes appartenant aux classes socio-économiques inférieures. Cet indice vise la peur de l'échec, l'orientation au gang, l'éthique du dur et le désir prématuré d'un statut d'adulte. L'individu obtenant un résultat élevé à cette échelle est aussi porté à décrire toute tension interne ou toute anxiété en termes de symptômes physiques. C'est quelqu'un qui a tendance à croire qu'il n'a pas beaucoup de chance.

13 L'index d'asocialité se réfère à une disposition généralisée à résoudre les problèmes psycho-sociaux d'une manière qui ne tient pas compte des coutumes et des règles sociales. Il est compilé à partir de l'échelle de mésadaptation sociale mais il ne comporte pas les indices de perturbation de celle-ci. Il porte spécifiquement sur les comportements antisociaux.

14 L'autisme mesure la propension, dans la pensée et la perception, à déformer la réalité selon ses propres désirs et ses propres besoins. Il faut se garder d'identifier le contenu de cet indice avec le retrait de la réalité que désigne habituellement ce terme en psychopathologie. Dans la perspective de Jesness, l'autisme élevé manifeste que le sujet interagit avec son milieu de façon irréaliste, que ce soit au niveau de ses projets ou à celui de la perception qu'il a des événements. Il se perçoit comme se suffisant à lui-même. Débrouillard, dur, paraissant bien. Ceci ne l'empêche pas d'exprimer certaines plaintes d'ordre somatique, de sentir qu'il a quelque chose de mauvais «dans sa tête», de préférer rêvasser, être seul, tout en se disant parfois craintif.

tion[15]). Compte tenu des données perçues à l'aspect d'intégration et d'adaptation, nous devrions pouvoir observer ici des variations assez sensibles chez nos sujets traités.

C'est effectivement ce que révèlent les résultats de ce second aspect : ceux-ci sont même, pour ce qui concerne le Wilcoxon, généralement plus prononcés que ceux de l'aspect précédent. Au Wilcoxon, en effet, les scores-Z entraînent un niveau de signification nettement en deçà de p <.001. De plus, le nombre de ceux qui s'améliorent par rapport à leur première performance va de 45 à 52, c'est-à-dire 80 à 92% de l'échantillon. Ces variations doivent être comprises dans le sens d'une forte diminution de l'agressivité, des sentiments de colère et de frustration, de l'orientation au gang, du désir prématuré du statut de l'adulte, du sentiment d'être malchanceux et victime, de la méfiance à l'endroit des adultes et particulièrement de ceux en position d'autorité. Elles traduisent aussi une diminution importante de la tendance à régler ses conflits de façon antisociale et de la propension à déformer le réel en fonction de ses désirs et de ses besoins.

Les résultats provenant du taux d'occupation de l'espace de normalité, dans leur ensemble, ne démentent pas ces données. Dans le cas de quatre de ces variables, les sujets traités se retrouvent dans l'espace de normalité à la sortie dans une proportion dépassant 75%. Ce résultat est d'autant plus significatif qu'à l'entrée, le taux d'occupation ne dépassait pas 56%.

---

15 L'aliénation se réfère à des attitudes de méfiance et d'éloignement dans l'interaction avec les autres et particulièrement dans celle avec des personnes représentant l'autorité. Le sujet nie l'existence des problèmes à l'intérieur de lui-même, il les projette chez les autres, d'où cette attitude d'hostilité à l'endroit des autres que l'on voit affleurer dans les réponses.

Les données concernant l'index d'asocialité présentent une certaine particularité : exceptionnellement bas au moment de l'admission (17,9%), ce taux demeure encore très modeste au moment de la sortie (46,4%). Un tel résultat indique donc que la majorité des sujets qui se soumettent au traitement de Boscoville restent enclins, au terme de leur séjour, à recourir à des façons antisociales pour régler leurs problèmes. On ne peut évidemment s'empêcher ici de penser au même type de résultats obtenus par les traités à la variable *maturité sociale* : à la sortie le taux d'occupation de l'espace de normalité y était aussi assez modeste (60,7%). Ces deux résultats concordent donc ; ils démontrent que quels que soient les progrès accomplis, il subsiste chez un nombre important de sujets traités une propension certaine à l'antisocialité.

2c. *L'aspect défensif*

Les sujets traités présentent-ils à leur sortie de Boscoville un portrait différent quant à l'aspect défensif de celui qu'ils offraient lors de l'admission? Trois indicateurs vont nous servir ici pour répondre à cette question : *le refoulement* [16], le *déni* [17] et le *score de conflit net* [18]. Ces variables visent toutes les manoeuvres mises au point par le

---

16 Le refoulement reflète une exclusion de la conscience de sentiments ou d'émotions que l'individu devrait normalement ressentir ou éprouver ; il peut également traduire une incapacité à identifier ces émotions. L'exclusion dont il s'agit ici est plutôt inconsciente et elle porte sur les sentiments de colère, de déplaisir et de rébellion.

17 Le déni trahit une réticence à reconnaître les événements déplaisants de la réalité quotidienne. Ceux qui obtiennent un score très élevé par rapport à cet indicateur ont en outre tendance à ne pas admettre qu'ils sont en conflit avec eux-mêmes. Ces manques de jugement ne sont pas reconnus par ceux-là mêmes qui en sont affligés. Contrairement au refoulement, il s'agit bien

sujet pour s'obnubiler sur sa propre réalité ou sur la réalité de son environnement psycho-social. En ce sens, elles rejoignent la définition classique qui est donnée de la défense psychique. Les résultats que nous lisons sur cet aspect (tableau 12) n'ont pas, à première vue, la cohérence à laquelle nous ont habitués les données précédemment présentées.

À propos du *refoulement*, nous observons une certaine tendance à l'amélioration, trente-deux sujets sur cinquante-six augmentant leur score au deuxième examen. Cette constatation est confirmée par le taux de l'échantillon occupant l'espace de normalité à la sortie, taux en baisse par rapport à celui de l'examen d'entrée (57,1 contre 69,6%). Compte tenu de la signification de cet indice qui reflète d'une part, une exclusion de la conscience de sentiments ou d'émotions que le sujet devrait éprouver normalement (colère, révolte, aversion, etc.) et d'autre part, une faiblesse relative du sens critique à propos de soi et des autres, on pourrait voir en cette tendance l'un des effets à court terme du traitement. En tout cas, il faut l'interpréter comme s'il trahissait une tentative de neutralisation et la mettre en relation avec la répression marquée de

---

plutôt ici d'un refus conscient et non pas d'une incapacité découlant de tendances inconscientes. Un score modéré à cet indice est considéré comme normal. Un score faible trahit une faiblesse du moi et semble généralement caractériser la personnalité de ceux qui commettent des actes délinquants. C'est pourquoi une augmentation modérée de ce score doit être interprétée comme étant la preuve d'un rapprochement avec autrui et d'une tentative de compréhension des événements interpersonnels.

18 Le score «conflit net» trahit une mesure défensive d'un type particulier; si le total des réponses positives dépasse le nombre des réponses négatives à propos de certaines dimensions, on dit que le sujet «sur-affirme» ses attributs positifs. Si, au contraire, ce sont les réponses négatives qui l'emportent, on dit alors du sujet qu'il «sur-nie» ses aspects négatifs.

l'agressivité que nous avons constatée ci-dessus. Elle laisse penser qu'il s'est produit une sorte d'intériorisation du conflit, un retournement vers le soi d'une partie de l'agressivité jadis orientée vers l'extérieur.

Les résultats concernant la dimension *déni* sont plus marqués et largement en deçà du seuil de signification. Ainsi, quarante sujets améliorent leur performance initiale. Il s'agit en effet d'une amélioration. Il faut se garder de donner à *déni* le sens négatif que la théorie psychanalytique confère au mécanisme de défense qui porte ce nom. Puisqu'un score faible à cet indice trahit avant tout une faiblesse du moi et qu'un score modéré peut être considéré comme normal, une augmentation de dimension moyenne doit être interprétée comme une amélioration. Il s'agit d'un indice trahissant un rapprochement avec autrui, une tentative de compréhension des événements interpersonnels. Pour sa part, le taux de l'échantillon occupant l'espace de normalité progresse sensiblement de l'entrée à la sortie (+ 14%) pour se situer finalement aux environs de 70%.

2d. *L'aspect névrotique et/ou dépressif*

Les variables regroupées sous ce titre, rappelons-le, visent deux aspects particuliers et parfois complémentaires de la personnalité : un certain nombre de traits qu'on retrouve chez les patients dits névrotiques et d'autres traits qu'on peut qualifier de dépressifs ; ces derniers peuvent également servir au diagnostic de sujets névrotiques d'un certain type : les anxieux et les phobiques. Il ne saurait être question de superposer purement et simplement les deux notions de névrose et de dépression, car cette dernière déborde largement le cadre des névroses.

À la dimension *névrose*[19], nous observons des résultats indiquant une variation substantielle : quarante sujets sur cinquante-six (71,4%) s'améliorent de l'entrée à la sortie, un résultat nettement significatif qui atteint le seuil de p<.001. L'augmentation de la population dans l'espace de normalité a une ampleur moyenne ; mais ce taux était élevé à l'entrée (71,4) et laissait peu de place pour un changement éventuel ; cela étant, il atteint tout de même 87,3 à la sortie, un des meilleurs scores.

Compte tenu de ces résultats qui sont, selon nous, à mettre en relation avec ceux de la variable *soi moral*[20], il y a tout lieu de croire que les sujets traités se « névrotisent » au cours de leur séjour, c'est-à-dire qu'ils deviennent plus semblables à des névrotiques, capables de tenir compte de leurs impératifs moraux et capables de ressentir et d'affronter des sentiments de culpabilité. Il s'agit donc là d'un résultat positif que confirmeront, à la section suivante, ceux provenant des indicateurs de pathologie plus graves que celle de la névrose.

La variable *retrait*[21], indiquant une sorte d'insatisfaction à propos de soi et des autres accompagnée d'une tendance à l'isolement, produit des résultats qui sont eux

---

19 L'échelle de névrose se constitue d'items qui discriminent ces personnalités présentant des troubles névrotiques, qu'ils soient de nature hystérique, phobique ou obsessionnelle.

20 Le soi moral amène le sujet à se décrire en fonction du cadre de référence éthique qui lui est propre ; il livre ainsi ce qu'il pense de sa valeur morale, de ses croyances religieuses et de la satisfaction qu'il a de lui-même par rapport à son credo moral ou religieux.

21 Le retrait indique un manque de satisfaction de soi et des autres et une propension à l'isolement, à une fuite passive. Le sujet préfère être seul. Il se perçoit comme déprimé, malheureux, incompris, insatisfait de lui-même. À ses yeux, les autres contrôlent peu leurs impulsions ; leurs comportements agressifs lui déplaisent, d'où la réaction de fuite et la tendance à l'isolement interpersonnel.

aussi nettement orientés dans le sens positif, encore qu'ils soient légèrement moins prononcés que les précédents. Le score-Z du Wilcoxon entraîne un p<.001 ; il est donc révélateur d'une évolution entre les deux temps de mesure. Quant au pourcentage d'occupation de l'espace de normalité, il bouge mais modestement (60,7 à 69,6). Comme les autres antérieurement évoqués, les résultats de cet indice sont à verser au nombre de ceux qui plaident en faveur d'une évolution positive.

Considérons maintenant les données liées à la variable *anxiété sociale*[22] ; ici les signes d'évolution sont nettement moins évidents : il n'y a qu'un nombre légèrement supérieur de sujets qui améliorent leur score. En conséquence, le niveau de signification statistique n'est pas atteint. On pourra alors s'étonner de constater que le taux d'occupation de l'espace de normalité passe de 41,1 à 64,3, de l'entrée à la sortie. Ce fait trouve son explication dans une étude des deux distributions de fréquence. L'espace de normalité s'enrichit, à la sortie, de dix sujets supplémentaires ; cinq d'entre eux proviennent de l'espace supérieur à la normalité (au moment de l'entrée) et les cinq autres proviennent de l'espace inférieur. Donc, si certains sujets hyper-anxieux dans leur relation avec les autres au premier temps de mesure deviennent par la suite moins anxieux et si d'autres, au contraire sous-anxieux d'entrée de jeu, deviennent plus soucieux des autres, il n'y a pas lieu de croire à une variation sensible au niveau du groupe pris dans son ensemble.

---

22 L'anxiété sociale manifeste la présence d'un malaise émotif associé aux relations interpersonnelles. Le sujet sent et reconnaît chez lui une certaine tension nerveuse. Il est conscient de lui-même et sensible à la critique.

2e. L'aspect de perturbation de la personnalité

Abordons maintenant ces variables susceptibles de nous renseigner sur la présence d'indices liés à des troubles plus graves de la personnalité. Comme nous l'indiquions précédemment, les troubles qui sont évoqués ici peuvent être considérés comme sérieux : ils se retrouvent chez ces types de patients occupant l'espace délimité par la névrose et les comportements névrotiques d'une part, et par les diverses psychoses d'autre part. Que révèlent les résultats obtenus par nos sujets traités ? La plupart des variables étudiées présentent des données assez homogènes entre elles et elles doivent être interprétées dans le sens de changements marqués.

Considérons tout d'abord les résultats obtenus à la variable *mésadaptation sociale*[23]; cinquante-deux sujets (soit 92,8%) progressent du temps 1 au temps 2 et le score-Z se situe parmi les plus élevés de tous nos résultats (6,01). L'excellence de ces résultats est confirmée par la forte variation du taux d'occupation de l'espace de normalité (+ 44,6%). Il s'agit donc d'un changement considérable, changement qu'il faut interpréter dans le sens d'une diminution sensible du nombre de signes de mésadaptation (concept de soi négatif, méfiance à l'endroit de l'autorité,

---

23 L'échelle mésadaptation sociale se réfère à un ensemble d'attitudes associées à une socialisation inadéquate ou perturbée ; en fait, on peut dire que les sujets qui ont un score élevé à cet indice sont incapables de rencontrer les exigences de leur environnement psycho-social par des manières socialement approuvées. De façon plus spécifique, un score élevé à cet indice trahit un concept de soi négatif, ainsi que le sentiment de ne pas être compris, d'être malheureux et inquiet. À cela s'ajoutent des sentiments d'hostilité, un manque de contrôle, une méfiance voire un mépris à l'endroit de l'autorité, ce qui paradoxalement s'accompagne d'une évaluation exagérément généreuse des parents. Il trahit en outre une sensibilité à la critique et certaines difficultés d'identification sexuelle.

hostilité, tendance à blâmer autrui, sentiment d'être malheureux, incompris, manque de contrôle, surévaluation des parents, sensibilité à la critique et difficulté d'identification sexuelle).

Les résultats obtenus à la variable *troubles de la personnalité*[24] sont essentiellement du même ordre, sauf que moins de sujets semblent progresser après l'entrée (47)[25]. Cela étant, le score-Z est élevé (p < .001). Fort d'une ascension prononcée (+ 46,4), le taux d'occupation de l'espace de normalité dépasse 82% à la sortie. Quant à la variable *psychotisme*[26], les résultats qu'on y trouve plaident eux aussi et éloquemment en faveur d'un changement marqué; les chiffres ont une dimension légèrement inférieure à ceux des deux variables précédentes (Z = - .4.7) et la variation de la population de l'espace de normalité dépasse largement 30%.

Ces trois premières variables de perturbation plus grave présentent donc des résultats qui, à toutes fins pratiques, sont assez semblables. Si nous tenons compte du contenu de ces variables ou encore du type de personnalités qu'elles permettent de discriminer, cette concordance

---

24 L'indice de trouble de la personnalité permet d'identifier ces individus qui ont des troubles et des faiblesses fondamentales dans leur personnalité tout en n'étant ni psychotiques ni névrotiques. Cet indice, comme le précédent, a été constitué de façon empirique : il rassemble les items qui s'associaient de façon significative à ces types de patients.

25 Notons que cette échelle en est une inversée : plus le score est élevé, moins l'individu présente de troubles dans sa personnalité.

26 La dimension psychotisme est un indice dénotant des troubles sérieux de la personnalité : insensibilité, sentiment d'être victime, cruauté, phobie de la foule, goût exagéré du risque et perception négative des parents. De plus, un sujet qui obtient un score élevé à cet indice se rend peu compte de ce qu'il provoque chez les autres, ceux-ci n'étant perçus qu'en termes de barrière ou de menace.

n'a rien d'étonnant. En ce qui concerne la dimension *troubles de la personnalité du Tennessee* rappelons que selon son auteur (Fitts, 1965), elle permet d'identifier ces sujets qui présentent de sérieuses lacunes au niveau de leur caractère. Il y a lieu de croire que ces sujets constituent pour une bonne part la population de ceux que nous appelons généralement «caractériels», «pré-névrotiques», ou encore «borderlines», selon une habitude plus récente issue des travaux de Kernberg (1975, 1977). Il s'agit de patients qui offrent un niveau de développement plutôt rudimentaire, plus avancé toutefois que celui des psychotiques mais en deçà de celui des névrotiques. La variable *psychotisme* du Eysenck cerne elle aussi des traits de personnalité apparentés à ceux des deux variables précédentes, encore qu'ils soient généralement de nature plus pathologique que ces derniers; insensibilité, sentiment d'être victime ou malchanceux, cruauté, phobie de la foule, goût exagéré du risque et perception négative des parents, forment l'essentiel du contenu de cette variable.

3. Les changements et la durée de séjour

Si, comme il y a tout lieu de le croire, les sujets traités à Boscoville changent au cours de leur séjour, il devient pertinent de nous demander si le degré de changement est fonction de la durée de ce séjour. Autrement dit, au-delà d'une période minimale de séjour, les sujets qui restent plus longtemps changent-ils sensiblement plus que les sujets qui restent longtemps? Et ceux qui séjournent plus longuement, changent-ils plus durant la première ou la seconde année? À la suite de l'examen de cette question (Bossé et LeBlanc, 1979a), nous avons noté un certain nombre de points qu'il importe de mettre en évidence.

Tout d'abord, il a été établi que c'est essentiellement au cours des douze ou quinze premiers mois du

séjour que les changements prennent place. Deux types de
résultats contribuent à ce que nous formulions une telle
conclusion : d'une part, les sujets qui ont un séjour plus
long (plus de vingt mois) ne sont pas différents, statistiquement parlant, de ceux qui ont bénéficié d'un traitement
plus bref (entre treize et vingt mois), ceci au moment de la
sortie de Boscoville ; d'autre part, considérant le cas des
sujets à séjour plus long, il a été constaté que l'évolution
accomplie après la première année avait une ampleur modeste.

Par ailleurs, après avoir mis en parallèle, d'une part
les résultats provenant de l'évolution comparée des traités
à séjour plus long et des traités à séjour plus court, et
d'autre part ceux concernant les traités à séjour plus long
seulement mais aux deux intervalles de mesure (entrée —
mi-séjour et mi-séjour — sortie), des indications concordantes ont été obtenues. Ainsi, il a été constaté, au moment de la sortie, une certaine différence entre traités à
séjour plus long et traités à séjour plus court sur le plan des
six variables *estime de soi, soi moral, soi social, aliénation,
troubles de personnalité* et *mésadaptation sociale.* Cette
différence n'a trait qu'à la quantité de changements. Elle
ne permet pas de distinguer les deux groupes au moment
de la sortie car même s'ils semblent avoir parcouru plus de
chemin au cours du traitement, les sujets à séjour plus long
présentaient, au moment de l'admission, un ensemble de
traits plus défavorables que leurs vis-à-vis. Or, après avoir
examiné la performance aux deux intervalles de mesure
des sujets à séjour plus long, nous avons constaté que ces
six variables sont généralement le lieu des changements les
plus importants survenant au deuxième intervalle, c'est-à-
dire au-delà de la première année : nous y avons retrouvé
quatre des cinq variables au sujet desquelles nous avons
observé des résultats trahissant des changements significatifs. Pour ce qui concerne les deux autres variables (qui

sont en fait *aliénation* et *estime de soi*) les résultats indiquaient une certaine tendance au changement (p <.10).

Il y a donc lieu de croire que la prolongation du séjour au-delà de la première année peut apporter quelques
modifications sur le plan de la conception de soi, sur celui
des signes de perturbation plus graves et sur celui de la capacité relationnelle des sujets. Mais, redisons-le encore,
ces modifications ont une dimension restreinte et elles ne
permettent généralement pas aux sujets à séjour plus long
de se démarquer des sujets à séjour plus court.

Quant aux autres variables, on ne peut en aucune
manière relier les changements constatés à la prolongation
du séjour. Mais il est par contre possible d'associer certains de ces changements à l'impact des douze ou quinze
premiers mois puisque d'une part, les sujets à séjour plus
court et les sujets à séjour plus long ne présentent pas de
réelle différence à la sortie et que d'autre part, l'évolution
des sujets à séjour plus long paraît s'accomplir au niveau
des douze premiers mois. C'est le cas de l'*agressivité manifeste*, de l'*index d'asocialité*, du *retrait* et de l'*orientation
aux valeurs des classes socio-économiques inférieures*.
Presque toutes ces variables proviennent de l'aspect
d'agressivité et d'antisocialité.

Ces résultats tendent à confirmer l'orientation générale que Boscoville donne à son programme : au cours
de la première année, on met surtout l'accent sur le contrôle de l'agressivité et sur une lutte de tous les instants aux
tendances antisociales : les étapes acclimatation et contrôle ; dans les mois ultérieurs, l'effort des éducateurs est consacré de façon plus spécifique à la consolidation de l'estime de soi et à l'intégration de la personnalité : les étapes
production et personnalité. Dans une certaine mesure, nos

résultats reflètent l'effet de cet effort, encore que sur le
plan de l'adaptation et de l'intégration, les acquis posté-
rieurs à la première année demeurent modestes. Sur ce
point, nos résultats rejoignent l'une des conclusions de
Grégoire (1976), conclusion selon laquelle les sujets de
l'acclimatation manifestent sur le plan de l'identité une
nette différence avec les sujets plus avancés dans le traitement, mais ces derniers ne se distinguent pas entre eux de
façon significative.

Une question demeure quant aux avantages
d'un séjour prolongé : dans quelle mesure les sujets qui ont
séjourné plus longtemps à Boscoville n'ont pas mieux consolidé leurs acquis que ceux qui y ont séjourné moins longtemps ? Il se pourrait en effet qu'au-delà d'un certain
temps de séjour, les bénéfices du traitement soient à concevoir non plus en termes de changements quantifiables mais
beaucoup plus en termes de consolidation ou de permanence. Seules les données de l'après-Boscoville pourront
nous renseigner sur ce point. S'il s'avérait que les sujets à
séjour plus long progressent plus que les sujets à séjour
plus court pendant cette période d'un an qui suit le traitement, nous verrions confirmée l'hypothèse que la prolongation du traitement permet de consolider les acquis faits
antérieurement à l'internat. Mais si tel n'était pas le cas, si
par exemple, les sujets à séjour plus long régressaient plus
que ceux à séjour plus court et si leur adaptation sociale
s'avérait plus difficile, il nous faudrait recourir alors soit à
l'hypothèse que ces sujets se conforment aux exigences de
la maison sans plus, soit à l'hypothèse selon laquelle ces
sujets sont d'entrée de jeu et restent des individus plus fragiles qui fonctionnent relativement bien à l'intérieur de
l'internat et qui sont susceptibles d'éprouver certaines difficultés dès le premier mois de leur vie à l'extérieur de l'internat.

4. La maturation

Quand il s'agit de mesurer l'efficacité d'un programme de traitement par la somme des changements observés chez les sujets qui s'y soumettent, l'une des toutes premières questions qui viennent à l'esprit consiste à demander dans quelle mesure ces changements ne sont pas attribuables à d'autres facteurs que l'expérience de traitement elle-même. Au premier rang de ces facteurs se trouve ce qu'on peut désigner grosso modo par la maturation. Dans quelle mesure en effet l'évolution que nous avons constatée chez les sujets traités ne se retrouve-t-elle pas de toute façon chez les sujets qui ont refusé de s'impliquer véritablement dans le traitement? Quel état psychologique présentent ces sujets deux ans après leur premier examen, comparativement aux sujets traités à leur sortie de Boscoville? C'est à l'examen de cette question que nous allons maintenant nous livrer en confrontant les résultats obtenus, aux deux temps de mesure, par les sujets traités et les sujets non-traités.

À vrai dire, l'étude de l'effet de maturation ne pourra être menée ici que d'une façon incomplète. Comme on le verra, nous tenterons dans le cours de cette analyse de dégager cet effet en nous basant essentiellement sur l'évolution des sujets qui ont vécu moins de deux mois à Boscoville, négligeant ainsi de considérer le niveau de la performance offerte à l'entrée. Autrement dit, dans cette section, nous supposerons que le minimum de temps passé à Boscoville (vs un temps plus long) est le facteur premier à considérer pour apprécier l'évolution naturelle des garçons comparables à nos sujets traités. Or, on le constatera plus loin, il existe une autre façon d'aborder le problème de la maturation: elle repose sur le postulat que les sujets vont évoluer plus ou moins selon le niveau de leur performance au premier temps de mesure, le temps de séjour étant aussi considéré mais d'une manière subordonnée à ce postulat.

Quoi qu'il en soit, nous nous en tiendrons, pour l'instant, à la première approche qui, pour limitée qu'elle soit sur le plan théorique, n'en demeure pas moins indispensable. Nous allons tout simplement comparer les résultats obtenus aux deux temps de mesure par les sujets traités et les sujets non-traités. Cette confrontation, nous l'avons menée en procédant de la façon suivante : d'abord nous avons vérifié jusqu'à quel point les deux groupes se ressemblent ou diffèrent entre eux au moment de l'entrée ; à cet égard les données rapportées par Bossé et LeBlanc (1979a) établissent qu'il n'y a aucune raison de considérer ces deux groupes comme différents au moment de l'admission. Puis nous avons examiné les données ayant trait à l'évolution de chaque groupe ; ces données suivent. Enfin, nous avons jeté un regard sur la manière dont les groupes se différencient entre eux au moment du second examen, examen de sortie pour les traités et examen de relance pour les non-traités, et les résultats établissent qu'ils se différencient statistiquement sur seize variables parmi les vingt et une considérées (quatorze à $p < .001$ et deux à $p < .05$).

Les sujets qui ont refusé de s'impliquer véritablement dans le traitement évoluent-ils néanmoins de façon positive au cours des deux années qui suivent le moment de leur admission à Boscoville ? C'est la question qui retient notre intérêt dans la présente confrontation. Les résultats du tableau 13 nous permettent de lui donner une réponse. Un regard d'ensemble permet de constater que les sujets non-traités évoluent de façon significative ($p < .01$) à neuf des vingt et une variables (en fonction d'un niveau de signification de $p < .001$, dans sept cas). Ce premier type de

Tableau 13
**La performance comparée des sujets traités
et des sujets non-traités**

Variables et aspects	Scores-Z (Wilcoxon)	
	Traités[1]	Non-traités[2]
Intégration et adaptation		
Degré d'anxiété	–4.13*	–2.63*
Estime de soi	–4.51*	–2.46*
Soi physique	–3.84*	–2.39*
Soi moral	–5.11*	–2.28*
Maturité sociale	–4.44*	–1.43+
Soi familial	–2.53*	–1.11
Soi social	–3.85*	–1.54*
Défensif		
Refoulement	–1.89+	–1.48+
Déni	–4.22*	–1.83+
Score conflit net	–0.43	–1.37+
Agressivité et antisocialité		
Agressivité manifeste	–6.02*	–4.28*
Orientation aux valeurs	–5.98*	–4.22*
Index d'asocialité	–5.23*	–1.75+
Autisme	–5.04*	–2.59*
Aliénation	–5.33*	–1.73+
Dépressif et / ou névrotique		
Névrose	–4.04*	–1.53+
Retrait	–3.45*	– .73
Anxiété sociale	–0.80	– .14
Perturbation personnelle		
Mésadaptation sociale	–6.01*	–3.19*
Troubles personnels	–5.69*	–2.20*
Psychotisme	–4.71*	–2.14+

* = p < .01
+ = p < .10
1. = N = 56
2. = N = 60

données laisse donc entrevoir une évolution sensible quoique moins prononcée chez les sujets qui ont fui le traitement.

   Poursuivons notre lecture des résultats en tenant
compte des différents aspects de personnalité. À l'aspect
intégration et adaptation, les sujets non-traités évoluent
positivement de façon significative ($p < .01$) à quatre des
sept variables (*degré d'anxiété, estime de soi, soi physique*
et *soi moral*). À deux autres variables (*maturité sociale* et
soi social), nous observons une certaine tendance ($p < .08$).
Rappelons que les sujets traités avaient produit les résultats très significatifs à six de ces variables ($p < .001$). Si
réelle qu'elle soit aux variables de cet aspect, la progression des non-traités ne peut en aucune manière être comparée à celle des sujets traités.

   Les signes de changement sont nettement moins
évidents aux variables de l'aspect défensif. C'était d'ailleurs le cas des sujets traités. Tout au plus observons-nous
une certaine tendance à l'amélioration. Les variables de
l'aspect d'agressivité et d'antisocialité ont été le lieu des
changements les plus importants chez les sujets traités.
C'est ce que nous rappellent les scores-Z du tableau 13. Il
se trouve que chez les sujets non-traités c'est aussi aux variables de ce même aspect que nous trouvons les signes
d'évolution les plus marqués. Trois des cinq variables alignent un score-Z se situant au-delà du seuil de $p < .01$ (dont
deux au-delà de $p. < .001$): *agressivité manifeste, orientation aux valeurs et autisme*. Aux deux autres variables, *index d'asocialité* et *aliénation*, la tendance à l'amélioration
se maintient même si elle n'atteint pas le seuil de signification statistique.

   Les résultats concernant l'aspect dépressif et/ou
névrotique ne laissent pas croire à une évolution véritable

de la part des non-traités. Une certaine tendance peut être décelée au niveau de la variable *névrose*. D'ailleurs, si les traités produisaient des résultats significatifs à deux de ces variables, nous observions un certain fléchissement des tendances à l'amélioration constatées à trois autres aspects.

Il en va quelque peu différemment des indices de perturbation de la personnalité. Les résultats qu'y produisent les non-traités atteignent le seuil de signification statistique dans deux variables sur quatre : mésadaptation sociale et troubles de la personnalité. Si intéressants soient-ils en eux-mêmes, ces résultats n'ont toutefois pas l'ampleur de ceux qu'ont obtenus les sujets traités à ces mêmes variables.

L'examen des résultats, aspect par aspect, a permis de faire apparaître un fait fondamental : il existe un parallélisme assez net entre la performance des sujets traités et celle des non-traités. On peut facilement percevoir ce parallélisme car là où les traités ont produit des signes indiscutables de changement, les non-traités manifestent les signes d'une même évolution, quoiqu'à un degré certes moins marqué ; c'est le cas des variables d'intégration-adaptation, de celles d'agressivité-antisocialité et de celles concernant la perturbation de la personnalité. Généralement là où les sujets traités obtiennent des résultats situés respectivement au niveau de $p < .001$ et $p < .01$, les sujets non-traités voient les leurs se ranger aux niveaux de $p < .01$ et de $p < .10$. Peu de variables font exception à la règle.

Au cours d'une section précédente, nous démontrions que les sujets traités évoluaient de façon plus marquée aux aspects d'agressivité-antisocialité, de perturbation de la personnalité et d'intégration-adaptation. Les signes d'évolution étaient moins évidents au niveau défensif et à l'aspect névrotique et/ou dépressif. Il se trouve que les sujets non-traités produisent des résultats allant dans le même sens quoique d'une ampleur nettement plus réduite.

À première vue, ces résultats donnent à penser qu'il existe chez tous les garçons admis à Boscoville une tendance naturelle à un meilleur ajustement social, tendance que viendrait accélérer ou renforcer le traitement lui-même. Mais il est fort possible, par ailleurs, que cette tendance soit plutôt le fait de ceux des non-traités qui séjournent plus longtemps à Boscoville et qu'elle soit bien davantage attribuable au traitement subi, si bref ait-il été, qu'à une propension naturelle à un meilleur ajustement. Voilà une question que nous avons examinée.

Considérées dans leur ensemble, les données sur cette question (rapportées par Bossé et LeBlanc, 1979a), démontrent que : premièrement, il y a des indices qui font croire que le programme de traitement peut influencer de façon positive même chez ceux qui s'y soumettent durant moins d'un an, encore que nous ne puissions invoquer un matériel vraiment décisif. Cette tendance est perceptible et elle concorde avec les résultats que nous avons pu dégager chez les sujets traités en tenant compte de la durée de leur séjour et du rythme de leurs changements. Deuxièmement, les sujets qui quittent le traitement dès les deux premiers mois tendent à s'améliorer sur certains plans au cours des deux années qui suivent leur admission à Boscoville. Cette amélioration est significative dans le cas de l'atténuation des tendances agressives. Elle est moins forte, mais néanmoins perceptible, dans le cas du *refoulement* et du *psychotisme*. Puisqu'il ne saurait être question d'attribuer ces tendances à une quelconque influence du traitement, nous croyons qu'il faut voir en elles l'expression de ce phénomène global que nous avons désigné par maturation. Troisièmement, qu'il n'y ait pas de différences significatives au niveau des non-traités, entre sujets à séjour plus court et sujets à séjour plus long, au moment du second examen, nous justifie de confondre ces deux groupes en un seul qui puisse servir à nos besoins de comparaison avec les sujets traités.

Une bonne manière de relier ces conclusions consiste à dire que les quatre sous-groupes ainsi formés, c'est-à-dire les sujets traités à séjour plus long, les sujets traités à séjour plus court, les sujets non-traités à séjour plus long et les sujets non-traités à séjour plus court, présentent des résultats qui nous permettent de situer leur performance d'évolution sur un seul continuum que la figure 2 permet de représenter. Les sujets traités à séjour plus long dominent évidemment, ceux qui ferment la marche sont les sujets non-traités à séjour plus court. Les deux groupes intermédiaires s'alignent en fonction du temps passé en traitement.

Ces données constituent une première approximation de l'impact spécifique qu'exerce Boscoville sur les garçons qui y vivent au moins une année. Elles permettent également de cerner d'une façon somme toute assez grossière la part, en apparence plutôt mince, qu'il faut reconnaître à la maturation des sujets, c'est-à-dire à l'évolution qui survient de toute façon dans un milieu extra-boscovillien.

5. *La sélection*

Pour dégager l'effet spécifique d'un programme de traitement, il ne suffit pas de confronter, comme nous venons de le faire, les sujets qui s'y soumettent pour une durée plus longue avec ceux qui le fuient après une période de temps plutôt brève. Il importe aussi de vérifier si les facteurs qui semblent jouer un certain rôle sur le plan de l'entrée en traitement, n'affectent pas les résultats des traités.

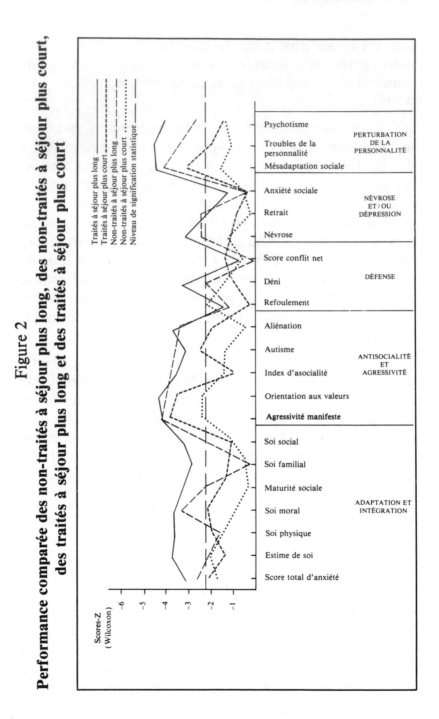

Figure 2

Performance comparée des non-traités à séjour plus long, des non-traités à séjour plus court, des traités à séjour plus long et des traités à séjour plus court

Cela revient à se demander si la performance des sujets dits traités n'est pas attribuable aux facteurs actifs au niveau de la sélection.

Une manière de trancher la question consiste à vérifier si, parmi les sujets traités, ceux qui ont un score défavorable à l'une ou l'autre de ces variables de sélection évoluent autant que ceux qui y ont un score plus favorable. En d'autres mots, est-ce que par exemple les sujets qui entrent dans le programme de traitement avec un potentiel intellectuel plutôt faible vont évoluer autant que ceux qui ont un potentiel plus fort ? S'il n'y a pas de différence significative entre les deux groupes ainsi formés, et à l'admission et à la sortie, nous pourrons conclure que la variable en question ne joue pas un rôle déterminant sur le plan de l'évolution des sujets.

En fait, notre raisonnement prend racine sur l'hypothèse qu'une variable qui semble avoir joué un certain rôle au niveau de l'entrée en traitement peut également influer sur l'évolution des sujets au cours du traitement. Si tel n'était pas le cas, il y aurait lieu de croire que les changements observés au terme du séjour sont attribuables au traitement lui-même. Cette analyse a été réalisée pour l'ensemble des variables identifiées comme significatives à la section sur la clientèle mais nous ne retiendrons que le quotient intellectuel pour illustrer cette problématique (voir Bossé et LeBlanc, 1979a, pour l'ensemble des analyses).

Le quotient intellectuel est un indice d'autant plus significatif que dans les services sociaux spécialisés, il y a une opinion fort répandue au sujet de Boscoville, celle selon laquelle cet internat ne sélectionnerait, en dernière analyse, que les sujets les plus intelligents. Et cette sélection expliquerait en définitive les résultats positifs obtenus par le programme de traitement. Nous savons maintenant qu'il y a une part de vérité dans cette affirmation ; les travaux de la section sur la clientèle ont en effet démontré que les sujets à quotient intellectuel plus faible ou très moyen ont nettement tendance à fuir le traitement alors que ceux à quotient plus élevé ou supérieur à la moyenne acceptent plus facilement de poursuivre le traitement. Précisons toutefois que cette sélection n'en est une qu'à moitié : elle n'est pas pratiquée de façon délibérée par Boscoville ; elle découle tout simplement d'une incompatibilité entre deux types de réalité qui sont, d'une part, le potentiel intellectuel de certains sujets et, d'autre part, les vecteurs du programme de rééducation. Ne pouvant investir tel ou tel de ces vecteurs, le sujet moins doué quitte Boscoville de son propre gré sans qu'on l'ait incité à s'en aller de quelque manière que ce soit.

Cela étant admis, il reste à voir si Boscoville a un impact plus grand chez les sujets plus doués que chez les sujets moins doués. C'est l'autre partie de la question. Afin de lui donner une réponse claire et exempte de toute ambiguïté, nous avons réparti nos sujets traités en deux groupes (utilisant comme base de distinction la médiane obtenue par les sujets traités et non-traités réunis au moment de l'admission) à la variable quotient intellectuel global : les sujets en-dessous de la médiane forment le groupe des faibles et ceux au-dessus, celui des forts.

Que nous disent les résultats du tableau 14 ? Ils révèlent tout d'abord qu'au moment de l'admission il n'y avait aucune différence sur le plan de nos vingt-deux variables entre le groupe de ceux qui avaient un Q.I. plus élevé et celui des garçons à Q.I. plus faible (Mann-Whitney). Si nous nous reportons aux résultats concernant la comparaison des groupes au moment de la sortie, nous devons constater qu'il n'y avait guère plus de différence entre les groupes à ce moment-là, car il n'y a aucune variable laissant

Tableau 14
Contrôle de la variable
Quotient intellectuel global
(Barbeau-Pinard)

Variables et aspects	Mann-Whitney (p)		Wilcoxon (Z)	
	Entrée	Sortie	Faibles[1]	Forts[2]
Intégration et adaptation				
Score total d'anxiété	.29	.92	−2.13*	−3.64*
Estime de soi	.75	.70	−2.39*	−3.70*
Soi physique	.31	.98	−1.48*	−3.39*
Soi moral	.69	.51	−2.67*	−4.18*
Maturité sociale	.50	.86	−1.45+	−4.28*
Soi familial	.19	.70	− .45	−2.37*
Soi social	.96	.51	−1.99+	−3.12*
Défensif				
Refoulement	.51	.83	− .49	−1.66+
Déni	.39	.37	−2.51*	−3.41*
Score conflit net	.11	.04	− .03	− .52
Agressivité et antisocialité				
Agressivité manifeste	.55	.55	−3.35*	−4.94*
Orientation aux valeurs	.77	.57	−3.41*	−4.91*
Index d'asocialité	.62	.85	−2.95*	−4.24*
Autisme	.57	.73	−2.86*	−4.03*
Aliénation	.71	.24	−2.76*	−4.71*
Dépressif et/ou névrotique				
Névrose	.96	.85	−2.56*	−3.15*
Retrait	.18	.06	−2.23*	−2.55*
Anxiété sociale	.30	.13	− .31	− .82
Perturbation de la personnalité				
Mésadaptation sociale	.77	.73	−3.30*	−4.92*
Pathologie	.56	.47	− .11	−2.39*
Troubles de personnalité	.68	.55	−3.04*	−4.65*
Psychotisme	.48	.15	−1.61+	−4.39*

1. *Quotient intellectuel global* plus faible que 109 (N = 15)
2. *Quotient intellectuel global* de 109 et plus (N = 39)
* p < .01
+ p < .10

croire à une différence significative. Il y a deux tendances à une telle différenciation (*score de conflit net*: p<.04 et *retrait*: p<.09) mais ces tendances ne sont pas confirmées (Wilcoxon); les performances des deux groupes apparaissent donc identiques. Est-ce à dire que le quotient intellectuel n'a aucun impact sur l'évolution au cours du traitement? Les résultats du Wilcoxon tendent à démontrer le contraire, car la performance des forts excède constamment celle des faibles. En fait, les différences observées ici entre les résultats du Mann-Whitney et ceux du Wilcoxon peuvent provenir de la nature spécifique de ces instruments de mesure. Disons sans entrer dans les détails que le Mann-Whitney évalue la performance des groupes en tant que groupes sans accorder d'attention particulière aux performances individuelles plus marquées. Le Wilcoxon, pour sa part, prend en considération la différence qualitative des performances accordant plus de poids aux évolutions marquées qu'à celles plus modestes. Ce fait peu rendre compte dans une certaine mesure des différences observées dans les résultats de l'un et l'autre tests à propos des deux mêmes groupes. Cela voudrait dire que parmi le groupe des garçons à quotient intellectuel plus élevé, certains sujets peuvent avoir évolué de façon très marquée et qu'un certain nombre d'autres peuvent au contraire n'avoir que très peu bougé, ce qui ferait que pris dans son ensemble, le groupe ne se différencierait pas vraiment de celui des garçons à quotient plus faible.

Mais il y a ici un autre fait dont il faut tenir compte et qui peut contribuer à expliquer les différences constatées: le groupe des sujets à quotient plus élevé est plus de deux fois et demie plus élevé que celui des sujets à quotient plus faible. Si ce fait n'influe en aucune manière sur les résultats du Mann-Whitney, il doit sûrement être pris en considération dans le cas de ceux du Wilcoxon car il est bien certain que plus le nombre de sujets étudiés est élevé, plus il est facile d'y obtenir un résultat statistiquement significatif.

Une analyse minutieuse des résultats démontre donc que si les sujets plus doués peuvent évoluer de façon un peu plus marquée comme groupe, à tout le moins à quelques variables, ils ne progressent pas suffisamment plus pour se démarquer, de manière significative des sujets moins doués, au moment de la sortie. En conclusion à nos travaux sur l'impact possible de toutes les variables influant sur l'entrée en traitement, nous nous devons d'insister sur le fait qu'aucun résultat ne permet de croire à un rôle suffisant de leur part pour que leur soit attribuée une partie importante de l'évolution accomplie par les sujets traités au cours de leur séjour à Boscoville. L'ensemble des résultats tend plutôt à démontrer que le traitement exerce une influence comparable sinon plus forte chez les garçons qui pouvaient être considérés comme des candidats moins prometteurs, compte tenu de leurs ressemblances avec les sujets qui fuyaient le traitement de façon systématique dès les premiers mois de séjour. C'est donc dire que les facteurs de sélection n'influent pas vraiment sur l'évolution des pensionnaires au cours de leur séjour à Boscoville.

6. *Le calibre psychologique initial*

Les sujets traités évoluent-ils plus ou moins selon qu'ils ont offert une bonne ou une mauvaise performance aux tests psychologiques au moment de l'entrée? L'évolution du séjour est-elle fonction du calibre présenté par les sujets à l'admission? Il s'agit d'une question qui mérite d'être étudiée et si nous avons omis de le faire jusqu'ici, c'est qu'il nous semblait important d'évaluer au préalable dans quelle mesure les sujets non-traités évoluaient et quelle part il fallait faire aux facteurs de sélection dans la progression des traités.

La question de l'évolution des pensionnaires en fonction de leur calibre initial n'est pas banale car elle porte ni plus ni moins sur l'efficacité différentielle de Boscoville. Il s'agit de vérifier si les traités réagissent à l'intervention d'une façon qui dépend ou ne dépend pas de leurs potentialités initiales. En fait, c'est également la question de la maturation que nous remettons ici sur la table. S'il fallait constater une différence substantielle dans l'évolution des sujets selon qu'ils appartiennent à un calibre fort ou faible au moment de l'admission, il y aurait là un indice pouvant faire croire qu'une large part de cette évolution relève de facteurs tout à fait indépendants du traitement lui-même.

Le problème pratique qui s'est posé à nous d'emblée, a consisté à former des groupes de calibres fort et faible. Nous avons convenu qu'il nous fallait nous baser sur le plus grand nombre possible de variables psychologiques de l'examen d'admission. Utilisant ainsi les résultats obtenus aux vingt et une variables, nous avons accordé à chacun des sujets un score allant de un à trois selon qu'il appartenait à l'espace inférieur à la normale, à l'espace de normalité ou à l'espace supérieur à la normale. Nous avons évidemment tenu compte de l'orientation des diverses échelles de mesure, le score trois étant toujours accordé aux résultats les plus favorables du point de vue clinique.

Nous avons ensuite procédé à la sommation de tous les scores pour l'ensemble des variables. Nos cinquante-six sujets traités se répartissaient sur une distribution allant de vingt-six à soixante-deux. Nous avons divisé cette distribution en trois tranches. Dans le premier tiers délimité par un score total allant de vingt-six à trente-six, nous retrouvions dix-sept sujets; c'étaient ceux qui présentaient le portrait clinique le plus défavorable. Dans le deuxième tiers, avec un score situé entre trente-sept et quarante-huit, s'alignaient vingt sujets qui présentaient un profil de calibre moyen. Enfin, les dix-neuf sujets constituant le dernier tiers, s'avéraient les garçons les plus doués de l'échantillon sur le plan psychologique, produisant un score de quarante-neuf à soixante-deux, on peut présumer que ces sujets se maintenaient constamment dans l'espace de normalité de nos échelles psychologiques, occupant même dans plusieurs cas l'espace supérieur à la normalité. Nous avons choisi de dénommer *fragiles* les sujets du premier tiers (performances globales les moins bonnes) et *costauds* les sujets du dernier tiers (performances globales les meilleures) (les détails de cette démarche peuvent être consultés dans Bossé et LeBlanc, 1979a).

Comment le groupe des fragiles et celui des costauds se situaient-ils l'un par rapport à l'autre au moment de l'admission? C'est cette question que nous avons d'abord considérée, non pas parce qu'en lui donnant réponse, nous risquions d'apprendre beaucoup, mais parce que ces informations pouvaient nous être très utiles ultérieurement. Les données analysées ont révélé que nos deux groupes se distinguent l'un de l'autre à dix-neuf des vingt et une variables avec un niveau de certitude de 99 pour 100 ($p < .01$) et même, de 998 pour 1000 ($p < .002$) dans le cas de dix-huit variables. Ces résultats n'ont certes rien de surprenant car c'est directement à partir de la performance des sujets à l'admission que les deux groupes ont été constitués. Mais ils n'en sont pas moins intéressants car ils révèlent à quel point nos deux groupes sont hétérogènes sur le plan de la presque totalité des variables baromètres.

Puisque fragiles et costauds sont si différents au moment de l'admission, comment les uns et les autres évoluent-ils au cours du séjour? Grâce au tableau 15 nous découvrons que les sujets fragiles progressent généralement beaucoup plus que les sujets costauds. Ainsi, si nous nous fions au niveau de signification atteint à chacune des variables, nous constatons que les fragiles ont changé de façon significative (p<.01) à dix-huit des vingt et une dimensions alors que les costauds ne produisent un tel résultat qu'à six variables. Notons que les fragiles semblent avoir changé de façon suffisante à deux autres variables pour donner un résultat situé assez près du seuil de signification (p<.03 et p<.02). Les costauds ont aussi deux résultats de ce type; ils offrent, en outre, deux tendances plus faibles au changement (p<.08).

Cette différence est particulièrement grande au niveau des variables d'adaptation et d'intégration (*score d'anxiété, estime de soi, soi moral, maturité sociale, soi familial* et *soi social*). D'abord, les fragiles n'y obtiennent que des résultats significatifs alors qu'en revanche, les costauds ne produisent aucun résultat de cette ampleur. La différence entre les performances de l'un et l'autre groupe est toujours importante. Elle l'est particulièrement au niveau des variables *maturité sociale, soi social* et *soi familial*. Dans le cas de cette dernière, l'évolution des groupes paraît d'autant plus spécifique que chacun d'eux produit un résultat d'orientation opposée: les costauds sont plus nombreux à se sentir moins bien dans leur famille alors que les fragiles, dans leur très grande majorité (14/17), tendent à se sentir plus à l'aise dans la leur.

La différence dans l'évolution de chaque groupe reste généralement substantielle aux variables défensives tels le *déni* et le *refoulement*; dans ce dernier cas, nous observons ici encore une inversion des performances: les fragiles, dans leur majorité (12/17), améliorent leur score ini-

Tableau 15
Évolution comparée des fragiles[1] et des costauds[2] au cours du séjour à Boscoville (les scores entre parenthèses sont ceux des costauds)

Variables et aspects	Wilcoxon Diminuent	Augmentent	Scores -Z	p
Intégration et adaptation				
Anxiété	14 (11)	3 (6)	−2.74 (−1.92)	.003 (.03)
Estime de soi	1 (7)	16 (11)	−3.57 (−1.11)	.001 (.14)
Soi physique	5 (5)	12 (11)	−2.67 (−1.29)	.01 (.10)
Soi moral	1 (5)	16 (13)	−3.50 (−2.09)	.001 (.02)
Maturité sociale	2 (5)	15 (13)	−3.24 (− .68)	.006 (.25)
Soi familial	3 (10)	14 (8)	−3.15 (− .33)	.003 (.30)
Soi social	1 (7)	16 (12)	−3.50 (− .62)	.001 (.27)
Défensif				
Refoulement	2 (12)	12 (7)	−2.32 (− .86)	.01 (.20)
Déni	1 (5)	14 (10)	−3.24 (− .71)	.006 (.24)
Score conflictuel net	9 (11)	8 (8)	− .07 (− .48)	.48 (.32)
Agressivité et antisocialité				
Agressivité manifeste	15 (17)	1 (2)	−3.46 (−3.16)	.001 (.003)
Orientation aux valeurs	15 (18)	1 (1)	−3.46 (−3.34)	.001 (.001)
Index d'asocialité	17 (14)	0 (4)	−3.62 (−2.81)	.001 (.003)
Autisme	15 (14)	2 (4)	−3.33 (−2.42)	.001 (.03)
Aliénation	17 (14)	0 (2)	−3.62 (−3.05)	.001 (.002)
Dépressif et/ou névrotique				
Névrose	2 (12)	15 (6)	−3.22 (− .96)	.007 (.17)
Retrait	11 (10)	3 (5)	−1.95 (− .99)	.03 (.16)
Anxiété sociale	10 (7)	7 (11)	−1.16 (− .76)	.13 (.23)
Perturbation de la personnalité				
Mésadaptation sociale	17 (17)	0 (0)	−3.62 (−3.62)	.001 (.001)
Troubles personnels	0 (6)	17 (13)	−3.62 (−2.45)	.001 (.007)
Psychotisme	15 (10)	1 (6)	−3.43 (−1.47)	.001 (.08)

1. N = 17
2. N = 19

tial alors que les costauds, dans une proportion de 2 pour 1 (12 versus 7) diminuent leur score au moment de la sortie.

Aux variables dépressives et/ou névrotiques, seule la dimension *névrose* est le lieu d'une différence importante d'évolution : les fragiles évoluent de façon marquée vers un état qui les fait ressembler à des patients névrotiques alors que les costauds semblent atténuer légèrement cette ressemblance.

Les variables visant l'évaluation de l'agressivité et de l'antisocialité plaident par leurs résultats en faveur d'une évolution assez semblable de la part des deux groupes. Chacun de ceux-ci y produisent des résultats qui dépassent le seuil de signification statistique. Mais, ici encore, la domination des fragiles demeure si on prend en considération la quantité des changements qui ont été opérés. Enfin, la similitude dans l'évolution des deux groupes s'impose aussi quoique avec nettement moins de force et d'évidence dans le cas des quatre dernières variables qui touchent l'aspect plus pathologique de la personnalité.

L'impression d'ensemble qui se dégage de ces résultats est donc que les fragiles évoluent nettement plus au cours du séjour que ne le font les costauds. La différence est particulièrement grande aux variables d'intégration et d'adaptation et elle a peu d'importance aux variables d'antisociabilité et d'agressivité. Elle subsiste aux autres variables encore que de façon moins régulière et, quelquefois, moins marquée.

Si une telle différence peut être constatée entre l'évolution des fragiles et celle des costauds pendant le séjour, comment se présentent les deux groupes, l'un par rapport à l'autre, au moment de la sortie de Boscoville ? Les fragiles ont-ils comblé le fossé qui les séparait des costauds? Les résultats rapportés par Bossé et LeBlanc (1979a) démontrent qu'effectivement l'écart entre les deux groupes s'est sensiblement atténué au cours du séjour. Certes, les costauds sont encore en meilleure posture clinique à toutes les variables, mais il ne reste plus que deux variables (contre 19 au moment de l'admission) qui permettent de les distinguer des fragiles de façon statistiquement significative : il s'agit du *score total d'anxiété* (les fragiles sont nettement plus anxieux) et de la *mésadaptation sociale* (les fragiles s'avèrent également plus mésadaptés). Sur la base de nos résultats, nous pouvons affirmer que les fragiles ont progressé de façon remarquable au cours de leur séjour et que cette progression les a sensiblement rapprochés des costauds, de telle manière qu'au moment de la sortie, il n'y a plus que deux des vingt et une variables utilisées qui permettent de distinguer les deux groupes de façon significative.

III. À Boscoville, transforme-t-on la personnalité des jeunes délinquants?

Voilà la question fondamentale relancée, après une démarche en quatre volets successifs sur l'impact à moyen terme du traitement proposé par Boscoville. Par cette démarche, nous avons d'abord dégagé l'évolution globale accomplie par les pensionnaires au cours de leur séjour ; ensuite, nous nous sommes efforcés de préciser quatre parts : celles de la durée de séjour, de la maturation, de la sélection et du calibre de départ. Départager ces parts de l'effet brut nous permet de cerner l'effet net de Boscoville sur les jeunes délinquants qui y sont placés.

Quels sont les résultats les plus marquants mis en évidence par notre travail d'analyse? Au chapitre des changements accomplis pendant le séjour, les données globales révèlent que les sujets traités évoluent de façon substantielle et ce, dans un sens positif. Les changements sont particulièrement prononcés aux variables d'agressivité et d'antisocialité. L'évolution est tout aussi substantielle aux variables liées à des aspects plutôt pathologiques de la personnalité. Les sujets traités changent de manière sensible, quoique à un degré moindre, aux dimensions portant sur l'adaptation ou l'intégration de leur personnalité. Pour ce qui concerne les autres mesures, elles mettent en évidence le fait que les garçons s'assimilent davantage aux névrotiques pendant leur séjour, qu'ils atténuent fortement leur tendance à l'isolement ou à la fuite, qu'ils évoluent généralement peu à ces dimensions liées au fonctionnement défensif de la personnalité, la capacité d'intellectualisation (ou déni) faisant toutefois exception. Cela étant, il faut tout de même constater qu'en dépit de leur évolution marquée à ces dimensions, les sujets traités manifestent encore, au moment de leur sortie de Boscoville, une tendance antisociale supérieure à la normale et un degré de socialisation inférieur à la moyenne des adolescents.

Examinant la performance des traités sous l'angle de la durée de leur séjour (plus ou moins de vingt mois), tout en vérifiant l'homogénéité des deux groupes ainsi formés au moment de l'admission, nous avons constaté que les sujets évoluent légèrement plus à quelques variables s'ils demeurent plus longtemps en traitement : les variables d'adaptation et les indices de perturbation de la personnalité étaient surtout concernés. Mais l'impression d'ensemble qui s'est imposée, c'est la grande ressemblance entre la performance de l'un et l'autre groupes. Cette impression était confirmée par le fait qu'au moment de la sortie, les deux groupes de sujets présentaient un profil d'ensemble statistiquement assimilable.

Ces premiers résultats ayant trait à la durée allaient se trouver en concordance avec ceux que devait révéler notre analyse du rythme des changements accomplis par les sujets à séjour plus long au cours de leur séjour. Ces dernières données manifestaient en effet que l'essentiel des changements réalisés au cours du séjour survenait pendant les douze premiers mois de séjour à Boscoville et cela était particulièrement évident dans le cas des variables d'agressivité et d'antisocialité, des dimensions à caractère défensif et des variables portant sur les aspects névrotiques ou dépressifs. Par ailleurs, quelques aspects du concept de soi (*soi moral* et *soi social*) et deux des indices de perturbations de la personnalité laissaient croire à des progrès notables au cours de cette même période, encore que ces progrès étaient généralement d'une dimension modeste comparativement à ceux réalisés antérieurement.

Nous avons convenu que l'ensemble de ces résultats s'accordaient assez bien avec les grands axes du programme de Boscoville. Les efforts déployés dans le travail rééducatif du cours des étapes d'acclimatation et de contrôle pour amener le jeune délinquant à contrôler son agressivité et ses tendances antisociales, peuvent être mis en rapport avec la baisse fulgurante de l'impulsivité et de l'antisocialité enregistrée au niveau des douze premiers mois, les gains accomplis pendant la période ultérieure de séjour, au chapitre de la conception de soi, correspondant relativement bien aux visées des étapes production et personnalité.

Poursuivant notre analyse, nous nous sommes intéressés à l'évolution ultérieure des sujets qui, après avoir été admis à Boscoville, l'ont quitté avant dix mois et demi de séjour. Deux ans après leur entrée, ces sujets manifestaient qu'ils avaient eux aussi évolué positivement et ce, de façon significative à plusieurs variables : idéologie agressive, tendance à déformer le réel en fonction de ses désirs, mésadaptation sociale et troubles de la personnalité. Toutefois, malgré le fait de cette évolution des non-traités, les sujets traités se différenciaient de ceux-ci à la grande majorité des variables, manifestant en cela qu'ils avaient accompli un chemin beaucoup plus considérable.

Comparant ce profil d'évolution des non-traités avec celui des traités, nous avons constaté entre eux un certain parallélisme, l'un et l'autre groupes ayant évolué plus sensiblement aux mêmes variables et les variables moins labiles étaient elles aussi généralement les mêmes de part et d'autre. Devant le fait de ce parallélisme, nous nous sommes demandé s'il ne résultait pas davantage du traitement entrepris, quoique non terminé, que de la maturation elle-même. La démarche consistant à étudier de façon comparative la performance des sujets non-traités à séjour plus court et celle des sujets à séjour plus long a permis de confirmer cette hypothèse et d'établir que le programme de Boscoville produit un effet positif même chez les garçons qui y séjournent moins d'une année. Toutefois, nous avons pu démontrer que même les sujets qui quittent l'internat dès les huit premières semaines ont tendance à s'améliorer psychologiquement au cours des deux ans suivant leur admission. Leur évolution est significative quant à la diminution de l'agressivité ; la tendance positive au refoulement, à l'estime de soi, à la primitivité affective et à l'anxiété est forte. Nous avons estimé que cette évolution pouvait être considérée comme résultat des phénomènes de maturation typiques de l'adolescence tardive. Si incontestable qu'elle ait été en elle-même, cette évolution naturelle ne pouvait généralement pas être comparée à celle réalisée par les sujets traités. Cette constatation nous a permis de conclure qu'une partie bien minime de l'évolution des garçons traités pouvait être rattachée à ces facteurs de maturation.

Les facteurs qui ont semblé jouer un rôle au niveau de l'entrée en traitement peuvent être considérés comme moins déterminants encore quant à cette évolution des traités. Du moins est-ce là la conclusion à laquelle nous a conduits notre analyse de ces variables qui auraient permis de différencier, au moment de l'admission, ceux qui allaient accepter le traitement de ceux qui allaient le fuir. Certes, une qualité comme celle du quotient intellectuel élevé peut constituer un allié non négligeable pour l'effort thérapeutique, mais elle s'avère aussi, en beaucoup de cas, un adversaire avec lequel il faut compter. Pour le reste, nos données font penser que les autres facteurs de sélection, telles que la délinquance, la motivation scolaire à l'entrée et l'influence paternelle ressentie, n'influent pas véritablement sur le cours de l'évolution accomplie pendant le séjour. Nous pouvons donc affirmer que l'évolution des pensionnaires n'est pas affectée par le facteur de sélection.

Une dernière partie de l'effet brut du traitement a pu être déterminée à la suite de nos analyses qui avaient pour but de vérifier si la clientèle de Boscoville réagissait au traitement de façon spécifique selon que les garçons pouvaient être cotés comme bien pourvus ou comme plutôt dépourvus sur le plan socio-affectif. Nous avons pu constituer deux groupes bien différents l'un de l'autre. Le premier regroupait les garçons fragiles, c'est-à-dire ces sujets hypo ou hyper-anxieux, égoïstes, égocentriques, agressifs, hostiles, antisociaux, mésadaptés, dotés d'un concept de soi déficient et présentant des indices de pathologie. Quant au second groupe, on y retrouvait les sujets dotés d'un plus haut niveau de maturité sociale, capables de réciprocité, contrôlant mieux leur agressivité, capables d'intellectualisation, moins portés à l'antisocialité, dotés d'un concept de soi plus harmonieux et apparemment exempts de signes de pathologie. Nous avons qualifié ces garçons de costauds.

Les données ont montré qu'il est justifié de penser que les sujets qui vivent le traitement de Boscoville évoluent de façon spécifique selon le profil psychologique global qu'ils présentaient au moment de leur admission. Ceux qui présentaient un portrait d'ensemble plus défavorable progressent d'une façon très marquée pendant leur séjour ; par ailleurs, les sujets qui offraient d'entrée de jeu un profil favorable évoluent d'une façon nettement moins importante au cours de leur séjour. Puisqu'il s'agit des caractéristiques plus qualitatives de cette évolution différentielle, on doit admettre que les fragiles progressent de façon très marquée à l'ensemble des variables ; les costauds, de leur côté, ont une évolution vraiment sensible aux variables d'antisocialité et d'agressivité.

Tels sont, résumés sous leurs traits essentiels, les résultats les plus importants que nos analyses ont pu dégager quant à l'évolution psychologique des sujets traités à Boscoville. Il en ressort, en définitive, que le programme de traitement qui y est appliqué a un impact réel sur les pensionnaires. Quelques facteurs explicatifs ne viennent pas réduire sensiblement l'effet brut du traitement : l'effet de maturation ne semble pas très notable ; les facteurs de sélection ne peuvent revendiquer aucun rôle significatif. Toutefois, le calibre de départ vient qualifier l'effet brut et nous faire remarquer que l'effet net du traitement n'est pas équivalent pour les sujets qui présentent un meilleur calibre psychologique et chez ceux qui sont marqués par des handicaps psychologiques profonds. Somme toute, nous sommes amenés à constater que l'effet brut est substantiel et que l'effet net n'est pas très différent de celui-là, ceci malgré un effet différentiel notable. Boscoville apparaît efficace à moyen terme ; il accélère le développement de la personnalité des jeunes délinquants qui y sont placés mais il ne la transforme pas.

Le devenir des pensionnaires : permanence des changements psychologiques, adaptation sociale et récidive

Le devenir des pensionnaires : permanence des changements psychologiques, adaptation sociale et récidive

En un mot, nous savons maintenant que le programme de traitement de Boscoville est relativement efficace, qu'il produit des changements effectifs chez ceux qui s'y soumettent, quelles que soient leurs caractéristiques au moment de l'admission. Une interrogation sur l'ampleur des changements opérés par ce traitement ne saurait éviter de considérer la permanence de ces changements. Il se pourrait en effet que la performance des sujets traités résulte, pour une bonne part, du fait que Boscoville constituait, pour plusieurs, une sorte de milieu protégé où l'acquisition et la conservation d'un bon nombre d'attitudes allaient de soi. Parler ainsi, c'est poser l'hypothèse d'une certaine artificialité des changements constatables chez les sujets traités au moment de la sortie ; c'est postuler que, dans une certaine mesure, l'évolution provoquée par le traitement reste liée au milieu où ce traitement a cours.

Il ne fait pas de doute que, du fait justement de ses visées thérapeutiques et du fait des problèmes auxquels sont confrontés les sujets qui y viennent, Boscoville présente un ensemble de possibilités d'activités dont sont privés la très grande majorité des garçons une fois qu'ils ont quitté l'internat. Mentionnons à titre d'exemple la qualité de la présence adulte dans la vie quotidienne, leurs réactions et leur intérêt face aux problèmes des sujets; mentionnons également la qualité du programme d'activités, que ce soit au niveau du travail scolaire ou à celui des activités culturelles et sportives; mentionnons enfin cette lutte constante qui est faite aux attitudes antisociales et qui élimine dans une très large mesure la tentation de l'agir délinquant. Sous tous ces aspects, et sous beaucoup d'autres, Boscoville constitue un milieu artificiel, c'est-à-dire un milieu qui a peu ou prou en commun avec le milieu de vie d'où arrivent les jeunes et dans lequel ils sont replongés au terme de leur séjour.

Dans quelle mesure cette artificialité du milieu d'intervention n'entraîne-t-elle pas une artificialité des changements provoqués dans les sujets qui vivent ce traitement? C'est à cette question que va permettre de répondre l'analyse des résultats que les traités ont obtenus aux tests psychologiques un an après leur sortie de Boscoville. Cette analyse de l'après-Boscoville, permet de mettre en évidence les données psychologiques essentielles quant à l'effet du traitement de Boscoville sur des jeunes délinquants. Il s'agit de l'efficacité du traitement du point de vue de l'individu. Mais pour être tant soit peu exhaustive, l'évaluation d'un traitement ne doit pas s'en tenir à l'appréciation des changements psychologiques qui surviennent chez les sujets traités. Il faut aussi vérifier les changements comportementaux en termes d'adaptation sociale effectivement réalisés, il faut voir dans quelle mesure, sur le plan strictement comportemental, les sujets traités s'avèrent différents de ce qu'ils étaient avant d'entrer en traitement. Bref, l'évaluation d'un programme doit s'intéresser aussi à la protection de la société, à savoir l'arrêt ou la diminution de l'activité délinquante. C'est la question qui nous occupera au cours de la deuxième section de ce chapitre.

I. La permanence des changements psychologiques

L'analyse de la permanence des changements que Boscoville produit chez les jeunes délinquants, nous la mènerons selon un protocole qui va présenter une parenté évidente avec celui que nous avons mis au point et utilisé lors de notre étude de la performance accomplie pendant le traitement. Nous procéderons donc en fonction de quatre moments différents : tout d'abord nous ferons l'analyse détaillée des résultats produits par l'ensemble des traités, nous considérerons ensuite les résultats en relation avec la durée réelle du séjour ; puis nous vérifierons si les facteurs qui ont semblé jouer un rôle quant à l'entrée en traitement (sélection) n'influent pas sur l'évolution des sujets au niveau de leur devenir psychologique ; enfin, nous examinerons la performance de l'après-séjour en fonction de la dichotomie fragiles-costauds que nous avons introduite pour apprécier l'effet du calibre initial des sujets.

1. L'évolution des sujets traités, de la sortie à la relance

Que sont devenus les sujets traités un an après leur sortie de Boscoville ? Quel portrait psychologique global se dégage-t-il des résultats obtenus à cet examen ultérieur si nous les mettons en relation avec ceux de l'examen de fin de séjour ? Telle est la première question qui va retenir notre attention[1]. Examinons les données portant sur l'évolution des cinquante sujets traités de la sortie jusqu'au premier anniversaire après celle-ci, données qui proviennent des deux types de mesure utilisés au chapitre précédent, c'est-à-dire le Wilcoxon, et le taux de la population occupant l'espace de normalité. Ces résultats sont rapportés au tableau 16.

L'étude des résultats portant sur la performance accomplie au cours du séjour avait révélé une progression sensible de la part des traités aux variables d'adaptation et d'intégration. Cette évolution maintient-elle son orientation et son rythme au niveau de l'après-séjour? Il semble bien que ce ne soit pas le cas. Du moins est-ce l'impression qu'on retire des données présentées au tableau 16. Aucune des sept variables concernées par cet aspect n'a gardé l'orientation franchement positive qui était si caractéristique des résultats obtenus au terme du séjour. De plus, trois variables livrent des résultats au Wilcoxon qui doivent être interprétés dans le sens d'une détérioration; il s'agit de l'*estime de soi*, du *soi moral* et du *soi familial*. Signalons toutefois que le seuil de signification ($p < .01$)

---

1 Six sujets traités vont nous faire défaut dans la poursuite de nos analyses: un premier sujet dut être mis de côté par la suite d'une méprise sur la date de sa sortie de Boscoville; dans le cas d'un second sujet, tous nos efforts pour la passation de l'examen de relance ont été vains, malgré une recherche de quatre mois; un troisième sujet a lui-même choisi de mettre fin à l'examen clinique (après seulement trente minutes); le quatrième sujet refusa catégoriquement de collaborer avec nos chercheurs disant «qu'il ne voulait rien savoir» ni de la recherche ni surtout de Boscoville; quant aux cinquième et sixième sujets, ils refusèrent tous les deux de collaborer: le premier s'est montré grossier et agressif à l'endroit du chercheur; en ce qui concerne le second, nos appels sont toujours restés sans réponse. Des vérifications statistiques (Bossé et LeBlanc, 1979a) nous ont permis de conclure que rien ne justifie l'hypothèse selon laquelle ces sujets étaient d'entrée de jeu les plus mauvais pronostics. Ainsi, il n'y a pas lieu de penser que notre étude sur l'après-séjour puisse être biaisée de façon marquée par le fait de cette mortalité qui réduit de 9% notre échantillon initial.

Tableau 16
L'évolution des sujets traités de la sortie à la relance

Test et échelle	Nbre de ceux qui augmentent	Wilcoxon Nbre de ceux qui diminuent	Z	P	% dans l'espace de normalité À la sortie	À la relance
Intégration-adaptation						
IPAT : Score total d'anxiété	19	26	– .2088	.42	68.	68.
TSCS : Estime de soi	19	31	–1.61	.05	82.	74.
TSCS : Soi physique	23	23	– .508	.30	92.	90.
TSCS : Soi moral	19	28	–1.71	.04	78.	74.
C.I.P. : Maturité sociale	21	26	–1.047	.15	62.	46.
TSCS : Soi familial	16	30	–2.46	.007	72.	64.
TSCS : Soi social	23	21	–2.451	.40	90.	94.
Antisocialité-agressivité						
Jesness : Agressivité manifeste	25	23	– .985	.17	88.	80.
Jesness : Orientation aux valeurs	30	18	–1.98	.03	84.	76.
Jesness : Index d'asocialité	30	15	–3.16	.001	48.	38.
Jesness : Autisme	27	17	–2.02	.03	78.	64.
Jesness : Aliénation	28	14	–2.60	.001	92.	78.
Défense						
Jesness : Refoulement	17	25	– .656	.26	56.	64.
Jesness : Déni	20	24	– .729	.24	68.	56.
TSCS : Score conflit net	17	33	–1.703	–.05	78.	82.
Névrose et/ou dépression						
TSCS : Névrose	19	30	–1.76	.04	90.	80.
Jesness : Retrait	26	18	–1.92	.03	72.	72.
Jesness : Anxiété sociale	21	22	– .21	.42	68.	58.
Perturbation de la personnalité						
Jesness : Mésadaptation sociale	34	12	–3.23	.001	70.	56.
TSCS : Troubles de la personnalité	17	32	–2.13	.02	84.	74.
Eysenck : Psychotisme	23	20	– .68	.25	82.	84.

n'est atteint que dans le cas de la dernière variable. Dans le cas des quatre autres variables, les résultats du Wilcoxon plaident plutôt en faveur d'une certaine stagnation, le nombre de ceux qui s'améliorent étant généralement assez près du nombre de ceux qui diminuent leur score.

Les résultats concernant le taux d'occupation de l'espace de normalité montrent à leur manière la véritable dimension du phénomène de ressac; en fait, mis à part le cas de deux variables, *maturité sociale* et *soi familial*, où la différence entre les résultats de la sortie et de la relance se chiffre respectivement à 16% et 8%, les taux d'occupation ne varient que légèrement; ils demeurent généralement élevés un an après le séjour. Tel n'est toutefois pas le cas du score de *maturité sociale* où les traités ne se retrouvent dans l'espace de normalité que dans une proportion de 46%. Rappelons que cet indice porte sur trois thèmes principaux : sentiments de dépression (timidité, impression d'être malchanceux, sentiments de culpabilité, dévalorisation de l'autre), comportements déviants (ennuis judiciaires, abus d'alcool, de drogues, etc.) et ressentiment contre la famille (sentiment d'y être incompris ou malheureux, d'en être exclus). Il présente donc une parenté certaine avec le *soi familial* qui trahit la façon dont le sujet se sent par rapport à sa famille, ainsi qu'avec l'*index d'antisocialité* et le *retrait*, deux dimensions au sujet desquelles nous constaterons également un recul indéniable.

Que se passe-t-il au niveau des variables d'agressivité et d'antisocialité? Y observons-nous une même tendance à la régression? Les résultats qu'obtiennent les traités au Wilcoxon vont effectivement dans ce sens puisque dans le cas de deux variables, *aliénation* et *index d'antisocialité*, ils sont suffisamment prononcés pour dépasser le seuil de signification statistique. La tendance est également sensible quant aux autres variables. La régression relative concerne à peu près le même nombre de sujets qu'aux variables de l'aspect précédent, soit de 30% environ.

Quant à la population occupant l'espace de normalité, nous devons constater qu'elle s'appauvrit quelque peu tout en restant généralement assez élevée. Une exception toutefois et elle concerne l'*index d'asocialité* (tendance à régler ses conflits d'une manière antisociale) : dans le cas de cette variable, ce taux passe de 48 à 38% ; c'est donc dire qu'encore très faible au terme du séjour, il s'effrite sensiblement au cours de la première année. Fait à noter, l'antisocialité qui resurgit au cours de la première année après Boscoville ne semble pas s'accompagner de l'impulsivité et de l'agressivité incontrôlée qui caractérisaient l'agir délinquant avant le traitement. Il y a presque autant de sujets qui diminuent ou augmentent leur score d'*agressivité manifeste* après la sortie ; la différence n'est pas significative (p <.17).

L'expérience de traitement, on s'en souviendra, n'a pas entraîné d'effets très marqués sur le plan de l'aspect défensif. Au niveau de l'après-séjour, c'est bien aussi une impression de quasi-stabilité ou de régression légère qui se dégage des résultats du tableau 16 concernant cet aspect. Aucune des trois variables concernées n'atteint le seuil de signification.

L'un des effets significatifs que nous avons dû accorder au traitement de Boscoville consiste dans ce fait que les sujets traités sont devenus en général plus semblables à des névrotiques au terme de leur séjour et que d'autre part, leurs tendances dépressives se sont considérablement atténuées. Les données de l'après-séjour (tableau 16) indiquent que cette évolution ne s'est pas poursuivie après la sortie mais qu'elle tend à se défaire légèrement ; en effet, s'il n'y a pas de résultat significatif au Wilcoxon, mais tout au plus des tendances (p <.04 pour *névrose* et p <.03 pour *retrait*), l'orientation des résultats est contraire à celle de la performance accomplie pendant le séjour. Toutefois, et c'est là ce qui ressort de l'autre type de résultats (taux de normalité), la variation n'est pas très importante.

Les résultats que nous retrouvons aux variables du dernier aspect, celui des indices de perturbation dans la personnalité, ne diffèrent pas, quant à leur orientation et quant à leur signification, de ceux que nous avons discutés sous les quatre titres précédents. Ces résultats (tableau 16) révèlent eux aussi une régression de la part de nos sujets. Certes, le degré de signification des données varie sensiblement d'une variable à l'autre et il ne dépasse le seuil que nous avons établi que dans le cas d'une seule variable (*mésadaptation sociale* ou p <.001). Mais une autre variable donne des résultats à la limite de ce seuil, *troubles de la personnalité* (p <.02).

Une impression d'ensemble se dégage donc des résultats portant sur la performance au cours de la première année après le séjour à Boscoville : les sujets traités régressent ou tendent à régresser à la quasi-totalité des variables que nous avons choisies à titre d'indicateurs. Si nous mettons ce profil de régression en rapport avec celui de l'évolution accomplie au cours du séjour, nous constatons entre eux une grande similarité ; c'est ce que fait bien ressortir la figure 3. Les sujets régressent plus à ces variables où ils ont davantage progressé au cours du traitement et ils régressent légèrement là où le traitement a eu moins d'impact.

Cette donnée permet de conclure qu'il y a chez nos sujets des aspects de personnalité qui sont plus labiles, plus perméables au changement de milieux. Ainsi, la tendance antisociale, les diverses facettes de la conception de soi, l'orientation aux valeurs des classes socio-économiques inférieures, la confiance ou la méfiance vis-à-vis des adultes ont fait l'objet d'une évolution très marquée au cours du séjour pendant l'année suivant leur sortie de l'internat, les sujets traités régressent d'une façon plus importante à ces variables et ce, particulièrement si leur séjour a dépassé

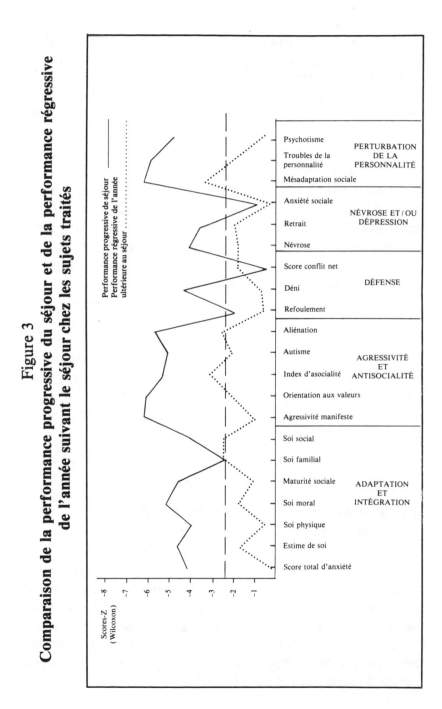

Figure 3

Comparaison de la performance progressive du séjour et de la performance régressive de l'année suivant le séjour chez les sujets traités

vingt mois. Ces résultats trahissent donc une aire où Boscoville fait sentir son influence de façon certes sensible, mais apparemment transitoire. En d'autres secteurs également, les sujets traités semblent avoir beaucoup progressé au cours de leur traitement mais au contraire de ceux précédemment évoqués, ces changements s'avèrent beaucoup plus permanents. Nous pensons ici au degré général d'anxiété, au contrôle de l'agressivité, au déni et à l'égocentrisme affectif encore que, dans le cas de quelques-unes de ces variables, l'évolution peut résulter de la maturation ou de l'évolution naturelle. Enfin, un petit nombre de variables délimitent une dimension de la personnalité peu touchée par l'expérience boscovillienne ; il s'agit des trois variables défensives *refoulement* et *score conflit net* (tendance à sur-nier ses aspects négatifs), et également de l'*anxiété sociale* (portant sur la tension dans les relations interpersonnelles). Il s'avère que les traités n'évoluent à peu près pas à ces trois variables, dans l'année qui suit leur sortie. Ce secteur de personnalité paraît donc imperméable tout autant par rapport à l'expérience boscovillienne qu'au changement de milieu qu'entraîne la fin du séjour.

2. *Le devenir psychologique en regard de certains facteurs d'atténuation*

Si le recul est la caractéristique dominante du devenir psychologique de la première année qui suit le séjour à Boscoville, est-ce que cette régression varie suivant les facteurs qui pouvaient atténuer la performance du séjour ? La durée du séjour, la sélection, la maturation et le calibre de départ sont-ils des facteurs qui influencent le devenir psychologique de l'après-séjour ?

2a. Conséquences de la durée de séjour

Les sujets traités évoluent-ils d'une façon différente au cours de l'année qui suit le traitement selon que leur séjour a été plus ou moins long? Voilà une question qu'il importe de considérer, d'autant plus que les données que nous avons examinées au chapitre précédent n'ont pas permis d'établir l'utilité d'un traitement prolongé. Rappelons qu'en tenant compte du fait qu'ils avaient été en traitement plus ou moins de vingt mois, sujets à séjour plus long et sujets à séjour plus court n'arrivaient à se différencier de manière significative qu'à une seule des vingt et une variables au moment de la sortie. Rappelons également qu'en ce qui concerne les sujets à séjour plus long, on pouvait constater que la plupart des changements opérés étaient survenus au cours des douze premiers mois du séjour. Compte tenu de ces données, on pouvait toujours émettre l'hypothèse que les sujets à séjour plus long ont plus de temps pour intégrer leurs acquis boscovilliens. Puisque ceux-ci sont plus consolidés, ils devraient en principe résister plus solidement à l'impact des conditions de vie postérieures au séjour.

Les sujets à séjour plus long, il convient de se le rappeler, avaient évolué sensiblement plus pendant le traitement à cet aspect d'adaptation et d'intégration que ne l'avaient fait les sujets à séjour plus court. Les choses ont changé quelque peu après le séjour. En effet, si nous considérons les résultats (tableau 17), nous constatons des différences parfois marquées. Ainsi, si nous nous basons sur le nombre de ceux qui, à l'intérieur de chaque groupe, augmentent ou diminuent leur score de la sortie à la relance, il apparaît que les vingt-cinq sujets à séjour plus long présentent une majorité détériorante à cinq des sept variables du présent aspect. Les sujets à séjour plus court ne mani-

festent une telle orientation qu'à deux de ces mêmes variables (*maturité sociale* et *soi familial*).

Qu'en est-il maintenant des variables d'agressivité et d'antisocialité? Les différences constatées entre
les deux groupes à l'aspect précédent se maintiennent-
elles? Les résultats (tableau 17) révèlent qu'il y a ici
beaucoup plus de ressemblance entre la performance post-
boscovillienne des sujets à séjour plus long et celle des sujets à séjour plus court. Ainsi, si nous prenons en considération le sens dans lequel s'orientent la majorité des sujets,
nous constatons que les chiffres fournis par chacun des
groupes sont généralement assez près et qu'ils indiquent
une même direction d'évolution.

Ce qui ressort des résultats de l'aspect d'agressivité
et d'antisocialité, c'est une remontée de la tendance à l'antisocialité plus forte et significative statistiquement chez
les sujets à séjour plus long, une certaine recrudescence de
la méfiance à l'endroit d'autrui selon un degré à peu près
égal chez les deux groupes et une tendance plus forte à
déformer le réel en fonction des besoins propres, à
nouveau de la part des sujets à séjour plus long.

Au cours de leur séjour à Boscoville, les sujets
traités deviennent plus semblables à des patients névrotiques et ils atténuent de façon sensible leur propension à
la dépression. Nous savons par ailleurs que cette évolution
survient pour l'essentiel au cours de la première année du
séjour. Les résultats étudiés précédemment indiquaient
une certaine tendance à la régression; les deux groupes
dont nous sommes à considérer l'évolution après le séjour
participent-ils de façon égale à cette tendance? À la
lumière de nos résultats (tableau 17), nous découvrons
que la performance post-boscovillienne des sujets à séjour

Tableau 17
Évolution post-boscovillienne comparée des sujets à séjour plus court et des sujets à séjour plus long

Variables	Wilconxon		Z	P
	Nbre de ceux qui augmentent	Nbre de ceux qui diminuent		
Intégration et adaptation				
Score total d'anxiété	10 (9)[1]	12 (14)	− .26(− .01)	.40 (.50)
Estime de soi	14 (5)	11 (20)	− .76(−2.58)	.22 (.005)
Soi physique	15 (8)	8 (15)	−1.52(−2.09)	.07 (.02)
Soi moral	13 (6)	10 (18)	− .50(−2.41)	.31 (.007)
Maturité sociale	10 (11)	15 (11)	− .61(− .86)	.27 (.20)
Soi familial	9 (7)	14 (16)	− .95(−2.52)	.17 (.005)
Soi social	14 (9)	6 (15)	−1.49(−1.01)	.07 (.16)
Agressivité et antisocialité				
Agressivité manifeste	12 (13)	11 (12)	− .59(.79)	.28 (.22)
Orientation aux valeurs	16 (14)	8 (10)	−1.54(−1.10)	.07 (.14)
Index d'asocialité	12 (18)	9 (6)	−1.70(−2.65)	.05 (.004)
Autisme	14 (13)	10 (7)	− .89(−1.96)	.19 (.03)
Aliénation	13 (15)	7 (7)	−1.68(−2.00)	.05 (.03)
Défense				
Refoulement	8 (9)	11 (14)	− .24(− .63)	.41 (.27)
Déni	12 (8)	10 (14)	− .03(− .99)	.44 (.17)
Score conflit net	10 (7)	15 (18)	− .52(−1.70)	.30 (.05)
Névrose et/ou dépression				
Névrose	15 (4)	10 (20)	− .85(−3.02)	.20 (.001)
Retrait	13 (13)	8 (10)	−1.58(−1.11)	.06 (.14)
Anxiété sociale	10 (11)	10 (12)	− .78(− .38)	.22(.35)
Perturbation de la personnalité				
Mésadaptation sociale	17 (17)	7 (5)	−1.48(−3.12)	.07 (.009)
Troubles de la personnalité	11 (6)	14 (18)	− .16(−2.71)	.44 (.004)
Psychotisme	12 (11)	9 (11)	− .58(− .29)	.29 (.39)

1. Les résultats entre parenthèses sont ceux des sujets traités à séjour plus long (N = 25) et les autres ceux des sujets traités à séjour plus court (N = 25).

plus court est assez comparable aux variables de *retrait* (tendance à l'insatisfaction de soi et des autres, propension à l'isolement) et *anxiété sociale* (tension associée aux relations interpersonnelles) (le nombre de ceux qui augmentent ou diminuent leur score est à toutes fins pratiques identique).

Mais le résultat le plus marquant se trouve à la variable *névrose* : alors que la majorité des sujets à séjour plus court continuent d'accroître leur degré de ressemblance avec les patients névrotiques, la grande majorité des sujets à séjour plus long (80%) diminuent ce degré de ressemblance. Ce mouvement en arrière (par rapport à l'évolution accomplie au cours du traitement) est statistiquement significatif ($p < .001$). Ce type de résultat laisse penser que la « névrotisation » que nous avons constatée comme étant l'un des effets possibles du traitement ne pourrait bien être en définitive qu'un phénomène artificiel chez les sujets à séjour plus long. Ces derniers, au cours de l'année qui suit le séjour, reviennent au niveau qu'ils occupaient au moment de l'admission.

Puisque, dans nos résultats précédents les indices de mésadaptation se sont toujours avérés liés aux autres aspects de la personnalité et particulièrement aux indices d'adaptation et de névrose et/ou dépression, nous devrions donc pouvoir observer un certain nombre de différences à ce type de variable entre sujets à séjour plus long et sujets à séjour plus court. Les résultats (tableau 17) révèlent que les premiers ont tendance, plus que les derniers, à accroître leurs signes de mésadaptation. Certes, si nous nous basons sur les chiffres indiquant le nombre de ceux qui augmentent ou diminuent par rapport à leur performance de la sortie, la différence entre les deux groupes ne paraît généralement pas très importante. Cependant, les scores-Z et les niveaux de signification atteints sont plus décisifs dans le cas de deux variables. À l'indice *mésa-daptation sociale* les sujets à séjour plus long régressent d'une manière statistiquement significative ($p < .009$). Les résultats des sujets à séjour plus long s'orientent dans le même sens quoique d'une manière beaucoup plus faible ($p < .07$) et non significative. La différence entre les deux groupes est cependant plus grande à la variable *troubles de la personnalité* : ici, seuls les sujets à séjour plus long régressent véritablement et ce, de façon significative ($p < .004$).

Si les sujets traités à séjour plus long régressent de façon significative à plusieurs variables alors que les sujets traités à séjour plus bref ne régressent pas sensiblement et qu'ils tendent même à s'améliorer à certaines variables, il importe de nous demander si les deux groupes ont évolué d'une manière suffisamment diversifiée pour pouvoir être différenciés à l'une ou l'autre de nos vingt et une variables. En d'autres mots, comment les deux groupes se situent-ils l'un par rapport à l'autre au moment de la relance ?

Les données présentées par Bossé et LeBlanc (1979a) nous permettent de répondre à cette question. Disons tout d'abord qu'il n'y a qu'une seule variable qui différencie les deux groupes de manière significative et c'est la même qu'au moment de la sortie de Boscoville : il s'agit de la variable *aliénation*; les sujets à séjour plus long ont moins tendance que leurs vis-à-vis à faire preuve de méfiance à l'endroit d'autrui, et particulièrement de ceux qui sont en position d'autorité par rapport à eux. Nous observons en outre trois tendances à la différenciation des deux groupes. À la variable *névrose*, les sujets à séjour plus court ressemblent plus à des névrotiques que les sujets à séjour plus long. À la variable *soi physique*, les mêmes sujets à séjour plus court tendent à se sentir mieux dans leur peau que leurs vis-à-vis et à l'*anxiété sociale*, enfin ce sont les sujets à séjour plus long qui dominent bien qu'ici la différence soit assez faible. Les sujets à séjour plus court sont plus nombreux à occuper la zone inférieure à l'espace de normalité et d'une façon générale leur score tend à être plus bas. C'est donc dire que les sujets à séjour plus long sont enclins à faire preuve d'une certaine tension dans leurs relations avec les autres sans que le degré de celle-ci puisse être considéré comme extrême, exception faite de quelques cas. Quant aux autres variables, les résultats ne permettent pas de croire à une différence sensible entre les deux groupes. Dans l'ensemble donc, les deux groupes paraissent assez semblables au moment de la relance ; leur similarité est même plus grande qu'au moment de la sortie de Boscoville, puisque les sujets à séjour plus long présentaient alors un profil plus favorable.

Les données que nous venons de présenter permettent de statuer sur la valeur de l'hypothèse selon laquelle un séjour plus long favoriserait une consolidation plus poussée des acquis faits au cours du traitement. Cette hypothèse est infirmée, à tout le moins au niveau de ce qui se passe au cours de la première année après le séjour, car c'est précisément ceux qui demeurent à Boscoville durant vingt mois ou plus qui régressent le plus après leur séjour.

Cela étant, il convient de reprendre ici la discussion soulevée par les deux faits que nous avons constatés en rapport avec la durée du traitement : la grande ressemblance entre traités à séjour plus long et traités à séjour plus court au moment de la sortie et la dimension restreinte des acquisitions faites au-delà de la première année de séjour. On peut élaborer quatre hypothèses pour expliquer ces faits : il est d'abord possible de soutenir que les psychoéducateurs ne peuvent faire progresser leurs sujets au-delà d'un certain niveau, qu'il y a comme un plafonnement de méthodes rééducatives. Pour adopter une telle hypothèse, il faut au préalable soutenir que l'ensemble du cheminement proposé est tout à fait valable. Il s'agit en somme d'une hypothèse optimiste concernant la politique thérapeutique globalement prise et telle qu'elle est concrètement appliquée à Boscoville. Dans les faits, en tout cas ceux sur lesquels nous nous appuyons ici, rien ne contrecarre véritablement cette tentative d'explication.

À côté de cette hypothèse plutôt réconfortante, on peut aussi en aligner une autre qui trahit moins d'optimisme : le plafonnement constaté ne découlerait pas d'une imperfection des méthodes rééducatives mais plutôt de faiblesses fondamentales du modèle rééducatif lui-même. Dans une telle perspective, il ne s'agirait pas de compléter ce qui existe par quelque chose qui fait défaut mais bien plutôt de revoir des axes fondamentaux du programme ou de la politique de traitement. La présente hypothèse n'est donc pas à écarter complètement.

La troisième hypothèse concerne la structure qui vise à ce que se passe le plus harmonieusement possible la période ultérieure au traitement. Précisons qu'au moment de la cueillette des données, cette structure n'était pas étoffée. On pourrait penser que les régressions post-boscovilliennes constatées dans la recherche découlent principalement du fait que les jeunes concernés n'ont pu bénéficier d'un service d'aide clairement identifiable.

Une quatrième hypothèse nous semble enfin plausible : les sujets traités à séjour plus court bénéficieraient d'un environnement socio-familial moins détérioré et pourraient davantage profiter de son concours pour passer de façon plus harmonieuse et plus facile de l'internat au milieu post-institutionnel. Nos travaux ultérieurs sur des aspects particuliers de l'insertion sociale vont nous permettre d'apprécier la valeur de cette hypothèse.

Quoi qu'il en soit, nous pouvons affirmer que Boscoville n'échappe pas à certains des problèmes sur lesquels achoppent beaucoup d'internats : la nécessaire artificialité du milieu relativement fermé, la valorisation d'une certaine adaptation institutionnelle au sujet de laquelle il est bien difficile de faire la part de ce qui est intégration et de ce qui relève d'un conformisme de surface.

2b. *Évolution post-boscovillienne et facteurs de sélection*

Lorsqu'il s'est agi de dégager l'impact spécifique de Boscoville sur les sujets qui y séjournent durant plus d'un an, il nous a fallu prendre en considération la possibilité qu'une certaine partie de l'évolution accomplie au cours du séjour soit reliée au fait que les processus naturels de sélection avaient éliminé les garçons moins prometteurs ou ceux dont le pronostic était moins favorable. Nous avons pu constater par la suite que ces facteurs de sélection ne jouaient aucun rôle véritable quant à l'évolution au cours du traitement. En effet les sujets qui étaient d'entrée de jeu des mauvais pronostics, du fait de leur ressemblance avec les garçons fuyant le traitement, évoluaient pratiquement autant que ceux présentant un pronostic plus favorable.

Si ces facteurs ont joué un rôle sur le plan de l'entrée en traitement mais n'ont pas influé sur le cours de l'évolution pendant le séjour, pouvons-nous leur attribuer un impact quelconque sur l'évolution post-boscovillienne des sujets traités ? La question se pose en effet car on peut postuler que les garçons plus intelligents, ou encore ceux moins enclins aux comportements délinquants à leur entrée à Boscoville soient en meilleure position au moment de la sortie et risquent moins, de ce fait, de rencontrer des conditions adverses à la poursuite de leur évolution ou, à tout le moins, au maintien des acquis du séjour. Il nous a semblé important de vérifier cette hypothèse.

Qu'ont révélé nos travaux sur ce point? En fait, les résultats démontrent qu'aucun de ces facteurs influant sur l'entrée en traitement n'exerce un impact quelconque sur le plan de l'évolution après le séjour. Qu'ils aient été en position favorable ou défavorable au moment de l'admission à l'une ou l'autre de ces variables ne peut en aucune manière être relié à une évolution post-boscovillienne particulière, c'est-à-dire régression forte ou faible, *statu quo* ou progression. Nous ne jugeons pas utile d'entrer plus avant dans le détail de ces résultats; ils sont disponibles dans le rapport de Bossé et LeBlanc (1979a).

2c. *Évolution comparée des fragiles et des costauds après Boscoville*

Au chapitre précédent, nous avons pu démontrer l'importance, pour l'évolution au cours du séjour, du calibre psychologique présenté à l'admission. Nous avons constaté que les sujets à calibre plus faible (fragiles) progressent d'une façon très marquée alors que les sujets à calibre plus fort (costauds) évoluent d'une façon beaucoup plus modeste. Il importe maintenant de vérifier ce que deviennent les costauds et les fragiles au cours de l'année suivant le traitement. Compte tenu des résultats que nous avons présentés ci-dessus, nous sommes en droit de postuler que les sujets fragiles, qui ont évolué sensiblement plus au cours du séjour, vont régresser également plus après le séjour.

Une telle hypothèse se trouve confirmée par les données du tableau 18. Si nous nous fions au niveau de signification, la régression des fragiles apparaît sans ambi-

Tableau 18
Évolution comparée des sujets fragiles[1] et
des sujets costauds[2] de la sortie de Boscoville à la relance
(les résultats des costauds sont entre parenthèses)

Variables	Wilcoxon		Z	p
	Diminuent	Augmentent		
Intégration et adaptation				
Anxiété	7 (8)	8 (7)	−1.31 (− .142)	.10 (.45)
Estime de soi	13 (10)	2 (8)	−3.10 (− .07)	.001 (.43)
Soi physique	11 (7)	3 (9)	−1.79 (− .10)	.04 (.46)
Soi moral	9 (9)	6 (6)	−1.76 (− .65)	.04 (.26)
Maturité sociale	10 (9)	4 (7)	−1.29 (− .25)	.10 (.40)
Soi familial	14 (7)	0 (9)	−3.29 (− .38)	.001 (.35)
Soi social	9 (8)	3 (9)	−1.77 (− .40)	.04 (.35)
Défense				
Refoulement	11 (6)	2 (7)	−1.99 (− .66)	.03 (.26)
Déni	12 (5)	2 (9)	−2.51 (− .69)	.006 (.25)
Score conflictuel net	10 (12)	5 (6)	− .77 (− .74)	.23 (.23)
Agressivité et antisocialité				
Agressivité manifeste	5 (10)	9 (7)	−1.51 (− .11)	.07 (.46)
Orientation aux valeurs	2 (10)	12 (8)	−2.51 (.0)	.006 (.50)
Index d'asocialité	6 (2)	8 (14)	−1.41 (−2.92)	.08 (.002)
Autisme	4 (8)	9 (9)	−1.64 (− .97)	.06 (.17)
Aliénation	4 (5)	8 (8)	−1.33 (−1.43)	.10 (.08)
Névrose et/ou dépression				
Névrose	13 (9)	2 (9)	−2.95 (− .47)	.002 (.32)
Retrait	4 (6)	9 (10)	−1.89 (−1.37)	.03 (.09)
Anxiété sociale	6 (8)	6 (7)	− .55 (− .48)	.30 (.32)
Perturbation de la personnalité				
Mésadaptation sociale	2 (4)	11 (13)	−2.69 (−2.13)	.004 (.02)
Troubles de la personnalité	11 (11)	4 (6)	−2.58 (− .89)	.005 (.19)
Psychotisme	5 (11)	8 (5)	− .87 (− .90)	.20 (.19)

1. N = 15
2. N = 18

guïté. Ainsi, sept variables atteignent le niveau de p <.01 : l'*estime de soi*, le *soi familial*, le *déni*, la *névrose*, les *troubles de la personnalité* (tous en diminution, donc en détérioration), l'*orientation aux valeurs des classes socio-économiques inférieures* et la *mésadaptation sociale* (en augmentation, donc ici aussi en détérioration). De plus, quatre variables atteignent le niveau de ce qu'on pourrait qualifier de forte tendance à la détérioration (p <.05), ce sont le *soi physique*, le *soi moral*, le *refoulement* et le *retrait*. Enfin, six autres variables laissent voir une tendance plus faible dans une même direction régression : l'*anxiété*, la *maturité sociale*, l'*agressivité manifeste*, l'*index d'asocialité*, l'*autisme*, l'*aliénation*.

Il en va différemment pour les costauds. Ils ne régressent de façon significative qu'à une seule variable : l'*index d'asocialité*. Ils n'ont fortement tendance à le faire qu'à une seule autre variable : la *mésadaptation sociale*. Enfin, ils produisent une tendance plus faible dans le même sens à deux variables : *aliénation* et *retrait*.

La différence d'évolution post-internat de chacun des groupes apparaît particulièrement grande aux variables d'adaptation et d'intégration et elle est également prononcée aux variables d'agressivité. Notons la spécificité de l'évolution de chaque groupe concernant cette agressivité et la tendance antisociale : les fragiles voient leur tendance plus forte à agir de façon antisociale s'accompagner d'une remontée des tendances agressives, alors que les costauds qui régressent plus que leurs vis-à-vis sur le plan de l'antisocialité ne bougent absolument pas quant à leurs tendances agressives par rapport à leur performance de la fin du séjour.

Considérées globalement, les différences et les ressemblances d'évolution observables dans la performance de l'après-séjour des deux groupes concordent assez bien avec celles constatées au niveau de la performance du séjour. Ainsi, si c'est au niveau des variables d'adaptation et d'intégration que nous observions l'évolution la plus différenciée entre l'entrée et la sortie, c'est également à ce type de variables que les groupes se démarquent le plus l'un de l'autre au cours de l'après-séjour. La concordance vaut pour la plupart des autres variables mais elle subit une exception notable aux variables d'agressivité où les costauds, contrairement aux fragiles, ne régressent pas du tout après leur sortie tout en ayant progressé beaucoup au cours de leur séjour.

Nous venons de voir comment fragiles et costauds évoluent au cours de la première année suivant le séjour à Boscoville et nous savons que cette évolution est fort différente d'un groupe à l'autre. Il importe de savoir comment, au terme de cette première année, ces groupes se situent l'un par rapport à l'autre. Les données rapportées par Bossé et LeBlanc (1979a) nous font découvrir que des différences nombreuses et importantes sont réapparues, ce qui d'ailleurs n'est en rien surprenant, compte tenu des données précédemment mises en évidence. Il y a neuf variables qui permettent de distinguer fragiles et costauds avec une marge d'erreur de moins de un pour cent : ce sont le *score d'anxiété*, l'*estime de soi*, le *soi physique*, le *soi moral*, le *soi familial*, le *soi social*, le *déni*, la *névrose* et les *troubles de la personnalité*. De plus, cinq autres variables laissent croire que les deux groupes tendent fortement à se différencier (p < .05) : sont concernés l'*orientation aux valeurs des classes socio-économiques inférieures*, l'*agressivité manifeste*, l'*autisme*, le *retrait*, la *mésadaptation sociale*. Enfin, deux autres variables sont le lieu de tendances plus faibles dans le même sens (p < .10) : la *maturité sociale* et le *psychotisme*.

Il n'y a pas de doute que l'écart entre les deux groupes, qui s'était grandement amenuisé au cours du séjour, s'est élargi sensiblement au cours de cette première année de vie à l'extérieur de Boscoville. Certes, même au terme du séjour, les costauds dominaient les fragiles à chacune des variables «baromètres», mais la différence entre les deux groupes n'était significative qu'à deux d'entre elles. Ici, la domination des costauds s'est considérablement renforcée; elle n'atteint toutefois pas l'ampleur qu'elle avait au moment de l'admission où nous retrouvions des différences significatives à dix-neuf des vingt et une variables (et des tendances à la différenciation dans deux autres variables).

Comme les résultats concernant l'évolution post-internat le laissaient entrevoir, c'est surtout aux variables d'adaptation et d'intégration que les groupes divergent le plus l'un de l'autre : à six des sept variables nous obtenons une différence significative ($p < .01$). La septième variable présente une tendance des groupes à se différencier ($p < .08$). Il n'est pas difficile d'autre part, de relier à ce type de variable les trois autres dimensions qui donnent également lieu à des différences significatives. Le *déni* indique une capacité pour le sujet de tenir compte de la réalité d'autrui et une tentative réelle de sa part pour comprendre les événements interpersonnels. La dimension *névrose* évalue dans quelle mesure le sujet ressemble à ces patients dits névrotiques, personnalités qui présentent tout de même un haut niveau d'intégration. L'indice *troubles de la personnalité* permet de repérer ces personnalités qui ne sont ni névrotiques ni psychotiques mais qui présentent néanmoins de sérieux problèmes d'adaptation.

Les résultats concernant la variable *soi familial* méritent une attention spéciale. On sait que cette dimension

évalue la manière dont un sujet se perçoit et s'évalue en relation avec ses proches, avec les membres de sa famille. Au
moment de l'admission, cette variable permettait de différencier, au niveau de p <.001, sujets costauds et sujets fragiles, ces derniers présentant le score le plus défavorable.
À la fin du traitement, la différence s'est complètement es-
tompée et les costauds ne dominent les fragiles que par une
marge assez mince. Au moment de la relance, l'écart entre
les deux groupes est redevenu aussi important qu'il ne
l'était initialement puisque les groupes se différencient en
fonction d'un niveau de probabilité de p <.001 ; ceci à
cause de la régression massive des fragiles mais aussi à
cause de l'évolution positivement orientée des costauds
après leur séjour. Jusqu'à un certain point, ces données
confirment l'hypothèse selon laquelle les sujets fragiles
bénéficieraient d'un milieu familial plus détérioré qui ne
leur serait généralement d'aucun support à leur sortie de
Boscoville. Elles révèlent également l'aspect artificiel de
l'opinion que ces mêmes sujets adoptent face à leur
famille au cours du traitement. Il est possible que le garçon
en raison des relations plus distantes qu'il entretient avec
les membres de sa famille en vienne à adopter une telle opinion. Il n'empêche qu'il s'agit là d'un phénomène qui concerne exclusivement les sujets fragiles, car les costauds
produisent, à la relance, des résultats assez identiques à
ceux de la sortie.

3. L'impact spécifique de Boscoville

L'analyse que nous avons consacrée jusqu'ici à l'é-
volution des fragiles et des costauds a mis en lumière deux
faits essentiels : les premiers accomplissent une progression spectaculaire au cours de leur séjour mais ils régressent également de façon marquée durant l'année ultérieure

à la sortie, alors que les seconds progressent beaucoup plus modestement pendant le traitement mais leur évolution post-boscovillienne fait surtout croire à une conservation des acquis enregistrés au cours du séjour. Cette analyse comparative a négligé une question qui revêt une grande importance à nos yeux : à qui des fragiles et des costauds le traitement de Boscoville profite-t-il le plus? Y a-t-il un type de garçons sur lesquels le milieu boscovillien provoque des changements plus durables.

Pour évaluer les bénéfices enregistrés au cours d'un traitement, il nous faut pouvoir compter sur un groupe de sujets qui soient d'un calibre comparable à celui des traités sur le plan psychologique et qui n'aient pas été traités ou, à tout le moins, qui ne soient pas entrés suffisamment loin dans le traitement pour qu'on puisse les assimiler aux traités. Notre échantillonnage nous fournit un tel groupe (les non-traités) qui rassemble des sujets dont le séjour à Boscoville dura en moyenne cent huit jours (la médiane étant 62,5 jours). On entrevoit sans peine que ce dont il s'agit ici, c'est de nous interroger une fois de plus sur la maturation ou, pour utiliser des termes plus évocateurs, c'est de mesurer la part qu'il faut accorder dans l'évolution des sujets traités à ce qui serait survenu de toute façon en dehors du contexte de traitement.

Mais pourquoi réouvrir le dossier de la maturation, d'autant plus que l'étude qui a été faite de cette question précédemment n'a pas permis de dégager des résultats vraiment significatifs? La démarche que nous allons entreprendre ici est d'un ordre différent de celle que nous avons accomplie antérieurement. En effet, lors de notre comparaison entre l'évolution des sujets traités et celle des sujets non-traités nous avons considéré que toutes choses étaient égales entre les groupes hormis le temps vécu en traitement. Si nous avons pu montrer des différences réelles entre traités et non-traités, par contre, la distinction entre sujets à séjour plus court (trois à soixante-six jours) et sujets à séjour plus long (quatre-vingt-treize à trois cent treize jours) n'a pas produit des résultats faisant croire à une différence significative entre ces deux groupes au moment de la relance. L'impact de la variable maturation, bien qu'il nous paraissait indéniable, restait difficile à apprécier à l'intérieur de ce contexte, comme l'était également celui du traitement entrepris chez les sujets non-traités à séjour plus long.

L'analyse que nous avons commencée précédemment et qui s'est appuyée sur la distinction fragiles-costauds fournit un autre contexte peut-être plus utile pour l'analyse de la maturation. Dans cette problématique, aucune attention particulière n'est accordée au temps passé à Boscoville et le regroupement des sujets est effectué à partir de leur performance aux tests psychologiques (passés au moment de l'admission). En procédant ainsi, nous avons pu démontrer qu'il existe une grande différence sur le plan de l'évolution au cours du séjour et au cours de l'année ultérieure entre sujets fragiles et sujets costauds. Le fait d'appartenir à l'une ou l'autre de ces catégories, s'il s'est avéré si utile pour l'étude des traités, risque de l'être tout autant pour celle des non-traités. En tout cas, il n'y a pas là raison suffisante pour revoir sous cet angle la question de la maturation.

Concrètement, la tâche qui nous incombe maintenant est de poursuivre l'étude de l'évolution des fragiles et des costauds en confrontant leur performance différenciée à celle du groupe des sujets non-traités qui leur correspond. Une telle analyse va nous permettre de voir ce qui, dans l'évolution de l'un et l'autre des groupes, relève véritablement de l'effet du traitement, d'une part, et ce qui aurait été accompli de toute manière par des sujets d'un calibre équivalent à l'extérieur du traitement (maturation proprement dite), d'autre part. Du même coup, il nous sera possible de déterminer lequel des deux types de sujets (fragiles ou costauds) ont le plus bénéficié de leur passage à Boscoville.

Il convient tout d'abord d'apporter quelques précisions d'un ordre plutôt méthodologique relativement à la démarche que nous allons maintenant entreprendre. Ces précisions préalables s'imposent d'autant plus que le nombre des comparaisons auxquelles nous allons procéder est élevé et qu'il risque de dérouter le lecteur non familier avec les études statistiques mais néanmoins intéressé aux résultats de nos travaux.

À la section précédente, nous avons confronté les fragiles et les costauds du groupe des traités. Au cours de la présente section, chacun de ces deux groupes sera comparé séparément avec le groupe qui lui correspond des non-traités. Cette double comparaison (traités costauds vs non-traités costauds et traités fragiles vs non-traités fragiles) va se faire selon plusieurs angles : 1. comparaison des groupes au moment de l'entrée à l'aide du test U de Mann & Withney ; 2. comparaison de la performance accomplie entre l'admission et la sortie (ou la relance pour les non-traités) à l'aide du Wilcoxon ; 3. comparaison des groupes à ce même deuxième temps ; 4. comparaison de la performance accomplie de l'admission à la relance à l'aide du Wilcoxon ; 5. comparaison des deux groupes au moment de la relance. Une manière plus simple ou plus évocatrice de présenter le profil de la démarche consiste à faire appel aux schémas suivants (les chiffres utilisés renvoient aux opérations qui viennent d'être décrites) :

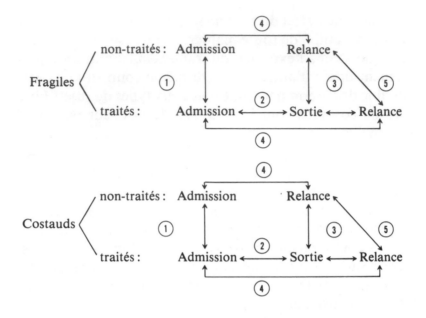

Le profil trapéziforme de ces schémas soulève la question des intervalles de mesure particuliers à chacun des sous-groupes. Dans quelle mesure l'intervalle entre l'admission et la relance des non-traités (fragiles ou costauds) diffère-t-il de celui s'interposant entre l'admission et l'examen d'un an après le séjour des sujets traités (costauds ou fragiles)? C'est pour clarifier cette question que nous allons produire ici des statistiques concernant la durée totale de séjour des sujets. Pour les non-traités, la dimension de l'intervalle admission-relance est uniforme puisque le second examen a pris place exactement deux ans après l'entrée à Boscoville.

En ce qui concerne les traités fragiles, l'intervalle entre l'admission et la sortie de Boscoville fut de 698 jours en moyenne (soit un peu moins de vingt-quatre mois); la médiane est un peu plus faible : 655 jours (soit 22 mois). Quant à l'écart-type, il se chiffre à 160,7 jours. Si nous ajoutons à la médiane les douze mois ultérieurs au traitement (de la sortie jusqu'à l'examen de relance), nous obtenons un total de trente-quatre mois soit dix mois de plus que l'intervalle admission-relance des fragiles non-traités. Reprenant le schéma des fragiles sous cet angle, nous pouvons lire ainsi la différence :

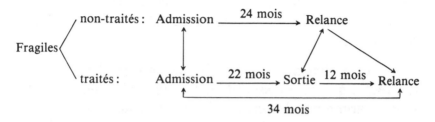

Ces dix mois de différence constituent une marge importante et il nous faudra en tenir compte dans l'interprétation des résultats.

La situation des traités costauds n'est pas vraiment différente par rapport à leurs équivalents non-traités. Ils ont un intervalle admission-sortie de 681 jours en moyenne, la médiane étant 605 jours (soit vingt mois) et l'écart type 181,6 jours. L'intervalle entrée-relance devient donc trente-deux mois, soit huit mois de plus que celui des costauds non-traités. Le schéma des costauds se présente ainsi du point de vue des intervalles de mesure :

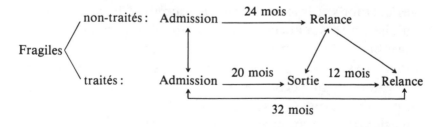

3a. *Étude comparative des fragiles traités et non-traités*

Pour constituer notre groupe de sujets fragiles à partir des sujets non-traités, nous avons procédé de la même manière et en nous basant sur les mêmes limites (à l'intérieur des tests) que celles utilisées à propos des sujets traités. La même chose doit d'ailleurs être dite des costauds non-traités par rapport au groupe des costauds traités. Les dichotomies ainsi formées sont, en principe, parfaitement homogènes, la seule variable discriminante étant la persistance ou la non-persistance dans le traitement au-delà du onzième mois.

Que chacune des dichotomies ait été établie selon des règles qui garantissent leur homogénéité théorique ne nous épargne pas de vérifier si, effectivement et pratiquement, les groupes ainsi contrastés sont homogènes. Un regard sur les données rapportées par Bossé et LeBlanc (1979a) révèle qu'il n'y a aucune raison de croire à l'hétérogénéité des fragiles traités et non-traités au moment de l'admission à Boscoville. Aucune variable n'atteint le seuil décisif de $p < .01$ permettant de rejeter l'hypothèse d'homogénéité.

Comment se compare l'évolution accomplie par les fragiles non-traités au cours des deux années qui suivent leur entrée à Boscoville par rapport à celle produite par les fragiles traités au cours de leur séjour à Boscoville? Nous connaissons déjà celle-ci pour l'avoir confrontée à celle des costauds traités au chapitre précédent et nous savons qu'elle est très marquée. Le tableau 19 aligne les résultats portant sur la performance des deux groupes. La performance des non-traités, si elle est dans l'ensemble un peu plus modeste que celle des traités, n'en demeure pas moins impressionnante. Ces sujets produisent en effet neuf résultats significatifs au niveau de $p < .005$. Ils ont en outre sept résultats qui trahissent une tendance relativement forte ($p < .06$) à l'évolution. À titre de comparaison, signalons que leurs vis-à-vis, les fragiles traités, ont eu dix-huit variables significatives à $p < .01$ et deux autres à $p < .03$. Ces

Tableau 19
Évolution comparée des fragiles traités et non-traités de l'admission à la sortie[1], (les résultats entre parenthèses sont ceux des non-traités)

Variables	Wilcoxon		Z		p	
	Diminuent	Augmentent				
Intégration et adaptation						
Anxiété	14 (17)	3 (4)	−2.74	(−2.95)	.003	(.002)
Estime de soi	1 (3)	16 (4)	−3.57	(−2.63)	.001	(.005)
Soi physique	5 (5)	12 (13)	−2.67	(−1.63)	.01	(.06)
Soi moral	1 (4)	16 (13)	−3.50	(−3.07)	.001	(.002)
Maturité sociale	2 (9)	15 (11)	−3.24	(−1.21)	.006	(.12)
Soi familial	3 (9)	14 (8)	−3.15	(− .07)	.008	(.48)
Soi social	1 (6)	16 (12)	−3.50	(−2.26)	.001	(.02)
Défense						
Refoulement	2 (8)	12 (9)	−2.32	(− .61)	.01	(.27)
Déni	1 (7)	14 (13)	−3.24	(−1.26)	.006	(.11)
Score conflictuel net	9 (13)	8 (5)	− .07	(−2.13)	.48	(.02)
Agressivité et antisocialité						
Agressivité manifeste	15 (15)	1 (6)	−3.46	(−2.85)	.001	(.003)
Orientation aux valeurs	15 (15)	1 (5)	−3.46	(−2.98)	.001	(.002)
Index d'asocialité	17 (16)	0 (4)	−3.62	(−2.16)	.001	(.02)
Autisme	15 (15)	2 (6)	−3.33	(−2.57)	.001	(.005)
Aliénation	17 (14)	0 (6)	−3.62	(−1.98)	.001	(.03)
Névrose et/ou dépression						
Névrose	2 (3)	15 (15)	−3.22	(−2.79)	.007	(.004)
Retrait	11 (11)	3 (9)	−1.95	(− .97)	.03	(.17)
Anxiété sociale	10 (16)	7 (5)	−1.16	(−1.72)	.13	(.05)
Perturbation de la personnalité						
Mésadaptation sociale	17 (17)	0 (3)	−3.62	(−3.26)	.001	(.001)
Troubles de la personnalité	0 (4)	17 (14)	−3.62	(−3.02)	.001	(.002)
Psychotisme	15 (16)	1 (4)	−3.43	(−1.58)	.001	(.06)

N. des traités = 18
N. des non-traités = 21
1. Il s'agit de la relance pour les non-traités.

données indiquent la capacité évolutive des fragiles, qu'ils soient traités ou non. Elles réduisent singulièrement la part d'évolution que nous croyons reconnaître comme étant l'effet spécifique du traitement.

Les différences que nous avons observées entre les performances des deux groupes de fragiles ont-elles une dimension suffisante pour départager les deux groupes au deuxième temps de mesure ? Y a-t-il des différences significatives entre traités et non-traités deux ans environ après le premier examen ? Les données que nous fournissaient Bossé et LeBlanc (1979a) nous permettent de répondre à cette question. Les traités se démarquent des non-traités de façon significative (p < .01) à onze des vingt et une variables. Il y a en outre quatre tendances en ce sens (p < .10). Si nous portons attention au contenu des variables discriminantes, nous constatons qu'elles appartiennent surtout à l'aspect d'adaptation, à l'aspect d'agressivité et d'antisocialité, et à l'aspect de perturbation de la personnalité. Il n'y a rien d'étonnant à cela car nous savons que ces trois aspects sont ceux qui ont été le lieu privilégié de changements au cours du traitement. En fait, les résultats que nous venons de produire correspondent d'assez près à ceux que nous avons constatés chez l'ensemble des sujets traités par rapport aux non-traités.

Grâce à l'analyse que nous avons conduite à la section précédente, nous savons que les sujets fragiles qui ont bénéficié du traitement régressent d'une façon sensible au cours de l'année qui suit leur sortie de Boscoville. Il devient donc du plus grand intérêt de voir si, tout compte fait, les sujets fragiles, traités ou non-traités, évoluent d'une façon comparable de l'entrée à la relance.

Rappelons ici, avant de jeter notre regard sur les résultats, que l'intervalle qui se situe entre l'entrée et la relance des fragiles traités est d'environ dix mois supérieur à celui qui sépare l'entrée et la relance de leurs correspondants non-traités. Les traités sont donc avantagés d'une certaine manière et on ne peut faire abstraction de cet avantage dans l'appréciation des résultats. Les résultats rapportés par Bossé et LeBlanc (1979a) révèlent une très grande similarité entre la performance des fragiles traités et celle des fragiles non-traités. Les premiers produisent douze résultats significatifs d'une évolution positive ($p < .01$) aux vingt et une variables baromètres, deux résultats faisant croire à une tendance forte ($p < .05$) dans le même sens, et quatre autres, une tendance faible ($p < .10$). Les autres, les fragiles non-traités, nous le savons déjà, produisent neuf résultats significatifs, cinq tendances fortes et deux tendances faibles.

Que l'un des groupes ait évolué plus sensiblement que son vis-à-vis à certaines variables ne garantit pas qu'il va pouvoir s'en différencier de façon significative à ces mêmes variables. Tout dépend de la manière dont les groupes se situaient l'un par rapport à l'autre au point de départ. C'est pourquoi il nous faut procéder à l'opération complémentaire de la comparaison des groupes au moment de la relance. Les fragiles traités et non-traités sont-ils différents au moment de la relance? Voilà la question au sujet de laquelle nous avons tous hâte d'être éclairés. Un regard sur le tableau 20 permet de constater que les fragiles qui ont été en traitement se démarquent de façon significative des fragiles non traités à quatre variables seulement; il s'agit de l'*orientation aux valeurs des classes socio-économiques inférieures*, de l'*aliénation*, de la *mésadaptation sociale* et du *psychotisme*. À ces quatre variables, les sujets traités dominent largement leurs vis-à-vis. On peut observer en outre trois tendances s'orientant dans le même sens: la *maturité sociale* ($p < .04$), le *soi social* ($p < .09$) et l'*agressivité manifeste* ($p < .02$).

Tableau 20
Comparaison des fragiles traités et non-traités au moment de la relance en fonction du test U-Mann & Withney

Variables	Traités[1]	Rang moyen Non-traités[2]	p
Intégration et adaptation			
Anxiété	17.5	20.1	.48
Estime de soi	19.8	15.4	.20
Soi physique	20.4	14.9	.11
Soi moral	20.5	14.9	.11
Maturité sociale	23.4	15.6	.04
Soi familial	18.3	16.8	.67
Soi social	20.7	14.7	.09
Défense			
Refoulement	19.4	18.7	.86
Déni	21.9	16.8	.15
Score conflictuel net	19.6	15.7	.26
Agressivité et antisocialité			
Agressivité manifeste	14.0	22.8	.02
Orientation aux valeurs	13.2	23.4	.005
Index d'asocialité	17.5	20.2	.46
Autisme	16.1	21.2	.16
Aliénation	12.9	23.5	.003
Névrose et/ou dépression			
Névrose	17.8	17.3	.89
Retrait	18.9	19.0	.98
Anxiété sociale	18.3	19.5	.75
Perturbation de la personnalité			
Mésadaptation sociale	13.6	23.1	.008
Troubles de la personnalité	20.0	15.3	.17
Psychotisme	11.2	25.0	.001

1. N = 16
2. N = 18

Les résultats mis en évidence ici confirment donc ceux que nous avait laissé entrevoir l'analyse comparée de la performance des groupes de l'entréc à la relance : l'écart entre fragiles traités et fragiles non-traités se réduit à peu de chose quand on les compare entre eux au moment de la relance. Certes, il reste encore quatre variables qui peuvent différencier les deux groupes. Mais, selon nous, même ce résultat doit être sensiblement atténué. Les non-traités, il importe de s'en rappeler, avaient encore dix mois devant eux pour pouvoir profiter d'un intervalle de mesure comparable à celui des traités et rien ne permet de penser que l'évolution qu'ils avaient accomplie indéniablement depuis leur admission à Boscoville allait stagner sinon se défaire. Au contraire, on a tout lieu de croire qu'elle allait se poursuivre. Si tel est le cas, il est probable qu'ils se sont rapprochés encore davantage du groupe des traités. Cela est probable pour l'ensemble des variables où nous observions au moment de la relance une certaine différence entre les groupes (au profit des traités). Cela l'est encore plus pour ces variables, car pour deux d'entre elles, les fragiles non-traités ont évolué de façon significative en deux ans : *mésadaptation sociale* (p < .001) et *orientation aux valeurs des classes socio-économiques inférieures* (p < .002); pour les deux autres, nous avons observé une tendance relativement forte de leur part à une évolution positive : *aliénation* (p < .03) et *psychotisme* (p < .06). Ces quatre variables mesurent donc des traits qui s'avèrent très évolutifs chez les fragiles non-traités. D'où l'importance de considérer la différence dans l'intervalle de mesure et d'en tenir compte dans l'appréciation des différences inter-groupes.

Une objection peut être soulevée à propos de notre comparaison entre traités et non-traités : c'est que les non-traités ont eux aussi séjourné à Boscoville et que certains d'entre eux ont pu y être assez longtemps pour profiter des effets du traitement. On peut soutenir de tels propos avec d'autant plus d'assurance que des données produites antérieurement ont démontré qu'un certain nombre de changements pouvaient survenir relativement tôt au cours du séjour.

C'est afin d'examiner le bien-fondé de cette objection que nous avons procédé à l'opération suivante au sujet des fragiles non-traités : tenant compte du fait que la médiane de la durée de séjour réel était chez ces sujets 64,5 jours, nous les avons répartis en deux sous-groupes, le premier constitué des sujets ayant eu un séjour court (moins de 65 jours) et le second, des sujets ayant eu un séjour plus long (plus de 65 jours mais moins de 10,5 mois); nous avons ainsi deux groupes de onze sujets chacun. Nous avons ensuite comparé entre eux ces deux sous-groupes aussi bien quant à leur performance à l'admission qu'à celle de la relance. Or il s'avère que les deux groupes n'ont présenté aucune différence significative ni même aucune tendance à la différenciation, au niveau de la performance de l'admission (voir Bossé et LeBlanc, 1979a). L'hypothèse d'une évolution sensible découlant du séjour est donc à rejeter car il est invraisemblable que, deux ans après leur admission, on puisse déceler, chez des sujets qui seraient demeurés moins de deux mois en traitement, des effets de ce début de traitement. C'est en définitive à la maturation, à l'évolution naturelle ou à des facteurs autres que celui du traitement qu'il faut rattacher les progrès accomplis par les fragiles non-traités depuis leur admission à Boscoville jusqu'à la relance.

Insistons, en conclusion à cette analyse comparée des fragiles, sur le fait que les données que nous venons de produire confirment de façon pleinement satisfaisante l'hypothèse selon laquelle les sujets fragiles profitent vraiment très peu de leur passage à Boscoville, si nous nous en tenons aux effets perceptibles par nos instruments psychologiques. Il apparaît en effet que les garçons qui appartenaient dès l'abord à un même calibre peuvent évoluer pratiquement autant ou presque autant qu'eux sans bénéficier des ressources offertes par le traitement.

3b. *Étude comparative des costauds traités et non-traités*

Si, comme nous venons de le démontrer, les fragiles retirent peu de profit de leur séjour à Boscoville, il faut se demander s'il en va autrement des sujets qui offraient d'emblée un meilleur profil à nos instruments psychologiques. Les costauds bénéficient-ils de leur séjour en traitement plus que le font les fragiles? Pour répondre à ces questions, nous allons maintenant procéder à propos des costauds traités et non-traités à la même analyse que celle que nous venons de compléter au sujet des fragiles.

Les costauds traités étaient-ils différents de leurs équivalents non-traités au moment de l'admission? Telle est la première question à laquelle il nous faut répondre, comme ce fut le cas à propos des fragiles. Les analyses rapportées par Bossé et LeBlanc (1979a) permettent de constater l'homogénéité des groupes puisque aucune variable ne montre une différence significative entre eux et aucune ne domine systématiquement son vis-à-vis.

Considérons maintenant l'évolution accomplie par chacun des groupes de costauds au cours des deux années qui ont suivi leur entrée à Boscoville (tableau 21). Nous connaissons déjà la performance des traités pour l'avoir analysée à la section précédente. Nous savons qu'ils évoluent positivement de façon significative à six des vingt et une variables baromètres et qu'ils manifestent une tendance en ce sens (forte ou faible) à cinq autres variables. Les

Tableau 21

**Évolution comparée des costauds non-traités de l'entrée
à la relance et des costauds traités de l'entrée à la sortie
(les résultats entre parenthèses sont ceux de non-traités)**

Variables	Wilcoxon Diminuent		Augmentent		Z		p	
Adaptation et intégration								
Anxiété	11	(7)	6	(7)	−1.92	(− .18)	.03	(.42)
Estime de soi	7	(6)	11	(5)	−1.11	(− .35)	.14	(.37)
Soi physique	5	(6)	11	(5)	−1.29	(− .85)	.10	(.20)
Soi moral	5	(6)	13	(6)	−2.09	(− .14)	.02	(.47)
Maturité sociale	5	(7)	13	(8)	− .68	(− .03)	.25	(.49)
Soi familial	10	(9)	8	(3)	− .33	(−2.00)	.33	(.05)
Soi social	7	(7)	12	(5)	− .62	(−1.17)	.27	(.12)
Défense								
Refoulement	12	(9)	7	(7)	− .86	(− .32)	.20	(.38)
Déni	5	(7)	10	(6)	− .71	(− .10)	.24	(.46)
Score conflictuel net	11	(5)	8	(6)	− .48	(− .08)	.32	(.46)
Agressivité et antisocialité								
Agressivité manifeste	17	(10)	2	(5)	−3.16	(−1.16)	.008	(.12)
Orientation aux valeurs	18	(10)	1	(5)	−3.34	(−1.22)	.001	(.12)
Index d'asocialité	14	(5)	4	(8)	−2.81	(− .94)	.003	(.18)
Autisme	14	(6)	4	(4)	−2.42	(−1.27)	.08	(.11)
Aliénation	14	(8)	2	(5)	−3.05	(− .14)	.002	(.45)
Névrose et/ou dépression								
Névrose	12	(8)	6	(3)	− .96	(−1.77)	.17	(.04)
Retrait	10	(5)	5	(8)	− .99	(−1.50)	.16	(.07)
Anxiété sociale	7	(5)	11	(9)	− .76	(−1.06)	.23	(.15)
Perturbation de la personnalité								
Mésadaptation sociale	17	(6)	0	(9)	−3.62	(− .49)	.001	(.32)
Troubles de la personnalité	6	(6)	13	(5)	−2.45	(− .62)	.007	(.27)
Psychotisme	10	(10)	6	(4)	−1.47	(−1.53)	.03	(.07)

N. des traités = 19
N. des non-traités = 15

aspects d'antisocialité/agressivité et de perturbation de la personnalité sont particulièrement concernés par cette évolution. Chez les costauds non-traités, les résultats indiquent qu'il n'y a pas d'évolution significative, aucune variable n'atteignant le seuil décisif de $p < .01$. Nous observons par ailleurs quatre tendances qui ne s'orientent pas nécessairement dans le sens d'une amélioration. Ainsi au *soi familial* les non-traités voient-ils leur score diminuer de l'entrée à la relance, les conflits avec la famille s'étant probablement aggravés. La même chose doit être dite du *retrait* où les sujets semblent plus enclins à la fuite, à l'isolement dans leurs relations avec les autres. Pour ce qui a trait au score de *névrose*, ils ont atténué leurs traits de ressemblance aux patients névrotiques, comme l'ont d'ailleurs fait les sujets traités mais d'une façon moins poussée. À la variable *psychotisme*, les costauds non-traités évoluent autant que leurs équivalents traités. Dans l'ensemble donc, on ne peut certes conclure à une évolution naturelle de la part des costauds non-traités, à une maturation du genre de celle que nous avons constatée chez les fragiles non-traités. L'impression globale qui se dégage de leur performance en est une de stabilité avec quelques signes ponctuels de détérioration, eux-mêmes pas vraiment décisifs.

Puisque les costauds traités ont évolué au cours de leur séjour, modestement il est vrai si on les compare aux fragiles mais indéniablement tout de même, puisque d'autre part, les costauds non-traités ont peu bougé en deux ans, il faut s'attendre à constater quelques différences entre ces deux groupes si on compare entre elles les performances qu'ils ont fournies de part et d'autre au cours des deux années suivant l'admission, soit dans le traitement, soit en dehors du traitement. Les données soumises par Bossé et LeBlanc (1979a) révèlent en effet que les traités se

démarquent de leurs équivalents non-traités de façon statistiquement significative à cinq de nos variables : *degré
d'anxiété, soi moral, orientation aux valeurs des classes
socio-économiques inférieures, mésadaptation sociale* et
troubles de la personnalité. On peut également constater
une forte tendance en ce sens (p .05) à cinq autres variables (*estime de soi, agressivité manifeste, index d'asocialité,
aliénation* et *retrait*).

Considérées d'un point de vue plus qualitatif, les
variables indicatrices d'une différence entre les groupes
appartiennent à trois aspects différents de la personnalité,
ce qui indique une certaine polyvalence des changements
accomplis par les traités. Mais ici encore, ces résultats ne
prennent pas en considération ce qui survient chez les traités après leur séjour. C'est pourquoi nous devons comparer l'évolution qu'accomplissent les deux groupes entre
l'entrée et la relance.

Les résultats que nous avons produits précédemment ont démontré que les costauds traités qui bénéficient
du traitement conservent généralement après le séjour les
acquis qui ont été faits pendant le traitement (ils ne régressent de façon significative qu'à une seule variable). L'étude de l'évolution comparée des costauds de l'entrée à la relance, étude que nous entreprenons maintenant, ne risque
pas de nous apporter de réelles surprises, puisque la performance de ceux d'entre eux qui n'ont pas été traités a
révélé elle aussi une impression de stabilité.

Les données rapportées par Bossé et LeBlanc
(1979a) font croire à une certaine atténuation de la performance entrée-sortie des costauds traités. Mais trois variables restent néanmoins significatives (p <.01) dans leur
cas : le *degré total d'anxiété,* l'*orientation aux valeurs des
classes socio-économiques inférieures* et le *psychotisme.*

Plusieurs tendances à une évolution sont également évidentes : au nombre des fortes, signalons le *soi moral*, l'*agressivité manifeste* (p < .02), la *mésadaptation sociale* (p < .03), l'indice de *troubles de la personnalité* (p < .04) ; quant aux plus faibles, elles concernent l'*estime de soi* (p < .07) et l'*aliénation* (p < .08). Dans l'ensemble, cette performance des costauds tráités est assurément meilleure que celle des non-traités qui restent généralement là où ils étaient au moment de l'admission ou, de façon plutôt exceptionnelle, tendent à régresser. En somme, l'évolution qu'ont accomplie les costauds au cours de leur séjour, et qui n'a pas été remise en cause par l'épreuve de la réinsertion sociale, dénote que ces sujets sont moins anxieux, ont une meilleure conception d'eux-mêmes, sont moins agressifs, se situent plus en retrait par rapport à une idéologie de dureté ou de violence et s'adaptent plus facilement aux autres.

Pour compléter notre analyse de la performance de chacun des groupes, nous allons maintenant voir comment ceux-ci se situent l'un par rapport à l'autre au moment de la relance. Si nous considérons les données (voir Bossé et LeBlanc, 1979a), nous constatons que costauds traités et non-traités ne se différencient plus les uns des autres de façon significative, qu'à deux variables seulement : *degré total d'anxiété* et *soi moral*. Il y a toutefois plusieurs tendances de forte intensité (p < .05) à une démarcation des groupes : *estime de soi, soi familial, soi social, orientation aux valeurs des classes socio-économiques inférieures, mésadaptation sociale* et *troubles de la personnalité*. On observe en outre deux tendances plus faibles (p < .08) : *agressivité manifeste, anxiété sociale*.

Il importe de se rappeler ici qu'au niveau de l'admission, les costauds traités tendaient à se démarquer de leurs vis-à-vis non-traités aux deux variables qui sont ici le lieu de différences significatives : au *degré total d'anxiété* (p <.04) et au *soi moral* (p <.06). De même, est-il besoin de mentionner que les tendances fortes à la différenciation qui sont observées aux variables *soi familial* et *soi social* découlent bien davantage du fait de la régression des non-traités que de la progression des traités : à aucune de ces variables, ceux-ci n'ont progressé de façon significative ni n'ont eu tendance à le faire. Faisons toutefois au traitement le crédit d'avoir empêché cette relative détérioration chez les garçons qui s'y sont soumis, ce qui n'est pas négligeable.

La différence dans les intervalles de mesure n'a pas beaucoup d'importance ici, compte tenu de la stabilité de la performance des non-traités de l'entrée à la sortie. Rien ne permet de penser que les résultats comparatifs eussent sensiblement varié si ces mêmes non-traités avaient été évalués huit mois plus tard, ce qui leur aurait donné un intervalle de mesure équivalent à celui des costauds traités, c'est-à-dire trente-deux mois. Peut-être aurions-nous découvert alors qu'ils se fussent davantage détériorés à certaines variables. Cela étant, en nous basant sur les résultats que nous venons de produire, nous devons constater que les bénéfices que les costauds retirent du traitement, s'il nous semble difficile de les contester, paraissent tout de même assez modestes. Dans le cas des costauds, on ne peut invoquer l'hypothèse que les sujets non-traités ayant tout de même vécu un certain temps à Boscoville aient pu bénéficier des avantages du traitement et réduire d'autant la différence qu'on aurait pu ou dû trouver par rapport aux sujets traités. Car une telle objection aurait pu être soulevée si, comme c'est le cas des fragiles non-traités, nous avions pu constater chez eux une évolution positive réelle. Mais tel n'est pas le cas et de toute manière les résultats que nous rapportons (Bossé et LeBlanc, 1979a) démontrent qu'il n'y a pas de différence significative (ni de tendance à la différenciation) entre les sous-groupes au moment de l'admission.

Tout au cours de cette dernière section, nous nous sommes interrogés sur l'impact spécifique de Boscoville en essayant de déterminer qui des costauds ou des fragiles profitaient le plus du séjour en internat : comparant ces deux types de sujets à leurs équivalents non-traités, nous avons pu montrer que la progression des fragiles du premier au dernier examen était à peu près équivalente, qu'ils aient été traités ou non, une place importante devant être faite, dans leur évolution, à l'impact de la maturation. L'évolution des costauds traités nous a paru un peu différente de celle des non-traités, ceux-ci ayant tendance à se détériorer sur plusieurs plans après leur passage rapide à Boscoville. En somme, ce sont les costauds qui profitent le plus du traitement offert à Boscoville.

4. La cohérence de l'évolution psychologique

La question de la cohérence et de la continuité de l'évolution psychologique sera abordée à l'aide de trois mesures : la première de ces mesures est déjà bien connue, il s'agit du calibre psychologique à l'admission (fragiles — mitoyens — costauds) ; la seconde tient compte de l'évolution accomplie de l'admission jusqu'à la sortie (stabilité et progression légère versus progression marquée[1]) ; quant à la troisième mesure, il s'agit de la performance de la sortie à la relance (régressive et stable versus progressive[1]). Elles

---

1 La construction s'est faite suivant la même procédure pour la classification costauds-mitoyens-fragiles : utilisant les vingt et une variables psychologiques, chaque sujet a été coté selon sa performance et après sommation des cotes, la distribution a été divisée en deux (voir Bossé et LeBlanc, 1979b, pour plus de détails).

permettent aussi de résumer les résultats de l'évolution psychologique pendant et après le traitement.

Comme nous le savons déjà en vertu de notre analyse de l'évolution psychologique pendant le séjour, les garçons de Boscoville évoluent d'autant plus au cours du traitement qu'ils appartiennent au groupe de ceux qui présentaient un niveau médiocre à l'admission (fragiles) et ils tendent à évoluer de façon moins marquée s'ils font partie des costauds. Reste à voir si cette liaison antérieurement pressentie se confirme au niveau des deux partitions que nous avons élaborées. Autrement dit, existe-t-il une relation significative entre le regroupement fragiles-mitoyens-costauds et la dichotomie stables-progressants (pendant le séjour)? Le tableau 22 donne à cette question une réponse exempte de toute ambiguïté. Des seize sujets composant le groupe des fragiles, quatorze (soit 87,5%) se retrouvent dans la catégorie de ceux qui ont la progression la plus forte. D'autre part, seize des dix-huit costauds font partie du groupe de ceux qui demeurent plutôt stables pendant le séjour. Les mitoyens quant à eux se répartissent également

Tableau 22

Association de la tri-partition fragiles-mitoyens-costauds et de la dichotomie stables-progressants (pendant le séjour)

Progression du séjour	Calibre initial	Fragiles	Mitoyens	Costauds	Total
Stables		2	8	16	26
Progressants		14	8	2	24
Total		16	16	18	50

$X^2 = 19.84$ DL $= 2$ $p \leq .0001$

chez l'un et l'autre groupes. La relation entre les deux partitions est si forte qu'il y a moins d'une chance sur dix mille de se tromper à l'affirmer. Ce résultat confirme donc de la façon la plus éclatante ce que nous avons entrevu précédemment, à savoir que l'évolution psychologique au cours du séjour est fonction du calibre identifié à l'admission.

À l'instar de la précédente analyse, il nous est possible de vérifier de la façon la plus décisive une autre conclusion qui s'était imposée à nous dans notre étude de l'évolution psychologique des boscovilliens pendant et après le séjour : il s'agit du fait que les sujets régressent d'autant plus après le traitement qu'ils ont progressé pendant celui-ci. Nous pouvons en effet procéder à une telle vérification en croisant le regroupement stables-progressants (pendant le séjour) avec celui des régressants-progressants (après le séjour). Le tableau 23 révèle que dix-neuf des vingt-six sujets qui ont peu ou pas progressé pendant le séjour se retrouvent dans le groupe de ceux qui offrent la meilleure performance après le séjour. Inversement, dix-huit des vingt-quatre sujets qui ont grandement progressé pendant

Tableau 23

**Association du regroupement stables-progressants
(pendant le séjour) avec le regroupement
régressants-progressants (après le séjour)**

Performance après le séjour	Performance du séjour		
	Stables	Progressants	Total
Régressants	7	18	25
Progressants	19	6	25
Total	26	24	50

$X^2 = 9.70$ DL = 1 $p \leq .0019$

le traitement sont au nombre de ceux qui offrent la moins bonne performance au niveau de l'après-séjour. La relation entre les deux performances est largement significative au plan statistique car il y a un peu moins de deux chances sur mille qu'elle soit due aux hasards de l'échantillonnage.

Ce résultat confirme donc de façon indiscutable la conclusion qui s'imposait déjà dans notre analyse de la performance des boscovilliens au cours de l'année ultérieure au traitement, c'est-à-dire qu'après la sortie les sujets qui régressent le plus fortement sont généralement ceux qui ont progressé de la façon la plus marquée pendant le séjour et que ceux qui offrent un rendement évolutif dans l'après-séjour sont pour la plupart des sujets qui ont évolué de façon peu marquée au cours du traitement.

Nous savons maintenant que la performance du séjour est reliée tout autant au calibre présenté à l'admission qu'à la performance qui sera offerte après le séjour. Logiquement il y a lieu de penser que cette dernière se relie elle aussi au calibre de l'admission. Le croisement des variables dont les résultats figurent au tableau 24 ci-contre démontre que c'est effectivement le cas. En effet, treize des seize sujets fragiles font partie du groupe des régressants de l'après-séjour alors que quatorze des dix-huit costauds font parties du groupe des progressants. Quant aux mitoyens, ici encore ils se répartissent également dans l'un et dans l'autre groupes. Une nouvelle fois, la relation est largement significative, car il y a moins d'une chance sur mille de se tromper à la soutenir.

Ainsi sont résumés les résultats les plus marquants de nos travaux sur l'évolution psychologique des pensionnaires de Boscoville. Tentant maintenant de prendre un certain recul par rapport aux résultats rapportés

Tableau 24

**Association de la tri-partition fragiles-mitoyens-costauds
(performance à l'admission) et de la dichotomie
stables-progressants (après le séjour)**

Progression après séjour	Calibre initial	Fragiles	Mitoyens	Costauds	Total
Régressants		13	8	4	25
Progressants		3	8	14	25
Total		16	16	18	50

$X^2 = 11.805$ $DL = 2$ $p \leq .001$

dans cette section, nous allons faire ressortir les principaux enseignements qu'il nous semble possible d'en tirer.

La première constatation, c'est que Boscoville a une efficacité mitigée en autant que nous considérions non pas seulement l'évolution que les sujets accomplissent pendant le séjour mais également celle dont ils font preuve au cours de la première année post-boscovillienne. Cette efficacité est mitigée sous deux angles différents. Tout d'abord, il nous semble que les sujets qui présentent au départ une performance plutôt faible à nos échelles psychologiques ne profitent que fort peu de leur passage à Boscoville : si leur progression au cours du séjour est très prononcée, il faut reconnaître qu'ils régressent d'une façon assez nette après le séjour et que les sujets de même calibre qui fuient le traitement, généralement après quelques semaines, ont une évolution psychologique sensiblement comparable dans les deux années qui suivent leur examen d'admission à Boscoville. Quant aux sujets présentant d'entrée de jeu un meilleur calibre, leur évolution reste assez modeste ; ils donnent plutôt une impression de stabilité par rapport à leur niveau initial de performance.

Nous reconnaissons toutefois que l'hypothèse reste ouverte quant à une évolution plus qualitative de la part des costauds; cette intégration pourrait échapper à nos instruments de mesure. Cette efficacité est également mitigée si nous considérons, non pas seulement un sous-groupe de garçons, mais le groupe total des anciens réexaminés: si l'évolution accomplie pendant le séjour est notable, les résultats de l'après-séjour trahissent une tendance générale à retourner vers le niveau de la performance de l'admission. Dans l'ensemble, il ne semble pas que l'évolution des garçons de Boscoville ait l'ampleur attendue théoriquement (c'est-à-dire une transformation profonde de la personnalité), à tout le moins si nous considérons les choses d'un point de vue autre que celui strictement comportemental.

La deuxième constatation, c'est que ces résultats remettent en cause un certain discours psycho-éducationnel: il ne semble pas justifié de penser qu'on puisse, de façon systématique, provoquer des changements radicaux dans la personnalité de la plupart de ces adolescents qui sont enclins à un agir antisocial. Nos résultats doivent tempérer l'enthousiasme de ceux qui considèrent qu'un traitement en internat du genre de celui de Boscoville est la solution permettant de désamorcer de façon définitive les conflits personnels des garçons délinquants. Ils invitent bien plutôt à poursuivre la recherche d'une telle solution ou, plus probablement, de telles solutions.

Nous entrevoyons ici la troisième constatation découlant de nos résultats: ceux-ci remettent en cause toute approche thérapeutique des sujets délinquants qui se fonde sur le postulat que ces sujets appartiennent à une classe homogène de personnalité; ils révèlent que le temps est peut-être venu de réviser le postulat qu'un même type d'intervention, qu'une même approche thérapeutique peut s'avérer efficace dans la généralité des cas, quel que soit le niveau de développement ou de maturation atteint par ces cas.

Dernière constatation : enfin, le cas des sujets présentant à l'admission un niveau de performance plus faible offre deux particularités, l'une réconfortante et l'autre déconcertante. Il est en effet réconfortant de constater la progression que ces sujets accomplissent, apparemment plutôt de leur fait que par le jeu d'une intervention thérapeutique savamment orchestrée. Ce fait était déjà connu des spécialistes de la criminologie encore qu'à notre connaissance, il n'ait jamais été relié au niveau de développement de la personnalité. Mais il est par ailleurs déconcertant de découvrir la malléabilité de ces sujets : ils réagissent au traitement d'une façon très marquée mais les acquis ainsi faits sont facilement remis en cause, de telle manière qu'une année après leur expérience boscovillienne on les retrouve sensiblement au niveau de ceux qui n'ont pas fait le traitement. Il ne nous semble pas exagéré de soutenir que les sujets de ce type se conforment aux normes de la maison de rééducation, qu'ils s'installent en quelque sorte dans sa routine et adoptent pour la durée de leur séjour des attitudes et des valeurs qui seront facilement ébranlées quelques mois après leur sortie.

Telles sont les conclusions qui nous semblent s'imposer d'elles-mêmes au terme de cette section. On n'a pas de mal à prévoir que ces données alimenteront le débat sur l'efficacité réelle de l'internat. Mais avant de l'aborder, il convient d'étudier le processus d'insertion sociale et ses résultats en termes d'adaptation, et surtout, le rapport entre l'évolution psychologique que nous venons d'analyser et la nature de cette adaptation sociale.

II. De la protection de la société : adaptation sociale et récidive

Le but de cette dernière section consacrée aux résultats est précisément d'évaluer dans quelle mesure la société sera protégée contre les agirs des jeunes délinquants à la suite de leur traitement à Boscoville, plus particulièrement en termes d'une étude détaillée de l'adaptation sociale des anciens de Boscoville. Cette démarche s'appuiera sur deux types de données : les informations fournies par les sujets eux-mêmes un an après leur sortie et celles obtenues auprès des greffes des tribunaux du Québec à peu près six ans après le début de la présente recherche.

Si nous avions voulu nous en tenir à la manière la plus répandue d'aborder la question, cette étude de l'efficacité du traitement (sur un plan comportemental) aurait pu être fort rapide : nous n'aurions eu qu'à nous en tenir à une évaluation pure et simple de la récidive, par exemple, en nous basant sur les seules données des greffes des tribunaux. Mais les défauts inhérents à une telle méthode d'évaluation nous ont paru trop évidents pour que nous consentions à nous y limiter. De plus, les données que nous avons pu recueillir au moment de la relance, c'est-à-dire un an après la fin du traitement, étaient trop riches pour que nous ne cherchions pas à les exploiter d'une façon maximale. En fait, il nous était possible de donner une description assez détaillée du mode de vie de nos garçons, de donner un compte rendu relativement complet de leur adaptation sociale.

Mesurer l'adaptation sociale est une entreprise qui comporte des difficultés, on ne saurait le nier. Il n'est pas facile en effet de repérer des comportements qui puissent servir d'indicateurs valables du degré de fonctionnement psycho-social d'individus donnés : les normes de la société sont parfois peu précises, floues, et à l'occasion elles peuvent varier grandement d'une classe sociale à l'autre, d'un groupe d'appartenance à l'autre. Il n'est pas facile non plus, dans le cas de certains aspects de la vie sociale, de faire la part de ce qui relève du hasard dont profite un sujet et de ce qui provient de sa propre initiative ou de son propre dynamisme.

Nous avons choisi de ne pas nous enliser dans la discussion de ces diverses difficultés, leur importance étant toutefois prise pour acquise. Nous avons jugé bon, dans un premier temps, de fournir au lecteur le plus grand nombre possible d'informations, quitte à l'occasion, à discuter de la valeur de certaines. Puis nous avons concentré notre analyse sur le choix des variables les plus fiables et les plus intéressantes théoriquement pour notre réflexion, considérant les unes plutôt comme des conditions socio-familiales et environnementales facilitant (ou ne facilitant pas) l'insertion et les autres comme de véritables indices d'adaptation, de l'harmonie que le sujet atteint avec son milieu et ses composantes.

Notre démarche, au cours de cette section, va se déployer sur deux voies. Dans un premier temps, nous passerons en revue les données descriptives concernant le processus d'insertion sociale et la récidive. Dans un deuxième temps, nous amorcerons une démarche tentant de mettre à jour certains des mécanismes qui influent dans la dynamique de l'insertion sociale. L'ensemble des détails de ces analyses peut être consulté dans Bossé et LeBlanc (1980a et 1980b).

1. L'insertion sociale

Notre enquête sur l'adaptation sociale des anciens de Boscoville a exploré plusieurs aspects de l'expérience vécue après le passage en internat, du lieu de résidence jusqu'aux comportements déviants, de la qualité des relations avec les parents jusqu'au bilan que les sujets font eux-mêmes de leur insertion. Nous nous proposons, dans cette section, de donner un compte rendu des informations qui ont été recueillies auprès des garçons un an après leur sortie de Boscoville et auprès des tribunaux du Québec au sujet de leurs agirs délinquants.

1a. Le contexte familial

Considérons tout d'abord certaines caractéristiques de la famille telles qu'elles apparaissent dans les réponses fournies par les sujets. Il sera d'abord question des données factuelles : structure de la famille, moyens de subsistance (travail du père, travail de la mère, allocation du Bien-être social, problèmes d'argent), criminalité et déviance des parents et de la fratrie.

Description de la famille au moment de l'insertion sociale

Les données révèlent combien est élevé le nombre de ceux qui ont une famille dissociée par séparation, remariage, concubinage ou décès, soit vingt-six sur cinquante. C'est donc dire qu'un sujet sur deux se retrouve, à sa sortie de Boscoville, dans une famille qui a été perturbée d'une manière ou d'une autre.

L'étude de la manière dont la famille voit à sa subsistance n'est pas sans intérêt quand on cherche à serrer de près la réalité du milieu affectif immédiat des jeunes qui, au sortir de Boscoville, entrent dans le monde du travail pour leur grande majorité et qui peuvent trouver dans ce mode de subsistance un modèle de dépendance ou d'indépendance économique pour leur propre usage. Les données permettent d'entrevoir de façon assez précise quels sont les pourvoyeurs de fonds des familles de nos sujets. Remarquons que si dans trente-deux cas (soit 64%) le père occupe effectivement un emploi, son apport financier est complété dans vingt-cinq cas au moins soit grâce au travail de la mère, soit à celui de membre(s) de la fratrie, soit à l'allocation du Bien-être social. Tout compte fait, trente-neuf sujets sur quarante-neuf, soit près de 80%, déclarent que leur famille ne manque de rien et neuf seulement estiment que leur famille éprouve de réelles difficultés financières. Cela étant, il faut retenir que d'après ces informations, les indices de dépendance économique de la famille n'existent que dans une minorité de cas (14%) et que dans la majorité des cas (64%), le père joue son rôle dans cette relative autonomie financière.

D'un point de vue théorique, on peut admettre que la façon dont la famille subvient à ses besoins et le rôle que joue le père dans cette subsistance constituent des facteurs qui peuvent servir de modèle de mode d'existence pour les ex-pensionnaires. Il n'en va pas différemment de la déviance familiale : de par l'importance que revêtent les figures parentales et fraternelles sur le plan de l'identification, on peut penser qu'un sujet qui rentre dans une famille où l'on consomme abondamment de l'alcool et/ou des drogues, où l'on commet des actes délinquants, fera face à des conditions qui mettront rudement à l'épreuve ses intentions de vie non déviante. C'est pourquoi il importe de voir comment, du point de vue des comportements déviants, les sujets considèrent ou apprécient leur milieu familial.

Les parents des anciens de Boscoville ont-ils des comportements déviants ? Nous avons posé trois types de questions aux garçons : un premier type porte sur la criminalité, un second porte sur la consommation de drogue et un troisième sur la consommation d'alcool (voir Bossé et

LeBlanc, 1980a). Si, chez les parents, l'agir délinquant de même que la consommation de drogue sont le fait de cas exceptionnels, la consommation abusive d'alcool, qu'elle soit épisodique ou régulière, est un fait extraordinairement répandu : dans le cas de trente et un sujets (soit 62%), on dénote un tel comportement soit de la part d'un parent, soit de la part des deux.

Examinant la déviance parentale, nous avons constaté une forte proportion de parents gros consommateurs d'alcool. Le même phénomène se retrouve au niveau de la fratrie, exception faite bien entendu des frères et soeurs de moins de quinze ans. À ce fait s'ajoute un nombre élevé de frères ou soeurs qui font usage de drogue. Sur la base de ces données, on est en droit de penser que chez beaucoup d'anciens de Boscoville, le milieu familial a pu offrir une certaine incitation à des comportements déviants, telle la consommation d'alcool ou de drogue.

Les relations avec la famille

Les données que nous avons présentées jusqu'ici concernant la famille avaient un caractère plutôt factuel. D'une certaine manière nous pourrions dire qu'elles constituaient une sorte de vision plus objective de leur famille par les sujets. Les données que nous allons maintenant aborder sont d'un ordre bien différent. Les sujets vont en effet être amenés à préciser comment ils se sentent par rapport à leur famille et par rapport à ses membres principaux (père, mère), quel type de relations ils ont avec eux, etc., et ce depuis leur sortie de Boscoville.

Pour apprécier la qualité des relations que nos sujets ont avec leur père, nous pouvons compter sur les réponses qu'ils ont fournies à huit questions différentes. Avant d'étudier ces données, il importe de souligner que les sujets ne vivaient pas tous avec leurs parents au moment de la relance. Nous savons en effet que vingt et un sujets étaient dans cette situation contre vingt-neuf qui résidaient ailleurs que chez les parents. Tenant compte des faits de séparation ou de veuvage, il se trouve que dix-neuf vivaient avec leur père alors que vingt-quatre en étaient éloignés.

La première chose qu'il importe de remarquer dans nos résultats, c'est que la qualité de la relation avec le père varie peu des sujets vivant avec lui à ceux qui ne vivent pas avec lui. Il est donc permis de croire qu'une relation conflictuelle à ce niveau n'est pas un facteur déterminant dans la décision du garçon d'aller vivre en dehors de la résidence paternelle.

Il faut ensuite noter que la relation avec le père est de bonne qualité dans plus des deux tiers des cas au moins. En fait, peu nombreux sont ceux qui affirment que cette relation est vraiment mauvaise. Il faut toutefois se rappeler qu'un nombre de neuf garçons n'ont aucune relation avec leur père et qu'il en est ainsi précisément à cause de conflits. C'est donc dire que les possibilités d'autonomie s'accroissent avec l'âge; les garçons qui ont une mauvaise relation avec leur père choisissent de s'en éloigner, faisant ainsi éclater la relation pour un temps ou définitivement.

C'est essentiellement le même type d'indicateurs qui vont nous permettre de jauger la qualité de la relation avec la mère. Ici encore nous allons tenir compte de la distinction entre ceux qui vivent avec elle et ceux qui ne vivent pas avec elle. En fait, vingt sujets séjournent avec leur mère contre vingt-sept qui séjournent en dehors de la résidence maternelle. Ajoutons à cela qu'un sujet demeure avec son père et ne voit jamais sa mère et que deux autres sont orphelins. Les statistiques que nous avons obtenues au sujet de la relation avec la mère donnent l'impression que cette relation est positive et chaleureuse dans le cas de la majorité des sujets (dans huit cas sur dix), que ceux-ci vivent avec leur mère ou non. En fait, si nous comparons les chiffres ainsi dégagés à ceux mis en lumière à propos de la relation avec le père, nous ne manquons pas d'être frappés par leur ressemblance. Ces résultats font croire qu'il n'y a pas de différence sensible entre la qualité de l'une et de l'autre relation, à tout le moins au niveau de mesure qu'impliquent nos instruments.

Nous allons compléter cette étude des relations avec les parents par la présentation des réponses portant sur les difficultés rencontrées à la sortie. Les données révèlent qu'en dépit du bon état des relations avec les parents au moment de la relance, des difficultés importantes, voire très importantes, ont été ressenties par vingt et un ex-pensionnaires sur quarante-neuf quant au fait de vivre avec les parents. Ce chiffre est important et il dépasse largement le nombre de sujets qui semblent avoir une relation de qualité avec leurs parents. On doit donc conclure que quel que soit le bon état de leurs relations avec les parents au moment de la relance, la majorité des sujets avaient fait face à des difficultés qualifiées par eux d'importantes dans ces mêmes relations.

L'ambiance familiale

Des questions qui ont été posées aux anciens de Boscoville au moment de la relance, plusieurs portent sur ce qu'on peut appeler l'ambiance familiale. Elles concernent le temps que le sujet passe à la maison, la manière dont il s'y sent, le fait de s'y sentir de trop ou non, les réunions de famille et l'esprit de famille. Il est possible de dégager des constantes de nos résultats. Ainsi, près d'une trentaine de sujets se sentent bien dans leur famille, s'y sentent rarement ou jamais de trop, considèrent que les membres de leur famille se tiennent tous et estiment que leur famille se réunit et fait une activité commune, ne serait-ce que rarement. Par contre, plus d'une douzaine de sujets ont une réaction négative dans leur famille, s'y sentent souvent de trop et admettent que leur famille ne se réunit jamais au complet. En fait, si nous éliminons le cas de ceux qui n'ont pas répondu à ces questions, les résultats obtenus sont tout à fait du même ordre que ceux observés dans l'étude des relations parentales, c'est-à-dire environ 70% des sujets qui affirment que de leur point de vue tout va bien.

1b. Le mode de vie au cours de la première année d'insertion sociale

Le mode de vie des délinquants est amplement connu des criminologues : inactivité sur le plan du travail, non-implication dans les loisirs, instabilité de résidence, non-engagement marital et déviance (alcool ...). De plus, il est connu que ce mode de vie est associé à la carrière délinquante, à la récidive fréquente. Les anciens de Boscoville reprennent-ils leur ancien mode de vie une fois qu'ils ont quitté l'internat ? Voilà lancée une question cruciale pour l'issue de l'insertion sociale.

Stabilité ou instabilité résidentielle ?

Où sont allés vivre les cinquante garçons à leur sortie de Boscoville ? Plus des deux tiers des sujets (trente-quatre) rentrent chez leurs parents à leur sortie ; un groupe de onze sujets choisissent de vivre seuls (cinq) ou en pension (six) ; quatre sujets établissent leur premier lieu de résidence hors de leur famille, sur la base de liens affectifs, avec une amie ou avec des amis. Notons qu'un sujet passe pratiquement de Boscoville à un autre internat.

Les données portant sur le lieu de séjour un an après la sortie trahissent une certaine évolution. Comme on pouvait s'y attendre à cause de l'évolution normale, le nombre de ceux habitant avec leur(s) parent(s) fléchit sensiblement de la sortie à la relance, passant de trente-quatre à vingt et un. Trois types de lieux de séjour profitent du mouvement : résidence avec amis (sept), engagement dans l'armée (quatre) et séjour en prison (sept).

Il faut aussi dire que les sujets n'ont pas fait preuve d'une égale stabilité résidentielle au cours de cette année. Des trente-quatre sujets qui se sont retrouvés chez leurs parents au terme de leur séjour à Boscoville, neuf y demeureront sans interruption jusqu'au moment de la relance, dix autres quitteront la demeure pour y revenir après un certain temps. Il faut également noter que seulement deux des seize sujets qui n'étaient pas allés chez leurs parents au terme de leur séjour s'y retrouveront un an après.

Regroupant nos données sous l'angle de la résidence avec les parents ou non, nous avons pu dégager le résultat suivant : les garçons se partagent en deux groupes à peu près égaux, ceux qui ont vécu avec leurs parents constamment ou le plus souvent (vingt-quatre) et ceux qui ont vécu avec leurs parents moins souvent ou pas du tout (vingt-six). Quant à la mobilité résidentielle, retenons que douze sujets n'ont pas changé de domicile (neuf d'entre eux ont vécu chez leurs parents), que vingt-trois ont connu deux changements au plus et quinze, trois changements ou plus.

Activité scolaire ou travail ?

Le programme de Boscoville accorde une grande importance à la promotion scolaire des garçons qui s'y impliquent. En fait, le boulot constitue l'un des moments essentiels de la vie quotidienne des pensionnaires. Quel prolongement cet investissement reçoit-il dans la pratique une fois que le jeune quitte l'internat? Combien sont ceux qui poursuivent l'effort commencé à Boscoville et comment vivent-ils leur adaptation scolaire? Voilà tout autant de questions qu'il importe de clarifier quant à ce sujet de l'activité scolaire.

Dix-sept ex-pensionnaires sont retournés aux études après leur sortie de Boscoville, soit à temps plein, soit à temps partiel ou, à tout le moins, en combinant leur activité scolaire avec un emploi: neuf l'ont fait immédiatement après leur sortie et huit, dans un intervalle allant d'un à douze mois après le séjour.

Voyons où en étaient les sujets au moment de la relance (type de cours, résultats). Au cours de leur première année post-boscovillienne, les dix-sept garçons ont étudié au niveau du secondaire, dans le cours régulier pour quinze d'entre eux. Un seul se trouvait dans une situation d'échec au moment de la relance. Notons que pour la plupart des garçons concernés (onze) il a été facile, sinon très facile de s'adapter à l'école après avoir expérimenté l'enseignement scolaire individualisé de Boscoville. Qu'en était-il des ambitions et projets scolaires de nos sujets? Si peu d'entre eux étaient inscrits au moment de la relance (sept sur dix-sept), les étudiants laissaient croire, pour la plupart, qu'ils allaient continuer leurs études. En effet, deux d'entre eux estimaient qu'ils avaient complété leur cycle, cinq soutenaient qu'ils avaient dû s'arrêter pour des raisons financières et trois autres avouaient l'avoir fait par manque d'intérêt.

Quel support ont reçu ces garçons pour la réalisation de leurs ambitions scolaires au cours de cette période d'insertion sociale? Deux types de résultats sont susceptibles de nous renseigner sur ce sujet, l'un portant sur le support psychologique fourni par les parents, l'autre sur le support financier grâce auquel les études ont pu être poursuivies. L'encouragement ou l'accord des parents semblent un fait fréquent chez les garçons qui poursuivent leurs études dans les douze mois suivant leur sortie de Boscoville puisque treize des dix-sept sujets concernés accordent que leurs parents ont eu une telle attitude. De plus, sept sujets ont pu bénéficier de contribution financière de leurs parents à la réalisation de leur projet.

Pour celui qui ne retourne pas dans le système scolaire, à temps plein ou à temps partiel, l'un des principaux défis à relever concerne l'adaptation au monde du travail. Cette adaptation conditionne directement la manière dont il va assurer sa subsistance et du même coup son autonomie économique, que ce soit vis-à-vis de ses parents ou vis-à-vis d'un organisme d'aide.

Les garçons ne sont pas tous devenus travailleurs à leur sortie. Des cinquante sujets, vingt-six se sont intégrés au marché du travail à temps plein et douze autres l'ont fait à temps partiel ou, à tout le moins, en partageant leurs activités entre le travail et les études. Enfin, huit garçons n'ont rien fait à leur sortie.

À leur sortie de Boscoville, les ex-pensionnaires, dans leur majorité, arrivent à se trouver un travail qui, dans le cas de 68% d'entre eux, sera un emploi comme travailleur non spécialisé (gardien, portier, camionneur, journalier, homme de chantier, etc.) n'offrant aucune perspective d'avenir aux yeux du sujet. La très grande majorité des garçons (trente-sept) sont amenés à changer d'emploi au cours de cette première année au moins une fois, vingt-deux sujets changent au moins deux fois, dix au moins trois, et cinq au moins quatre fois. Compte tenu des difficultés éprouvées quant à la découverte d'un emploi, quant à l'absence de toute perspective d'avenir et, chose vraisemblable, quant au peu de satisfaction qu'il était possible d'en tirer, la grande majorité des garçons ont connu une période de chômage qui, dans le cas de vingt-cinq sujets, a dépassé un mois (durée moyenne pour les chômeurs : 6,8 semaines).

Interrogés sur leur adaptation au travail, plus de 70% des sujets estiment qu'elle s'est faite sans problème. Cette proportion peut surprendre, surtout si l'on tient compte des difficultés rencontrées au niveau de l'emploi lui-même (par exemple, le peu de perspectives d'avenir). Pour ceux qui affirment avoir éprouvé des difficultés, ils mentionnent qu'elles ont été de l'ordre des conflits avec les autorités (deux sujets) ou avec d'autres employés (un sujet), des retards (deux sujets), des difficultés générales d'adaptation (quatre sujets) ou de leur capacité de production (quatre sujets).

Les anciens portent un jugement sévère et exempt de toute ambiguïté sur la manière dont Boscoville les a préparés à entrer sur le marché du travail. En fait, plus de 80% des sujets concernés estiment que cette préparation a été nulle. Recoupant ce résultat avec les données présentées ci-dessus c'est sans surprise que nous découvrons que la moitié des sujets ont fait l'expérience d'une sorte d'hiatus entre le monde académique boscovillien et les caractéristiques actuelles du marché du travail.

Les moyens de subsistance

Jusqu'ici, il s'est agi de voir dans quelle mesure les garçons ont tenté de trouver dans un travail rémunéré un moyen d'assurer leur subsistance. Il nous faudra désormais étudier comment ils ont utilisé cette rémunération et par quoi ils ont pu y suppléer quand elle s'avérait insuffisante ou absente. Nos données nous permettent d'affirmer que, dans ces moments où le sujet n'est pas en mesure de

subvenir à ses besoins par un travail, les parents constituent fréquemment pour lui une source de dépannage.
Cela est vrai pour plus de 25% des cas concernés.

En ce qui a trait à la manière dont ils disposent de
leur argent, le groupe des anciens se divise en deux parties
à peu près égales entre ceux qui se font un budget précis ou
plus ou moins précis et ceux qui ne font aucun budget. La
majorité des sujets (vingt-huit sur quarante-cinq) soutiennent qu'ils n'ont pas de problème d'argent, environ le tiers
estiment que tel n'est pas le cas. Nous retrouvons à peu
près les mêmes chiffres à propos de ceux qui n'ont pas de
dettes (vingt-six) et de ceux qui en ont un peu ou beaucoup
(dix-neuf).

Les pairs et les relations avec les filles

Si la famille constitue un pan essentiel du milieu affectif des ex-pensionnaires de Boscoville, nous aurions tort
de nous limiter à sa seule étude dans notre appréciation des
conditions d'insertion. C'est qu'en effet les relations avec
les pairs, garçons et filles, s'avèrent aussi des axes importants de ce milieu affectif. Bien plus, la possibilité de se
faire des amis et la qualité de ces amitiés peuvent jouer un
rôle absolument déterminant quant au déroulement de
l'insertion elle-même. C'est donc à l'analyse de ces relations avec les pairs que nous allons maintenant procéder.

Le sujet qui sort d'un internat après un séjour d'un
an ou deux laisse derrière lui un milieu de vie tout organisé
où le choix des amis comme la pratique de certaines activités se faisaient sur la base de possibilités offertes sur place.
À son retour dans la société, l'ancien fait face à un certain
défi, il doit prendre des initiatives plus grandes dans l'organisation de ses relations avec son milieu de vie, d'études
ou de travail. Ces initiatives, en l'occurrence le choix des
amis, en même temps qu'elles révéleront le sujet lui-même

(en faisant apparaître ses affinités), vont constituer des facteurs non négligeables pour le bon déroulement de l'insertion. Face à ce défi, comment se comporte l'ex-pensionnaire? Se fait-il de nouveaux amis? Si tel est le cas, ceux-ci font-ils de la délinquance? Fréquente-t-il des sujets qu'il a connus avant d'aller à Boscoville? Si tel est le cas, ceux-ci sont-ils délinquants? Il se peut par ailleurs que l'ancien fréquente des pairs qu'il a connus à Boscoville. Il y a lieu dans leur cas de vérifier si la délinquance ne fonde pas certaines de ces relations. L'éventualité de la délinquance n'est pas la seule caractéristique qu'il nous importe d'étudier dans le cas des copains : il faut voir aussi si certains d'entre eux n'ont pas apporté une contribution utile à l'insertion de l'ancien.

Nous pouvons affirmer que la majorité des garçons (72%) se sont fait au moins un nouvel ami depuis leur sortie de Boscoville. S'agissant des liens qu'entretiennent cet ou ces ami(s) avec la délinquance, les chiffres révèlent qu'un peu moins du tiers des anciens ici concernés ont au moins un nouvel ami qui commet des délits. Par ailleurs, vingt-quatre d'entre eux déclarent que parmi ces nouveaux amis, il s'en trouve qui les ont particulièrement aidés dans leur insertion sociale. Notons que les résultats des deux dernières questions sont à peu de chose près en exacte correspondance (inversée). En fait, par une analyse plus poussée, on a découvert que cinq des dix sujets qui ont un ou des amis commettant des délits se trouvent parmi les douze qui n'ont pas été aidés par des nouveaux amis dans leur insertion.

Voyons maintenant ce qui en est par rapport aux amis d'avant Boscoville. Les résultats concernant ceux-ci fournissent des indications intéressantes. Tout d'abord, un peu moins de la moitié des sujets (vingt-deux) ont souvent revu ces amis et un grand nombre d'autres (seize) admettent en avoir parfois rencontré. Quant à la qualité de la relation qui s'est alors établie entre eux et ces amis, vingt-trois sujets disent que ce n'était pas comme avant alors que quatorze prétendent que rien n'était véritablement changé. Au sujet de ces amis, vingt-quatre sujets admettent qu'il y en a qui ont continué à faire des délits et quatorze autres prétendent que tous ont cessé. Il se trouve que vingt-deux sujets entendaient continuer à les revoir contre dix-sept qui n'avaient pas cette intention.

Nous venons de voir qu'un grand nombre des amis ont continué à commettre des délits (c'est le cas de vingt-quatre sujets sur cinquante). Il n'est donc pas surprenant de constater que peu nombreux (dix) sont les sujets qui admettent avoir trouvé chez ces amis du support pour leur insertion. Mettant ces résultats en contraste avec ceux concernant les nouveaux amis d'après Boscoville, nous constatons que les résultats sont à peu de chose près exactement inversés : car chez ces derniers amis, nous l'avons vu, peu nombreux sont ceux qui commettent des délits (c'est le cas chez dix anciens sur cinquante) à côté de ceux qui n'en commettent pas (vingt-six sujets prétendent que leurs nouveaux amis n'en commettent pas). Le rapport inverse se maintient également à propos des amis qui ont aidé l'ancien dans son insertion : ce phénomène est plus fréquent dans les amitiés survenues après le séjour que dans celles nées avant le séjour. Quant aux amitiés nuisibles ou à tout le moins non profitables à l'insertion, il y en a vingt-neuf chez celles d'avant le séjour contre douze chez celles d'après Boscoville. Le moins que l'on puisse dire, c'est que quelque chose s'est réellement passé au niveau du choix des amis au cours du séjour et que ces amis, après la sortie, sont choisis nettement plus souvent qu'auparavant dans un milieu non délinquant ou selon des critères qui excluent le comportement délinquant.

Venons-en maintenant aux relations avec d'autres anciens de Boscoville. Les résultats indiquent que nombreux sont les anciens de Boscoville qui ont revu d'autres ex-pensionnaires (quarante-six sur cinquante). Il n'y a rien de surprenant à cela; d'autant plus que les visites à l'internat lui-même, même rares, peuvent avoir constitué des occasions de rencontre. Notons que la majorité des sujets admettent avoir revu des sujets qui avaient complété le traitement. On peut être intrigué par le nombre élevé de ceux qui ne comptent pas continuer à revoir d'autres anciens, en fait il y en a 40% qui ont cette position. Pourtant, la statistique suivante est peut-être de nature à nous éclairer : vingt et un ex-pensionnaires admettent que parmi ces anciens de Boscoville, il y en a qui commettent des délits. Or, une analyse des cas concernés par ces deux variables révèlent que parmi les vingt sujets qui ne veulent plus avoir de rapport avec les ex-pensionnaires de leurs relations, neuf prétendent que ceux-ci commettent des délits. Il y a donc là peut-être une bonne raison pour mettre un terme à une relation avec ces garçons.

Quant à la dernière statistique, elle révèle que les ex-collègues n'ont pas été particulièrement utiles sur le plan de l'adaptation. Mais y a-t-il là quelque chose de vraiment étonnant? Sortant d'un même milieu, faisant souvent face aux mêmes problèmes, que ce soit au plan de l'adaptation à un milieu de vie, à celui de l'entrée sur le marché du travail ou à celui du choix d'un milieu de séjour, les anciens de Boscoville n'ont pu dans la majorité des cas s'offrir entre eux une aide substantielle dans leur tâche d'insertion.

Comme nous l'avons fait antérieurement à propos des données portant sur la famille, nous compléterons cette étude des relations avec les pairs en citant des résultats trahissant le degré de difficulté qu'a rencontré le sujet sous ce rapport au cours de sa période d'insertion. Nombreuses ont été les difficultés rencontrées par les anciens au cours de cette période sur le plan des relations affectives avec les pairs. En fait, 48% des garçons admettent avoir eu des difficultés importantes ou très importantes à se trouver des amis et un nombre plus élevé encore, 56% estiment qu'il leur a été difficile d'avoir des relations profondes avec des amis.

Comment s'est vécue la transition de l'internat à un milieu naturel sur le plan des relations avec les filles? Quel aspect ont pris ces relations au cours de cette première année après le séjour? Quel type d'engagement les anciens manifestent-ils vis-à-vis des filles? Quelle est l'importance de la présence féminine dans la vie de ces garçons au moment de la relance? Voilà tout autant de questions auxquelles nous allons tenter d'apporter une réponse.

Voyons d'abord les données concernant les relations affectives du temps de Boscoville. Ces résultats révèlent que la plupart des garçons avaient une copine ou une blonde du temps de leur séjour et dans la grande majorité des cas, cette relation a eu une certaine suite après le séjour. Toutefois, pour le plus grand nombre (plus des deux tiers), il semble que les choses ne se passaient plus de la même manière qu'auparavant. De plus, dix-sept sujets sur vingt-quatre estiment que cette relation n'a pas joué un rôle sensible sur le plan de leur insertion. Enfin, exceptionnels (3 / 24) sont les cas de ceux qui sortaient encore avec cette même fille au moment de la relance. Nous devons donc conclure au caractère éminemment transitoire de la relation qui s'est amorcée alors que le garçon se trouvait à Boscoville.

D'après nos résultats, il semble que dans leur très grande majorité, les garçons ont des activités variées quand ils sortent avec les filles. Par ailleurs, si nous portons notre attention sur les résultats concernant les activités sexuelles, nous découvrons que quarante-six sujets sur cinquante s'y sont livrés au cours de la première année post-boscovillienne, quarante-deux ayant eu des relations complètes. Et si nous examinons les résultats portant sur les plans d'avenir avec la blonde actuelle, nous constatons que vingt-deux sujets n'ont aucun plan, dix autres sujets voulant continuer comme maintenant. Tout en nous méfiant ici de tout adulto-centrisme (v.g. demander à la majorité des garçons de 18-20 ans de faire preuve d'un engagement affectif plus caractéristique des hommes de 25-30 ans par exemple), nous sommes néanmoins enclins à penser qu'un nombre d'anciens probablement plus élevé que pour la moyenne des garçons de leur âge font preuve d'une attitude assez désinvolte, voire d'un certain hédonisme dans leurs relations avec les filles. En fait, le taux de ceux qui ont eu des relations sexuelles complètes (84%) est près du double de celui observé par Crépault et Gemme (1975) chez un échantillon de Québécois âgé de 18 à 22 ans. Ce taux élevé de la part des anciens est facilement explicable cependant si l'on tient compte de leur passé pré-boscovillien. Nos enquêtes ont en effet démontré (voir LeBlanc 1977) que les activités délinquantes et les activités sexuelles étaient deux phénomènes concomitants, les jeunes délinquants s'engagent davantage dans des activités sexuelles à mesure que leur délinquance s'intensifie. On peut penser que si la rééducation enraye jusqu'à un certain point les conduites antisociales, les habitudes sexuelles, pour leur part, ne sont pas pour autant touchées. Sur ce plan, les garçons se conduiraient après leur rééducation comme ils le faisaient avant le traitement.

Quoi qu'il en soit, la moitié des ex-pensionnaires soutiennent qu'une ou des filles les ont particulièrement aidés dans leur insertion sociale. Ce chiffre est important, il est à peu près de la même dimension que celui concernant les sujets qui disent avoir été aidés dans leur insertion par un ou des amis de l'après-séjour (48%). Ces deux types de relations, au dire des sujets, se sont donc avérés des atouts importants pour leur insertion.

Les données que nous avons produites jusqu'ici au sujet des relations avec les filles concernaient tous les sujets de notre échantillon d'ex-pensionnaires. Parmi ceux-ci, quelques-uns ont poussé plus loin leur engagement avec une fille, en vivant avec elle. Au moment de la relance, dix sujets vivaient avec une fille et neuf d'entre eux n'en étaient d'ailleurs pas à leur première expérience du genre. De ces sujets, deux avaient eu un enfant et l'un deux disait s'en occuper.

Les loisirs

À l'instar des études, les activités de loisirs occupent une place centrale dans la vie quotidienne des garçons de Boscoville. Pour justifier cette politique, les concepteurs et les dirigeants de l'internat postulent que la participation à des activités de loisirs va constituer une occasion pour les jeunes de découvrir leurs possibilités, de faire l'expérience de leur créativité et de leur productivité, créant ainsi des centres d'intérêt et des habitudes qui permettront aux garçons de fuir l'oisiveté et l'activité destructive si caractéristique de leur vie délinquante antérieure. Comment les habitudes de loisirs acquises à Boscoville sont-elles passées dans la vie du jeune une fois qu'il a quitté l'internat? Pouvons-nous percevoir des indices nous laissant croire que le programme boscovillien a influencé la manière dont les ex-pensionnaires occupent leurs loisirs un an après leur sortie?

En vérité, peu nombreuses sont les données qui vont nous permettre de faire le point sur cette question. Deux types de résultats s'avèrent néanmoins pertinents. Nous pouvons affirmer d'une part que vingt-six des cinquante sujets prétendent avoir eu du mal à s'organiser des loisirs, vingt autres sujets soutenant s'en être très bien tirés sur ce plan. Évidemment, dans un contexte naturel, les sorties avec les amis(es) prennent une part considérable des heures de loisirs, ce qui diminue d'autant les possibilités d'engagement dans divers types d'activités (dans les activités sociales, communautaires ou culturelles, entre autres, où les taux d'engagement sont les plus bas). Cela étant, seize sujets ont un hobby, donc près d'un sujet sur trois, et vingt-neuf autres (soit 58%) pratiquent un sport. Ces résultats traduisent tout de même un bon degré d'activité au niveau des loisirs. D'autre part, conjuguées avec les résultats portant sur les difficultés à s'organiser des loisirs, ces données peuvent donner raison à ceux qui affirment que l'investissement fait au niveau du programme de Boscoville influence de façon sensible le mode de vie des ex-pensionnaires de Boscoville.

La déviance

Les comportements avoués par les ex-pensionnaires quant à la consommation d'alcool ou de drogue constituent un indice du style de vie choisi par eux. Nous tâcherons donc de voir si un certain nombre d'entre eux n'ont pas eu recours à de tels comportements de manière systématique face à des difficultés ou à des situations pénibles, développant ainsi ce qu'on pourrait appeler des équivalents de la délinquance.

Lors de nos analyses antérieures, nous avons pu constater qu'on buvait beaucoup d'alcool tant au niveau des parents de nos sujets qu'au niveau de leur fratrie. Ainsi nous savons que 62% des sujets ont au moins un de leurs parents qui fait une forte consommation d'alcool. La proportion est également forte pour ce qui est de ceux qui ont un frère (ou une soeur) gros consommateur d'alcool. Il est donc naturel que nous nous attendions à une forte consommation d'alcool chez les ex-pensionnaires eux-mêmes. Qu'en est-il vraiment? Combien d'entre eux sont de gros consommateurs d'alcool? Quelle est ou quelles sont les raisons qui les poussent à agir ainsi?

Un premier résultat peut paraître étonnant : quarante et un des cinquante sujets (82%) disent prendre un « coup » depuis leur sortie de Boscoville. Les données qui suivent ce résultat permettent cependant de nuancer, car de ces sujets, neuf admettent consommer de l'alcool à l'occasion ou très rarement; de plus, six autres sujets disent prendre un « coup » quelques fois par mois. Les résultats concernant la quantité révèlent quant à eux que vingt-quatre sujets font une consommation d'alcool faible ou modérée. Il ne reste plus alors que dix-sept sujets qui consomment en grosse quantité. Mais il y a lieu de se demander si ces derniers sujets font fréquemment usage d'alcool, car ils peuvent prendre un « coup » fort à l'occasion ou rarement. Par le croisement des données, nous découvrons que quinze d'entre eux le font soit une ou deux fois, soit plusieurs fois par semaine. Indéniablement, il s'agit là des garçons qui prennent vraiment un « coup » au sens que nous donnons à cette expression dans les milieux populaires.

À ces quinze sujets gros consommateurs d'alcool actuellement, peut-être devons-nous en ajouter quelques autres se trouvant parmi ceux qui admettent avoir pris un « coup » fort après Boscoville et qui disent avoir cessé; mais leur nombre ne peut dépasser six. Ces derniers sujets ont eu une telle habitude pendant au moins trois mois. Cela étant, il n'en subsiste pas moins une certaine ambiguïté dans nos résultats. Il est possible que la manière dont nous les traitons nous éloigne quelque peu de la valeur exacte de la consommation d'alcool par nos sujets; celle-ci peut être un peu au-dessus de ce que nous avons estimé comme étant le seuil minimal. Quoi qu'il en soit, la tendance à une lourde consommation d'alcool est perceptible chez une quinzaine de nos sujets et on peut penser que près d'une vingtaine d'entre eux ont eu ou ont de réelles difficultés de contrôle sur ce plan au moment de la relance. Cette conclusion rejoint la constatation faite antérieurement quant au taux relativement élevé de consommation d'alcool chez les parents ainsi que chez les frères et soeurs des garçons.

Une forte consommation de drogue pouvait également être constatée chez les membres de la fratrie des anciens. Reste à voir si ceux-ci partagent aussi une telle habitude avec leurs frères et soeurs et si tel est le cas, pourquoi il en est ainsi. Nous basant sur nos données, nous pouvons affirmer que la majorité des ex-pensionnaires ont fait usage de drogue. Le type de drogue habituellement consommé est la cannabis : trente et un sujets ne s'en tiennent qu'à ce seul type. Les résultats concernant le rythme ou la fréquence de la consommation révèlent que celle-ci est ou a été forte pour vingt-quatre sujets, moyennement élevée pour neuf sujets et plutôt faible pour sept autres sujets. Si nous mettons de côté ces derniers sujets, nous obtenons un total de trente-trois sujets qui font ou on fait un usage régulier de la drogue au cours de leur année d'insertion sociale. Ce taux de 66% est presque deux fois plus élevé que celui que nous pouvons observer dans un échantillon de jeunes montréalais d'un âge comparable (35,8%) (LeBlanc, 1977) et il est inférieur au taux de consommation pré-traitement; 75% des jeunes avaient une consommation très élevée. Il est donc permis de penser que les anciens de Boscoville ne se départent pas à la sortie des habitudes toxicomaniaques contractées avant le séjour.

S'agissant des modalités de la consommation, les données démontrent que c'est essentiellement dans un groupe que l'on consomme, trente-deux sujets le faisant soit avec un ami (cinq), soit dans un petit groupe (trois), soit avec quelques amis en public (cinq), soit dans un endroit où beaucoup le font (neuf). Quant aux raisons qui ont entraîné les sujets à faire usage de drogue, on peut constater que dans le cas de neuf garçons, c'était pour oublier leurs problèmes ou encore pour surmonter l'ennui ou un état dépressif; pour quinze autres, il s'agissait d'une quête d'excitation ou de bonnes sensations; quatre l'on fait par curiosité, quatre autres, par conformisme; deux sujets enfin pensaient pouvoir mieux se comprendre.

Le nombre assez élevé de ceux qui ont vendu de la drogue au cours de cette première année (dix-neuf) peut paraître étonnant. Mais il faut, selon nous, savoir faire la part des choses ici entre ceux qui en ont vendu avec l'idée d'en retirer des bénéfices matériels et ceux qui l'ont fait pour dépanner des amis et qui voient en cela non pas un trafic mais plutôt un service assez anodin. Nous pouvons penser que la majorité de ceux qui en ont vendu constamment (huit) l'ont fait pour des raisons matérielles et que la plupart de ceux qui en ont vendu de temps en temps ou rarement l'ont fait surtout pour dépanner des amis (onze).

De ceux qui ont été consommateurs après leur sortie, treize soutiennent avoir cessé leur habitude après un temps variable, la plupart d'entre eux après six mois. Les raisons les plus fréquemment évoquées pour justifier la cessation sont la prise de conscience des dangers inhérents à la consommation (trois) ou l'expérience d'un « bad trip » (trois). Il y a lieu de se demander si ces tempérants de récente date ont été de gros consommateurs. Nous découvrons que huit de ces treize sujets ont consommé de la drogue au moins quelquefois par mois, trois autres en avaient consommé avant ou au cours de leur séjour à Boscoville mais pas depuis leur sortie et les deux derniers étaient des consommateurs d'un jour. L'abstinence de ces huit sujets devrait-elle persister, le noyau des gros consommateurs s'en verrait diminuer d'autant mais il resterait tout de même important avec ses vingt-cinq anciens (la moitié du groupe total).

Dans quelle mesure les gros consommateurs de drogue ne sont-ils pas ou n'ont-ils pas été aussi de gros consommateurs d'alcool ? Est-ce les mêmes garçons qui ont abusé ou abusent de l'alcool et de la drogue ? Une étude de nos données révèle que dix des vingt-quatre gros consommateurs de drogue éprouvent ou ont éprouvé des problèmes de contrôle quant à la consommation d'alcool. Cette tendance est la même si, parmi ceux qui ont ou ont eu des problèmes d'alcool (vingt-deux), nous identifions ceux qui consomment très souvent de la drogue (45%).

1c. La délinquance de l'après-séjour

Au nombre des critères permettant d'apprécier la qualité de l'insertion sociale des anciens d'internat, la délinquance occupe une place de premier plan. Il n'y a en cela rien d'étonnant car c'est précisément la commission des délits qui a mis en branle le système répressif et qui a finalement conduit le jeune dans une maison de rééducation ; il est donc normal qu'on cherche à voir ce qu'il en est véritablement sur le plan de ces comportements une fois

que le traitement a cessé. Il nous faut donc évaluer la récidive de nos garçons, en apprécier la fréquence, la nature et
le caractère polymorphe. Nous traiterons d'abord de la délinquance racontée en entrevue et par la suite de la délinquance officielle.

La récidive cachée

Quel est le nombre de ceux qui avouent avoir commis des actes délinquants au cours de leur première année
d'insertion sociale ? Et quel est le nombre d'actes délinquants qui ont été commis ? C'est par ces statistiques assez
générales que nous allons entreprendre notre étude. Vingt-
deux des cinquante sujets (soit 44%) ont commis au moins
un délit après leur sortie de Boscoville. Quant à la fréquence des délits, onze sujets disent en avoir commis un
seul, deux sujets admettent en avoir commis deux ; les neuf
autres ont commis quatre délits ou plus (le maximum était
vingt-deux). La moitié des anciens qui rapportent de la
délinquance n'ont donc commis qu'un seul délit.

De quelle nature ont été les délits commis par les
garçons et quel a été leur degré d'hétérogénéité ? Nous
pouvons affirmer que c'est le vol par effraction qui a été le
type de délit le plus fréquemment commis. Nous retrouvons cette infraction chez dix sujets, six l'ayant commis à
trois reprises ou plus (moyenne globale : 3,4 par sujet).
L'attaque sur la personne (cinq sujets), le vol grave et le
vol de véhicule moteur (quatre sujets chacun) ainsi que
les désordres publics (trois sujets) se succèdent dans l'ordre de la plus grande fréquence. Le vol à l'étalage, le vol
simple et le vol sur la personne n'ont été commis que par
un seul sujet chacun.

Si nous faisons le total des infractions, nous découvrons que quatre-vingt-quatorze délits ont été commis par

les vingt-deux anciens, soit une moyenne générale de 4,3 délits par ancien. Le vol par effraction constitue près de 36,2% du total des délits (trente-quatre sur quatre-vingt-quatorze). Le vol grave suit d'assez près avec une proportion de 33%. Les autres types de délits ont une importance numérique nettement moindre : l'attaque sur la personne, le vol de véhicule moteur et les désordres publics équivalent à 5 ou 6% du total d'infractions. Les délits suivants : vol à l'étalage, vol simple et vol sur la personne ont un taux pratiquement insignifiant.

Comparant ces statistiques à celles qui ont été relevées auprès de la population des jeunes qui viennent à Boscoville (LeBlanc et Meilleur, 1979), population dont faisaient partie nos sujets, nous constatons des différences assez importantes. Disons tout d'abord qu'outre le fait qu'il y ait proportionnellement moins de délinquants (à l'admission, il y en avait cent trente-cinq sur cent trente-six alors qu'il n'y en a plus que vingt-deux sur cinquante), il y a aussi moins de délinquance (nombre total de délits) mais la délinquance constatée tend à être plus grave. Ainsi les chiffres révèlent une augmentation de la proportion des vols graves qui, de 6,8% qu'elle était dans l'échantillon de l'admission, passe à 33%. Le vol par effraction augmente lui aussi son taux proportionnel de 22 à 36%. Incidemment, ce type de délit était celui qui, au moment de l'entrée, était le plus répandu, 77% des sujets ayant admis s'y être adonnés. À la relance, dix des vingt-deux anciens rapportant de la délinquance, soit 45,4%, avouent avoir commis au moins une fois un délit de ce type. L'importance du vol par effraction s'atténue donc de l'entrée à la sortie. Bien qu'il ait pris, à la relance, une place numériquement proche du vol par effraction, le vol grave est resté le fait d'un nombre de sujets plus restreint, sept sur vingt-deux ou 32%.

En regard de cette comparaison entre délinquance précédant le séjour et délinquance suivant le séjour, il importe de remarquer que plusieurs types de délits sont en perte de vitesse au moment de l'insertion sociale, à tout le moins du point de vue de leur importance par rapport au total. Ainsi le vol à l'étalage (14,6% du total à l'entrée) et le vol sur la personne (7,4%) disparaissent presque complètement. S'évanouissent effectivement les menus larcins, les délits sexuels et le vandalisme. Il y a une diminution également sensible du vol de voiture (de 14,6% à 5,3%).

Quant à l'hétérogénéité des actes délinquants commis au cours de l'année d'insertion sociale, nos résultats sont assez simples à commenter; seize sujets (i.e. 72,7%) n'ont commis qu'un seul type de délit, quatre autres ont commis deux types et deux autres, quatre types ou plus. Nous reportant ici encore aux résultats des garçons à l'admission (LeBlanc et Meilleur, 1979), nous constatons une différence majeure: la grande majorité des sujets (ou 80,6%) avaient commis, avant leur venue à Boscoville, deux, trois, quatre ou cinq types de délits; au moment de la relance, la grande majorité des sujets concernés (c'est-à-dire les anciens rapportant de la délinquance) se regroupent au niveau de l'homogénéité des délits et 27,3% d'entre eux seulement présentent une délinquance hétérogène variant entre deux et cinq types de délits. La majorité a donc basculé massivement dans le clan des monomanes et des monotypiques.

La récidive officielle

Les données sur la récidive officielle des anciens de Boscoville proviennent des dossiers ouverts aux greffes des tribunaux du Québec. Ces dossiers rendent compte des délits pour lesquels les sujets ont été accusés, voire condamnés, depuis leur sortie de Boscoville et après avoir atteint l'âge de dix-huit ans. La cueillette de ces informations a eu lieu en octobre et novembre 1979, soit six ans après l'examen d'entrée des premiers pensionnaires de notre échantillon (janvier 1974) et deux ans après l'examen de sortie du dernier sujet traité (décembre 1977). La période post-boscovillienne examinée varie donc de deux à six ans selon les anciens, étant fonction du moment de leur admission et de la longueur de leur séjour. Les présentes données ne concernent pas seulement les cent seize sujets (traités et non-traités) qui ont fait l'objet du chapitre actuel et des précédents : elles portent sur les cent trente-six sujets qui ont été examinés lors de leur admission à Boscoville en 1974 et 1975. Elles permettent donc de confronter la récidive des traités avec un nombre appréciable de sujets non traités.

Il importe en tout premier lieu de considérer la récidive des garçons admis à Boscoville dans ses aspects les plus généraux, sans nous préoccuper pour l'instant du nombre réel de ceux qui ont été condamnés. Il faut d'abord noter que soixante et onze des cent trente-quatre sujets qui sont effectivement venus à Boscoville ont commis au moins un acte délinquant après leur sortie. La proportion est donc de 53%. Ce pourcentage est plus élevé que celui de date moins récente mis en évidence par Petitclerc (1974) et Landreville (1967) à propos d'ex-boscovilliens : cent trente-trois sujets sur deux cent quatre-vingt-cinq, soit 47%.

Quant à la nature des délits, les résultats démontrent que les récidivistes se regroupent autour de quatre délits : vol par effraction et tentative (47,7%), vol simple et tentative (15,5%), vol d'automobile et tentative (8,4%), et vol avec violence et tentative (5,6%). La délinquance des récidivistes est donc, dans une très forte proportion, une délinquance contre les biens.

Sur ce plan de la nature du premier délit, il existe quelques différences entre le présent groupe d'anciens et ceux de Petitclerc et Landreville. Certes, dans l'un comme dans l'autre échantillon, la délinquance contre les biens reste largement dominante (plus de 70% des cas). Cependant, il semble que le vol d'automobile ne soit plus aussi fréquent qu'autrefois en tant que premier délit (8,6 contre 28,1%). Par contre, le vol par effraction a connu, à ce même titre de premier délit, un bond en avant de 29,1 à 45,7%.

À quel moment après leur passage (plus ou moins long) à Boscoville, les récidivistes ont-ils commis leurs délits? En fait, le groupe se divise en deux parties à peu près égales entre ceux qui ont récidivé dans les douze mois suivant la sortie (52,1%) et ceux qui ont récidivé après onze mois (47,9%). En considérant de près la distribution, on peut se rendre compte qu'il n'y a pas de moment privilégié pour cette reprise de la délinquance, autant de sujets récidivant en deçà de quatre mois (quinze) qu'au-delà de deux ans (quinze). Notons, en outre, qu'il n'y a pas de différence sensible entre les données de l'échantillon actuel et celles de l'échantillon Petitclerc et Landreville.

Comment se présente la récidive des traités par rapport à celle des autres sujets qui ont fui le traitement quelques semaines ou quelques mois après avoir été admis à Boscoville? Avant d'aborder cette question, arrêtons-nous au nombre de récidivistes dans l'un et l'autre groupes. Nous fiant aux résultats du tableau 25, nous constatons que vingt-trois sujets traités sur cinquante-cinq ont commis au moins un délit après leur sortie de Boscoville. La proportion atteint donc 42%. Chez les autres sujets admis

Tableau 25
La récidive officielle chez les anciens de Boscoville

	Traités	Autres sujets
Récidivistes	23 (41.8%)	47 (59.5%)
Non-récidivistes	32 (58.2%)	32 (40.5%)
$X^2 = 4.06$	$DL = 1$	$p \leq .03$

mais non traités, le taux de récidive est plus élevé, 59,5%. Pour notable qu'elle soit, la différence entre les deux groupes n'est pas statistiquement significative car il y a plus de trois chances sur cent qu'elle soit due aux hasards de l'échantillonnage.

Il importe de rappeler ici que les sujets traités présentaient, au moment de l'admission, un certain nombre de traits qui les mettraient en meilleure posture sur le plan de la non-récidive. Nos travaux antérieurs (Achille et Le-Blanc, 1977) ont en effet démontré qu'ils étaient plus intelligents, qu'ils étaient moins identifiés à des figures criminelles et que leurs habitudes délinquantes étaient moins solidement établies que chez ceux qui allaient refuser de s'impliquer dans le traitement. Il est évident que ces divers éléments peuvent contribuer à rendre compte de la différence observée entre les deux groupes quant à la récidive. On peut en effet le soutenir sans qu'il soit question pour autant d'éliminer toute influence réelle de la part du traitement, encore que, redisons-le ici, la différence entre les deux groupes ne soit pas statistiquement significative au départ.

La récidive des sujets traités a-t-elle une gravité moins grande que celle des autres sujets? Les résultats rapportés par Bossé et LeBlanc (1980b) révèlent qu'il y a certaines différences entre les traités et les autres sujets. Ainsi, si nous nous en tenons aux trois grands types de délits, nous constatons que la proportion des sujets impliqués est nettement plus forte chez les non-traités que chez les traités : 80,8% contre 47,8%. Plus que leurs vis-à-vis, les non-traités renouent avec la délinquance par un délit contre les biens. Les traités, pour leur part, font une place plus large à la délinquance contre la personne (vol avec violence, meurtre, assaut et voie de fait); pour ces délits, ils ont un taux de 17,4% contre 4,3% pour les autres sujets. Les traités se signalent par la commission de délits liés à la drogue. Quoi qu'il en soit, les différences entre les deux groupes quant à la nature du premier délit ne plaident pas en faveur de l'hypothèse d'une délinquance moins grande de la part des traités.

Qu'en est-il si nous considérons les choses, non plus sous l'angle du seul premier délit, mais sous celui de la totalité des délits? Ici encore, nous avons observé des différences entre les deux groupes de sujets mais elles ne sont généralement pas très marquées. Certes, nombreux sont les traités qui n'ont qu'un seul délit, 30,4%, alors que les non-traités sont pluri-infracteurs à 87,2%. De plus, les traités ont tendance à se regrouper au niveau de ceux qui ont moins de sept délits (87%) alors qu'un groupe important de non-traités (34%) se retrouvent au nombre de ceux qui ont sept délits ou plus. Cela étant, si nous prenons en considération le nombre total de délits commis par les sujets de chaque groupe, force est de constater que la moyenne de délits par garçon présente un écart plutôt marqué d'un groupe à l'autre : elle est de 4,0 pour les traités et de 5,6 pour les autres. Dans l'ensemble, ces derniers ont donc commis plus de délits, mais ici encore, on peut soutenir que c'est ce à quoi les destinaient leurs habitudes délinquantes antérieures plus solidement établies, leur identification plus poussée à des figures délinquantes et leur degré d'intelligence plus faible, trois traits qui les désavantageaient par rapport aux traités.

1d. *Un bilan subjectif du séjour en internat et de l'insertion sociale*

Il nous a paru intéressant de voir quelle appréciation les sujets eux-mêmes faisaient de leur séjour à Boscoville et de leur insertion sociale au moment de la relance. L'entrevue qui a été conduite auprès de chaque sujet comportait toute une série de questions visant à lui faire dresser une sorte de bilan de son expérience d'internat et d'insertion sociale. Examinons en tout premier lieu comment les anciens assument leur réaction d'ex-boscovilliens. Nous pouvons dire que la majorité des sujets acceptent assez bien le fait d'être un ancien de Boscoville, du moins si nous nous basons sur ce que les sujets affirment eux-mêmes de leur disponibilité à parler de leur passage là-bas. Une dizaine de garçons seulement semblent faire preuve d'une plus grande réticence sur ce plan.

Comment l'ancien se voit-il par rapport à ceux qui n'ont pas vécu l'expérience de Boscoville et par rapport à ce qu'il était lui-même avant de vivre cette expérience? La très grande majorité des sujets estiment que leur séjour à Boscoville les a changés et pour 72%, dans une large mesure; seulement huit sujets prétendent être restés tels qu'ils étaient avant leur séjour. Pourtant, questionnés sur la manière dont ils se voient par rapport à ceux qui n'ont pas vécu l'expérience de Boscoville, plus nombreux sont ceux qui affirment ne pas se sentir différents de ceux-là: 34%. De même, 42% des sujets se sentent-ils différents de ceux qui ont vécu l'expérience de Boscoville. Il nous semble que pour plusieurs sujets, l'identité d'ex-boscovillien est quelque chose d'assez diffus; il pourrait en être ainsi pour une dizaine de garçons. Cela étant, pour la majorité des sujets, le passé à Boscoville est suffisamment significatif pour qu'ils en reconnaissent la marque particulière sur eux-mêmes et sur leurs co-pensionnaires.

Quant au domaine où l'expérience du traitement aurait davantage fait sentir son influence, celui le plus souvent mentionné est le plan personnel : trente et un sujets disent mieux se comprendre et savent mieux s'exprimer. Seulement onze sujets soutiennent avoir été influencés sur le plan relationnel; cela est un peu déconcertant, car il semble que la perception des avantages idiosyncrasiques ne trouve pas d'équivalent au niveau interrelationnel. Par ailleurs, il y a peu de sujets qui estiment avoir repris goût à l'école (ou au travail) lors de leur séjour à Boscoville; cela aussi est sans doute décevant si l'on tient compte des efforts déployés par l'internat pour que s'effectue chez les pensionnaires un véritable réinvestissement de la scolarité.

Nous savons que pour la majorité des sujets, l'expérience vécue à Boscoville représente au moment de la relance quelque chose de particulier qui marque ceux qui la vivent. Boscoville est resté pour eux le lieu où sont incarnées ou pratiquées un certain nombre de valeurs : sens du dépassement, authenticité, contrôle de soi, respect des autres, honnêteté, franchise, amitié, etc. Dans quelle mesure l'ancien a-t-il pu retrouver dans son milieu de vie, son milieu de travail, chez ses parents, ses amis, et les adultes en général, les valeurs qu'il prétend avoir acquises à Boscoville? Nous interroger là-dessus, c'est chercher à apprécier la concordance ou la discordance du milieu de traitement avec le milieu post-thérapeutique.

Nos résultats révèlent que le nombre de ceux qui ont retrouvé dans leurs divers milieux les valeurs retenues de leur expérience boscovillienne va de dix-neuf à vingt-quatre, les réponses affirmatives excédant presque toujours les réponses négatives. À propos du monde des adultes, le nombre des sujets qui voient un hiatus entre ses valeurs et celles de Boscoville dépasse légèrement le nombre de ceux qui considèrent les unes et les autres comme concordantes. C'est d'ailleurs dans ce domaine que le jugement des garçons est le plus réservé (dix-neuf réponses affirmatives). Sur la base de ces données, il y a donc lieu de croire que pour près de la moitié des sujets les figures et les valeurs rencontrées à Boscoville ont trouvé une certaine correspondance dans la vie sociale. Il n'en demeure pas moins, toutefois, que chez un grand nombre (généralement 40%) il y a eu une sorte de hiatus entre les deux types de milieux, celui de l'après-séjour s'avérant différent sur le plan des valeurs de vie, que ce soit au niveau des parents, des amis ou des adultes.

Venons-en finalement au jugement sur la réussite ou l'échec de la réinsertion sociale (jugement tel que le posent les sujets eux-mêmes) et aux facteurs grâce auxquels on explique cette réussite ou cet échec. La moitié de nos sujets (vingt-deux ou 54%) estiment que leur insertion sociale est une réussite. Un nombre légèrement inférieur au tiers opinent que, dans leur cas, il faut parler d'échec (seize sur cinquante). Entre ces deux groupes, il se trouve sept sujets qui soutiennent que leur insertion a été plus ou moins réussie. Ces chiffres correspondent assez bien à ce que nous avaient généralement laissé entrevoir les divers critères d'évaluation utilisés quant à la déviance et à la délinquance. Nous avons en effet estimé à environ une vingtaine le nombre de ceux qui présentaient des signes soit de réadaptation douteuse, soit de mésadaptation.

Considérant les facteurs auxquels les anciens ont fait appel pour expliquer la réussite ou l'échec de l'insertion, il est intéressant de constater qu'à propos de l'une ou de l'autre des deux issues, c'est majoritairement le facteur qualités personnelles du sujet qui est évoqué (vingt-neuf cas sur cinquante). À cela s'ajoute le fait que quatre autres sujets voient comme déterminant pour la réussite un facteur exprimé par espoir, confiance ou sens de la réussite ; ce sont aussi des qualités personnelles. De même, trois sujets expliquent-ils l'échec par le manque de confiance en l'avenir. Un bon nombre de garçons (dix) insistent par ailleurs sur la préparation en général et un nombre à peine moins important (sept) soutiennent qu'un départ précipité ou incompris peut être un facteur d'échec.

En bref, par le bilan que les anciens dressent de leur séjour à Boscoville et de l'année qui a suivi ce séjour, nous pouvons constater que la majorité d'entre eux ont une idée très positive de leur séjour, au moment de la relance ; en conséquence, plus de 54% des garçons estiment avoir réussi leur réinsertion sociale, 32% avouent être en difficultés.

2. Les supports de l'adaptation sociale

Dans le cours de la section précédente, nous avons passé en revue les informations fournies par les anciens de Boscoville au moment de la relance et nous avons analysé les données provenant des greffes des tribunaux. Nous avons maintenant une idée assez précise des conditions de vie que les garçons ont rencontrées à la sortie et de la manière dont l'ensemble d'entre eux ont vécu cette première année post-boscovillienne. Nous savons également dans quelle mesure, à plus long terme, ils renouent ou ne renouent pas avec leur comportement délinquant de jadis.

Mais la connaissance que nous avons de ces conditions de vie et de la performance des sujets est plutôt descriptive, c'est-à-dire qu'en de rares occasions seulement nous avons cherché à mettre telle ou telle donnée en rapport avec telle ou telle autre. De plus, nous n'avons pratiquement pas tenté de relier les présentes données avec celles qui ont été rapportées dans les sections qui portent sur l'évolution psychologique des garçons pendant et après le séjour.

Au cours de cette section, nous allons dépasser ce niveau descriptif et amorcer une démarche explicative. De façon systématique, nous nous efforcerons de vérifier si certaines de nos données n'entrent pas en relation significative avec d'autres, que celles-ci proviennent également de l'entrevue de relance ou qu'elles appartiennent à la mesure de la performance accomplie pendant ou après le séjour. Il importe de préciser comment nous allons poursuivre cette démarche. Disons tout d'abord que nous considérons nos données de l'entrevue de relance d'une façon particulière, les départageant en facteurs et en indices d'adaptation ou de réadaptation; ceux-ci et ceux-là constituent le phénomène à expliquer.

L'évolution psychologique constitue pour sa part la variable explicative. Cette variable sera cernée à l'aide de trois mesures : le calibre psychologique à l'admission, l'évolution accomplie aux tests psychologiques par les garçons, de l'admission jusqu'à la sortie (stabilité et progression légère versus progression marquée) et la performance offerte par les ex-pensionnaires, de la sortie à la relance (régressive et stable ou progressive). Cela étant, on peut dès maintenant entrevoir que notre démarche va consister à mettre en rapport, d'une part des mesures de l'évolution psychologique des garçons et, d'autre part les facteurs et indices de leur adaptation sociale.

Comme nous l'affirmions ci-dessus, il nous a semblé pertinent de considérer certaines données de l'entrevue de relance soit comme facteurs soit comme indices d'adaptation. Il est en effet possible de regrouper sous ces deux titres bon nombre des informations recueillies au cours de l'entrevue de relance. Il y a tout d'abord ce qu'on peut appeler des facteurs d'insertion : il s'agit de ces conditions matérielles, affectives ou sociales qui, on peut le présumer facilement, ont influé ou ont pu influer sur le cours et sur l'issue de l'insertion. Dans cette catégorie, nous avons jugé opportun de faire entrer les données suivantes : le fait d'avoir résidé surtout avec les parents ou non, le nombre de changements de résidence, la structure de la famille (dissociée versus intégrale), l'existence de problèmes d'argent chez les parents, leur consommation d'alcool, la consommation de drogue chez les frères et soeurs de quinze ans et plus, le fait d'avoir éprouvé ou non des difficultés importantes à vivre avec les parents et d'établir des relations adéquates avec eux, la façon dont on se sent dans la famille, la cohésion de la famille, le fait de s'être fait de nouveaux amis depuis Boscoville, que ceux-ci commettent ou ne commettent pas de délits, le fait d'avoir été aidé par une fille dans son insertion, le type d'occupation (c'est-à-dire travail ou étude), les perspectives d'avenir du premier et du dernier emploi, et enfin le nombre d'emplois. Ces seize conditions constitueront donc les facteurs d'insertion dont nous évaluerons l'influence sur l'adaptation sociale ou que nous chercherons à mettre en relation avec les divers types de performances psychologiques.

On peut, par ailleurs, se questionner sur la désignation de ces conditions comme facteurs d'insertion. Certaines d'entre elles auraient pu être, à la limite, considérées comme des indices plutôt que comme des facteurs d'insertion. Cela est vrai particulièrement du nombre de changements de résidence, du fait d'avoir éprouvé des difficultés à vivre avec les parents ou à établir des relations adéquates avec eux, du fait de s'être fait de nouveaux amis qui commettent ou ne commettent pas de délits et du nombre d'emplois. Nous avons choisi quant à nous de les considérer comme des atouts (ou des handicaps) pour l'insertion, tout en reconnaissant la relativité de notre point de vue. De toute manière, notre présentation des résultats sera ainsi faite que le lecteur pourra faire preuve d'une certaine liberté vis-à-vis de notre approche.

Les indices d'adaptation posent moins de problèmes. Donnons-en d'abord une définition : ce sont des données qui, hors de tout doute, nous permettent d'apprécier l'adaptation sociale de nos sujets. Voici les variables que nous avons choisies à ce titre : le fait d'avoir commis des délits (ou de n'en avoir pas commis) (délinquance racontée), la consommation abusive d'alcool, la consommation abusive de drogue, les problèmes d'argent, le sentiment d'avoir réussi ou raté son insertion, et la récidive officielle. Nous ne saurions prétendre que ces indices donnent une idée exhaustive de l'adaptation sociale des garçons. Mais ils n'en constituent pas moins des sondes intéressantes qui vont nous renseigner sur des aspects clefs de la vie des ex-pensionnaires.

2a. *L'évolution psychologique et dynamique de l'insertion sociale*

Peut-on établir un lien entre la performance que les sujets de Boscoville ont offerte à divers moments aux tests psychologiques et ce qui peut être considéré comme facteur d'insertion ? Peut-on identifier dans le vécu post-boscovillien des éléments qui entrent en relation systématique avec les divers types de performance que nous avons choisi d'étudier ?

Examinons tout d'abord ce qui en est des trois catégories dont l'importance s'est avérée cruciale dans notre analyse de l'évolution des boscovilliens pendant et après le séjour ; nous voulons parler, bien évidemment, de la tripartition fragiles-mitoyens-costauds. Les conditions rencontrées au cours de la première année s'associent-elles de façon systématique à l'une ou l'autre de ces catégories ? Si nous nous fions à nos résultats (Bossé et LeBlanc, 1980a), nous devons conclure qu'il n'y a aucune raison de penser que les divers types de sujets rencontrent des conditions de vie qui leur soient spécifiques. Autrement dit, tout laisse croire que ces conditions de vie que nous avons isolées à titre de facteurs potentiels d'insertion ne varient que fort peu des fragiles aux mitoyens et des mitoyens aux costauds. Il n'y a en effet aucune relation statistique entre ce regroupement et l'un ou l'autre des variables qui peuvent être considérées comme facteurs d'insertion. Il n'y a même aucune tendance à l'établissement d'une telle relation.

Les sujets qui ont accompli une évolution marquée pendant leur séjour à Boscoville ont-ils rencontré à leur sortie des conditions de vie différentes de celles dans lesquelles ont eu à évoluer ces garçons moins évolutifs au cours du traitement ? Nos résultats nous ont permis de constater qu'il n'en est rien. Une nouvelle fois il n'y a aucune relation significative (ni même aucune tendance à une telle relation) avec le type de performance psychologique et les diverses conditions dans lesquelles s'est vécue la première année post-boscovillienne.

L'étude de l'association des facteurs d'insertion avec le calibre de l'admission et la performance du séjour présentait un intérêt indirect : en fait, c'est à titre d'analyse préalable à l'étude de l'interaction des types de performance psychologique et des indices d'adaptation que cette double opération s'imposait, car il nous fallait savoir si, sur le plan des conditions de vie rencontrées dans l'après-séjour, toutes choses étaient égales pour les catégories de ces deux premiers regroupements. Il en va différemment de l'étude que nous allons maintenant entreprendre, celle concernant l'interaction éventuelle des facteurs d'adaptation avec la performance de l'après-séjour. Cette étude présente un intérêt direct parce que nous étudierons des réalités qui, au contraire des précédentes, entretiennent entre elles un rapport de simultanéité. C'est à l'aide de la dichotomie régressants-progressants (après le séjour) que nous effectuerons une telle démarche. Rappelons que ces catégories isolent, d'une part, ceux qui après leur sortie de Boscoville ont été généralement soit stables, soit régressants aux diverses variables psychologiques et ceux qui ont été généralement progressants aux mêmes tests.

Qu'en est-il des résultats? Laissent-ils croire à une association entre facteurs d'insertion et évolution psychologique post-internat? Une lecture des données nous a permis de constater qu'il n'y a encore une fois aucune relation statistiquement significative entre facteurs d'insertion et performance psychologique. Nous observons toutefois trois tendances à une telle relation, l'une forte, les deux autres faibles : ainsi il semble que le fait d'avoir été aidé par une fille dans son insertion puisse jouer un certain rôle ($p<.02$); le fait d'avoir dans sa fratrie adolescente un consommateur de drogue et celui de s'être fait des amis depuis la sortie offrent la même particularité, quoique de façon plus faible ($p.<.07$). Arrêtons-nous à ces trois résultats.

Des vingt-trois sujets qui font partie du groupe des progressants, dix-sept affirment avoir été aidés par une fille dans leur insertion. Cette proportion est importante : 73,9%. Elle confirme le rôle sensible que peuvent jouer les filles sur l'issue de l'adaptation sociale. Notons également que des vingt-quatre sujets qui font partie du groupe des régressants, seize (soit 66,6%) affirment ne pas avoir été aidés par des filles dans leur insertion.

Les résultats concernent les sujets qui ont dans leur fratrie adolescente un frère ou une sœur consommateur de drogue sont un peu moins nets. Certes, vingt et un des vingt-cinq sujets régressants (soit 84%) admettent avoir un frère ou une soeur consommateur. Mais un nombre important des progressants (quatorze sur vingt-cinq ou 56%) soutiennent que c'est aussi leur cas. Le moins qu'on puisse dire, c'est que les régressants font presque toujours partie de familles où les jeunes de leur âge consomment de la drogue, qu'ils le fassent de façon autonome ou par effet d'entraînement et que ce fait est plus courant chez eux que chez les progressants.

Nous observons une tendance de la même force quant au facteur acquisition de nouveaux amis depuis la sortie. Des quatorze sujets qui ne se sont pas fait d'amis, dix font partie du groupe des régressants. Quant aux vingt-six sujets qui se sont fait des amis non délinquants, dix-sept, soit près de 70%, appartiennent au groupe des progressants. Notons enfin que dix-sept des vingt-cinq progressants, soit 68%, se retrouvent dans la catégorie de ceux qui se sont fait de nouveaux amis non délinquants.

2b. *La performance aux tests psychologiques et les indices d'adaptation*

Les résultats concernant l'interaction possible des différents types de performance psychologique pendant et après le séjour et les variables dites facteurs de l'insertion sociale sont donc faciles à résumer : il ne semble y avoir aucune relation significative entre ces différents types de performance et l'un ou l'autre des facteurs d'insertion.

Il convient maintenant de vérifier si les différents types de performance sont ou ne sont pas liés à l'adaptation sociale telle que nous pouvons l'apprécier par le biais des six indices que nous avons retenus, c'est-à-dire la délinquance racontée, la consommation d'alcool, la consommation de drogue, les problèmes d'argent, le sentiment d'avoir réussi son insertion sociale et la récidive.

Notre analyse des données psychologiques a démontré que l'évolution psychologique post-boscovillienne était fonction du calibre présenté par les garçons au moment de leur admission. Ainsi, les fragiles au contraire des costauds régressent sensiblement après leur sortie de Boscoville. Si les choses sont telles sur le plan des indicateurs psychologiques, qu'en est-il par rapport aux indices comportementaux? Pouvons-nous y observer des différences quant à la façon dont les fragiles, les mitoyens et les costauds s'en tirent sur le plan de leur adaptation sociale? Si nous prenons en considération nos résultats (Bossé et LeBlanc, 1980a), nous constatons qu'il n'y a pas d'association statistiquement significative entre le calibre des sujets à l'admission et la manière dont ils se comportent sur le plan des conduites que nous avons utilisées à titre d'indices d'adaptation. Notons toutefois qu'en ce qui concerne la consommation d'alcool, les fragiles et les costauds semblent se comporter de façon différente des mitoyens car, plus que ceux-ci, ils font une consommation élevée d'alcool. Si la relation n'est pas statistiquement significative, elle n'est quand même pas loin de ce seuil (p.<.0187). Pour le reste, les sujets des divers groupes se comportent de façon à peu près comparable. Donc, il ne semble pas que la qualité de l'adaptation sociale soit fonction du niveau de performance offert par les sujets au moment de l'admission.

Les sujets qui évoluent de façon plus marquée pendant le séjour ont-ils une meilleure adaptation après leur séjour? Se distinguent-ils des garçons qui ont eu une évolution moins sensible pendant le traitement? Considérant les données rapportées par Bossé et LeBlanc (1980a), nous constatons que la performance du séjour ne se relie en aucune manière avec les divers indices comportementaux qui nous permettent d'apprécier la réalité de l'insertion. C'est donc dire que considérée sous l'angle de son degré, l'évolution accomplie pendant le séjour ne semble jouer absolument aucun rôle sur le plan de l'adaptation sociale post-boscovillienne comme de la récidive.

La question de la relation des indices d'adaptation sociale avec l'évolution psychologique post-boscovillienne offre un intérêt particulier qui faisait défaut aux deux études qui précèdent. C'est qu'il va s'agir ici de voir si ce sont vraiment ceux qui régressent aux tests (après leur sortie) qui donnent l'impression la plus défavorable aux indices comportementaux et si ce sont ceux qui progressent aux mêmes tests qui, au contraire, offrent les meilleurs signes d'adaptation. Si nous nous fions aux résultats (Bossé et LeBlanc, 1979b, 1980a) nous observons qu'il n'y a aucune relation entre la performance aux tests et ce que dégagent les indices d'insertion. Les deux types de performance apparaissent tout à fait indépendants l'un de l'autre.

À vrai dire, on aurait pu s'attendre ici à une certaine correspondance. Pouvons-nous alors expliquer l'indépendance des performances? Nous le croyons. Selon nous, il y a au moins deux bonnes raisons qui peuvent rendre compte de cette absence de correspondance. D'abord, il faut se rappeler que la performance psychologique de l'après-séjour (régressive ou progressive) a été calculée sur la base des différences observées entre la performance de la sortie et celle de la relance, ces examens ayant eu lieu à un an d'intervalle. Or il est tout à fait probable que beaucoup de choses se soient produites dans cet intervalle. Par exemple, il a pu y avoir régression temporaire aux tests et commission de délit. La performance finale ne prend pas en considération cette régression temporaire puisqu'elle est établie sur les résultats de l'examen de relance par rapport à ceux de la sortie. Par contre, les indices comportementaux pour la plupart, rendent compte de tout ce qui a pu se passer dans les domaines concernés (délinquance, déviance, récidive, etc.). Ce sont des mesures à caractère continu, c'est-à-dire des mesures qui prennent en considération non pas seulement ce qui se passe au moment de l'examen ou des examens, mais également ce qui survient entre les examens.

Une deuxième explication peut également être invoquée pour expliquer la non-correspondance entre la performance aux tests et celle qui se dégage des indices comportementaux. C'est que les sujets de Boscoville, quelle que soit l'évolution qu'ils font (et défont en partie), constituent un groupe dont la moyenne aux tests se situe largement en deçà de la moyenne que les garçons de la population générale obtiennent. Comme ce groupe offre une performance moins étalée ou plus groupée que celle des garçons de la population générale, il n'y a rien d'étonnant à ce que ces échelles aient sur lui un pouvoir discriminant plus faible.

2c. L'adaptation sociale et le mode de vie durant l'insertion

Notre étude de l'insertion sociale en relation avec les divers types de performance ou d'évolution psychologique pendant et après le séjour nous a conduits à admettre deux faits importants : d'une part, les anciens de Boscoville rencontrent à leur sortie des conditions familiales et sociales qui, de façon générale, n'entrent en relation ni avec le calibre psychologique de l'entrée ni avec les types d'évolution accomplie pendant le séjour; d'autre part, ces types d'évolution et de performance ne sont en aucune manière reliés à la façon dont les sujets s'en tirent sur le plan comportemental après leur sortie. Si les choses sont telles, est-ce à dire que c'est véritablement au niveau

de la réadaptation sociale elle-même que nous devons rechercher les facteurs déterminants de réussite ou d'échec?
C'est en tout cas la question qui s'impose au point où nous
en sommes et c'est la direction que notre analyse va maintenant emprunter.

Des cinquante sujets qui ont été revus un an après
leur sortie de Boscoville, vingt-deux ont admis avoir commis au moins un délit depuis leur départ de l'internat.
Nous savons que pour dix-huit de ces récidivistes, la délinquance a inclus l'un ou l'autre des types de délits suivants :
vol par effraction (dix sujets), vol grave (huit sujets) et attaque sur la personne (cinq sujets). Y a-t-il des facteurs de
réinsertion qui se relient de façon systématique à l'incidence de la délinquance? Grâce aux résultats du tableau 26,
nous pouvons constater que cette variable de délinquance
s'associe de façon statistiquement significative avec le fait
de s'être fait de nouveaux amis depuis la sortie (p.<.005).
Nous observons en outre une tendance associative de la
même variable avec trois autres variables : le nombre de
changements de résidence (p<.04), le nombre de changements d'emploi (p<.04) et le lieu habituel de résidence
(p<.09). Analysons plus en détail ces résultats qui sont
rapportés dans Bossé et LeBlanc (1979b).

Nous observons un contraste très net entre ceux qui
ont commis au moins un délit et ceux qui n'en ont pas
commis, quant à l'incidence des nouvelles amitiés après la
sortie. Nous constatons tout d'abord que vingt des vingt-
six sujets (soit 76,9%) qui se sont fait des amis non délinquants n'ont commis aucun délit. Les deux autres
catégories, aucun nouvel ami et nouveaux amis délinquants, regroupent la grande majorité de ceux qui ont
récidivé (seize sur vingt-deux). Ceux qui se sont liés
d'amitié avec des délinquants se trouvent massivement au
nombre des récidivistes (huit sur dix). Le contraste est

Tableau 26

Association de l'incidence de délinquance et des variables dites facteurs d'insertion

Variables	Catégories	X^2	p
Lieu habituel de résidence	Chez parents versus ailleurs	3.04	.09
Nombre de changements de résidence	Aucun ou un versus deux ou plus	4.66	.04
Structure de la famille	Intégrale versus dissociée	.00	.98
Problèmes d'argent chez les parents	Oui versus non	.17	.68
Lourde consommation d'alcool chez le(s) parent(s)	Oui versus non	.00	.94
Difficultés à vivre avec les parents	Importantes versus non importantes	.04	.83
Difficultés à établir des relations adéquates avec les parents	Importantes versus non importantes	.64	.43
Consommation de drogue dans la fratrie (15-20 ans)	Oui versus non	.00	.96
Consommation de drogue dans la fratrie (20 ans et plus)	Oui versus non	.00	.95
Façon dont le sujet se sent dans sa famille	Bien versus avec ambivalence et négativement	1.85	.18
Cohésion de la famille	Se tiennent tous versus autres façons	1.70	.20
S'être fait de nouveaux amis depuis la sortie	Aucun et un (ou plus) qui ne commet pas de délit versus un (ou plus) qui commet des délits	10.86	.005
Avoir été aidé par une fille dans sa réinsertion	Oui versus non	.15	.70
Occupation à la sortie	Travail versus études (temps partiel ou plein)	.00	1.00
Perspectives d'avenir au dernier (ou seul) emploi	Aucune versus plus ou moins bonnes, bonnes, très bonnes	.02	.89
Nombre d'emplois	Un, deux versus trois ou plus	4.49	.04

donc davantage marqué entre ceux qui se sont fait des amis délinquants et ceux qui se sont fait des amis non délinquants, mais il reste également prononcé entre ces derniers et ceux qui ne se sont pas fait de nouveaux amis.

La signification de ces résultats est facile à déduire : la création de relations affectives avec des pairs et des pairs qui ont des habitudes non délinquantes joue un rôle déterminant sur l'issue de l'insertion sociale. Il faut toutefois s'empresser d'ajouter que pour un certain nombre de sujets la décision d'agir de façon délinquante a pu influer directement sur le choix des amis. Quoi qu'il en soit, dans un cas comme dans l'autre, l'association de ces deux variables témoigne de l'importance du milieu d'amis qui peut renforcer des motivations délinquantes au lieu de les neutraliser.

La variable délinquance s'associe également quoique d'une façon non significative au nombre de changements de résidence. En effet, des vingt et un sujets qui ont connu au plus un changement de résidence, seize (soit 76,2%) n'ont pas commis d'acte délinquant. Par contre, dix-sept des vingt-neuf sujets (soit 58,6%) qui ont changé de résidence à deux reprises au moins ont commis un ou plus d'un délit. La stabilité résidentielle tend donc à s'associer à l'absence de délinquance après le séjour. Cette tendance n'a rien de surprenant car on peut penser que de façon générale l'enracinement dans un milieu socio-familial donné, exclut ou réduit à leur minimum les risques de changements délinquants alors que l'instabilité résidentielle accroît ces risques.

Ces résultats sur les changements de résidence doivent être en relation avec ceux que nous obtenons quant à la variable lieu habituel de résidence. Car cette dernière également tend à s'associer avec la variable délinquance même si cette tendance est plutôt faible (p < .09). Des vingt-quatre sujets qui ont habituellement résidé chez leur(s) parents(s), dix-sept (soit 70,8%) ne se sont pas impliqués dans un changement délinquant alors que quinze des vingt-six sujets (soit 57,7%) qui ont résidé surtout ailleurs que chez leur(s) parent(s) ont au contraire eu de tels comportements. Les pourcentages sont à peu près ceux que nous notions à propos du nombre de changements de résidence. Il est permis de penser que pour un noyau important de sujets (34%), le cercle familial a joué son rôle de milieu d'enracinement affectif relativement dissuasif d'agir délinquant.

La variable délinquance s'associe ou plutôt tend à s'associer à une quatrième variable retenue à titre de facteur d'insertion. Il s'agit du nombre d'emplois. Les non-délinquants (après le séjour) n'ont eu qu'un ou deux emplois dans leur grande majorité (72,7%), alors que la plupart des délinquants (63,6%) ont connu trois emplois ou plus. Il est bien difficile de trancher la question de la cause et de l'effet dans ce cas, c'est-à-dire de savoir si c'est l'instabilité au travail qui a amené l'agir délinquant ou vice versa, si c'est ce dernier fait qui a entraîné une instabilité au travail. Quoi qu'il en soit, il est facile de penser que le milieu de travail offrant peu de perspectives pour un grand nombre de nos sujets, c'est ce qu'a révélé notre analyse descriptive de la section précédente, un certain nombre de jeunes (28%) n'ont pas trouvé dans leur implication au travail une satisfaction susceptible de les éloigner de toute conduite délinquante.

Notre étude sur la délinquance racontée survenue au cours de la première année après le séjour a mis en lumière le jeu de certaines conditions socio-familiales; ainsi, il était apparu que certains traits liés d'assez près au mode de vie délinquant (résidence, choix d'amis délinquants, etc.) s'associent de façon plus ou moins systématique avec la commission avouée de délits. Qu'en est-il sur le plan de la récidive officielle? Il n'y a, de toute évidence, aucune relation entre ces diverses conditions socio-familiales rencontrées au cours de la première année et la récidive officielle telle qu'elle peut être constatée entre deux et six ans après la sortie de Boscoville. Du moins est-ce là ce qui ressort de nos données (Bossé et LeBlanc, 1979b). On peut déduire de cette constatation qu'on a peut-être tort de croire que les circonstances socio-familiales rencontrées à la sortie et lors de la première année jouent un rôle décisif sur l'issue finale de l'insertion : s'il est vrai que certaines de ces conditions influent sur la performance de la première année, il semble par contre que tout est loin d'être joué au terme de ces douze mois, de telle sorte qu'on ne trouve pas de relation entre ces conditions initiales du vécu post-boscovillien et la récidive officielle constatée sur plus de deux années.

Au terme de l'entrevue de relance, chacun des sujets fut invité à faire un bilan subjectif de son insertion. Il leur fut demandé s'ils avaient le sentiment d'avoir réussi leur insertion sociale. Nous croyons que cette information doit être reliée à la qualité de l'adaptation et c'est pourquoi nous l'avons retenue à titre d'indice. Rappelons qu'à cette question, vingt-sept sujets ont répondu qu'ils avaient réussi leur insertion. Sept ont dit que c'était plus ou moins le cas et seize ont admis ne pas avoir réussi. Cet indice d'adaptation entre-t-il en relation avec l'un ou l'autre de nos seize facteurs d'adaptation? Les résultats démontrent qu'il s'associe de façon statistiquement significative à deux variables : le lieu habituel de résidence et le nombre de changements de résidence. Il présente en outre une forte tendance à s'associer à la variable façon dont le sujet se sent dans sa famille (voir Bossé et LeBlanc, 1980a).

Des vingt-sept sujets qui ont le sentiment d'avoir réussi leur adaptation sociale, dix-huit (ou 75%) ont vécu surtout chez leurs parents cette première année d'insertion et neuf l'ont surtout vécue ailleurs. Quant à ceux qui font de cette année un bilan plus réservé, dix-sept (ou 65,4%) l'ont vécue surtout en dehors de la demeure parentale et dix (ou 25%) l'ont vécue en étant domiciliés surtout chez leur(s) parent(s). Le contraste est donc marqué et la relation est bien établie entre les deux variables. Ce résultat permet de penser que les rapports étroits avec les parents ou la famille, ne serait-ce que sur le simple plan de la cohabitation, peuvent avoir joué un rôle au niveau de l'adaptation.

Il en va ainsi également de la stabilité résidentielle. En effet, dix-sept des vingt et un sujets (ou 81%) qui ont connu tout au plus un changement de résidence se retrouvent parmi ceux qui ont le sentiment d'avoir réussi leur insertion. Par contre, dix-neuf des vingt-neuf sujets (ou 65,5%) qui ont déménagé à deux reprises au moins font partie du groupe de ceux qui se prononcent de façon moins positive sur leur insertion. La relation entre ces deux variables est très forte; elle dépasse largement le seuil de signification statistique. L'instabilité résidentielle s'associe donc au sentiment de ne pas avoir vraiment réussi son insertion, de la même manière qu'elle s'est associée à la récidive et à la tendance à consommer de la drogue régulièrement.

Puisque ceux qui portent un jugement plus sombre sur leur insertion sociale ont vécu surtout en dehors de la maison parentale (et qu'ils ont connu la plupart du temps au moins deux changements de domicile), il y a lieu de se demander si ces sujets n'ont pas éprouvé des difficultés d'intégration ou de relation avec les membres de leur milieu familial. En effet, dix-neuf des vingt-sept sujets (soit 70,4%) qui disent bien se sentir avec les leurs ont le sentiment d'avoir réussi leur réinsertion et quinze des vingt-trois sujets (soit 62,5%) qui se sentent plus ou moins bien, ou mal dans leur famille font partie du groupe de ceux qui ont le sentiment de ne pas avoir vraiment réussi leur insertion. La tendance des deux variables à s'associer entre elles est forte mais à $p<.03$, elle reste en deçà du seuil statistique de signification que nous exigeons.

3. De la protection de la société

Au cours de la présente section, nous nous sommes efforcés d'une part, de décrire de la façon la plus exhaustive possible les faits de l'insertion sociale des anciens de Boscoville et d'autre part, de chercher à élucider certains des mécanismes qui jouent un rôle déterminant quant à l'issue de cette insertion. Nous avons veillé à remplir cette double tâche en essayant d'exploiter au maximum les données de l'entrevue de relance (entrevue à laquelle se sont soumis, un an après leur sortie, les cinquante sujets qui avaient été traités à Boscoville pendant plus de douze mois), ainsi que les données recueillies aux greffes des tribunaux du Québec.

Il y a trois faits principaux qui émergent de l'ensemble des résultats que nous avons produits. Le premier de ces faits concerne l'amélioration sensible constatée au niveau de l'adaptation sociale des garçons. Il est en effet incontestable que ceux-ci ont atténué leur engagement délinquant : le nombre des délinquants est, au moment de la relance, inférieur à celui mis en évidence au moment de l'entrée en traitement (une réduction approximative de la moitié). Il y a cependant deux nuances qu'il faut apporter à cette première constatation. Tout d'abord, il n'est pas du tout certain que cette amélioration au niveau de l'agir délinquant doive être identifiée comme un effet de traitement, du moins dans son entier. Des études criminologiques (Fréchette et LeBlanc, 1979 ; Bachman *et al.*, 1978) ont en effet démontré que la délinquance est un phénomène transitoire chez beaucoup d'adolescents et que même chez les garçons qui, dès le début de leur adolescence, entrent en conflit avec la loi de façon répétée ou systématique, on peut observer une forte atténuation des activités délinquantes à mesure qu'approche l'âge de la maturité. Ici encore nous sommes confrontés au problème de l'effet de maturation, c'est-à-dire de ce qui se produit de toute manière en dehors d'un contexte thérapeutique. Une position nuancée doit nécessairement tenir compte de ce possible effet de la maturation. D'autre part, plusieurs indices font croire à une persistance de certaines habitudes déviantes (consommation de drogue et d'alcool) et il est possible de relier ces habitudes aux modus vivendi d'avant le séjour, estimant que la plupart des garçons avaient banalisé ces types de comportement et, qu'en conséquence, il leur était bien difficile sur ces plans de revenir en arrière. Dans le cas de ces comportements, la question reste tout de même ouverte quant à la signification de leur normalité : sont-ils des résidus non résiliables (ou non encore résiliés) de l'inadaptation de jadis ou sont-ils des équivalents comportementaux à travers lesquels vont désormais se traduire les motivations qui étaient à la base de l'agir délinquant ?

Le deuxième fait mis en évidence par nos résultats a trait au nombre de ceux qui, un an après leur sortie, donnent l'impression d'avoir bien entrepris leur insertion sociale. Nous fiant aux réponses fournies dans le bilan subjectif de l'insertion, nous découvrons que 54% des anciens estiment avoir réussi leur réadaptation ; 32% admettent être en difficulté et 15% donnent une appréciation plutôt ambivalente. Ce sont des chiffres à peu près équivalents que nous présente l'indicateur délinquance racontée (56%

des garçons disent ne pas avoir commis de délit depuis leur sortie contre 44% qui avouent en avoir commis), de même que la mesure de récidive officielle (48% des garçons admis sont officiellement des non-récidivistes contre 52% qui ont récidivé). Plus nombreux sont ceux qui font un usage abusif de la drogue ou de l'alcool, ces habitudes devant être comprises en fonction de la période antérieure au traitement. Par contre, nous constatons une proportion à peu près égale de garçons qui sont demeurés soit surtout chez leurs parents soit surtout ailleurs et une proportion égale aussi de ceux qui ont eu soit deux changements de résidence ou moins, soit trois changements ou plus. Tenant compte de ces diverses données, nous pouvons postuler qu'il y a près de 40% des garçons qui, dans les douze premiers mois après la sortie, éprouvent des difficultés sérieuses d'adaptation sociale, que ce soit en commettant des délits, en faisant preuve d'instabilité dans leur lieu de résidence ou dans leur emploi ou en faisant abus de drogue ou d'alcool.

Le troisième fait qu'il importe de souligner est qu'il semble n'y avoir aucune association entre l'adaptation sociale (incluant la récidive officielle) et l'évolution psychologique accomplie pendant le séjour. Cela signifie que les sujets qui évoluent le plus pendant leur séjour ne sont pas nécessairement ceux qui font preuve d'une meilleure adaptation après leur séjour. Certes, on aurait pu penser que le calibre présenté à l'admission était bien plus important pour l'issue de l'adaptation que les progrès accomplis pendant le séjour. C'est une hypothèse que nous avons vérifiée. Or, il s'est avéré que l'adaptation était indépendante du calibre initial. Il restait à chercher au niveau du mode de vie réalisé au cours de la première année des facteurs pouvant rendre compte de l'issue de l'insertion. C'est là que nous avons pu établir le fait suivant : les récidivistes sont ceux qui n'ont pas renoncé à leur ancien mode de vie avec ce qu'il entraîne : choix d'amis délinquants, changements fréquents de résidence, consommation abusive d'alcool ou de drogue. Il s'est également avéré que la proximité physique sinon psychologique des parents pouvait jouer un rôle non négligeable dans l'insertion ; ainsi, le fait de résider habituellement chez les parents s'associe de façon systématique au sentiment d'avoir réussi son insertion. Cet ensemble de faits contribue selon nous à affaiblir, voire à infirmer la position de ceux qui croient que l'internat est l'étape cruciale du processus de rééducation pourvu que les inadaptés y trouvent une pléiade de ressources matérielles et psychologiques qui leur permettent de retirer le maximum de leur séjour. Il nous semble que nos analyses démontrent le caractère illusoire de toute politique de rééducation qui ne situe pas l'internat dans une série de mesures organisées de telle manière que les adolescents ne retrouvent pas leur ancien mode de vie à la suite de leur séjour en internat.

Ces trois faits massifs, que nous permettent-ils de conclure par rapport à la question fondamentale qu'abordait ce chapitre : le traitement offert par Boscoville permet-il de protéger la société ? S'il permet de changer les individus, il permet aussi de protéger la société mais pas de façon absolue et totale. En effet, il est indéniable que les garçons traités à Boscoville, dans leur ensemble, commettent moins de délits et qu'ils apparaissent plus conventionnels mais c'est loin d'être le cas de la totalité des traités. Nous observons donc un effet de suppression pour reprendre l'expression de Murray et Cox (1979) ; il s'agit d'une diminution de l'inadaptation et de la délinquance mais pas d'un arrêt complet comme les praticiens, les gestionnaires et la population s'y attendent. Cet étouffement de la délinquance et de l'inadaptation sociale exige des moyens importants, comme nous l'avons démontré dans les premiers chapitres de ce livre, et paradoxalement, ce ne sont pas les changements résultant de la mise en oeuvre de ces moyens qui rendent totalement compte de cette suppression de l'inadaptation, c'est plutôt le mode de vie adopté une fois sorti de Boscoville qui s'avère le facteur essentiel. Le traitement a pour conséquence de protéger la société en diminuant l'inadaptation mais si cette fin est obtenue ce n'est pas grâce à une influence directe des changements au niveau de la personnalité. Le traitement et ce qui en résulte a plutôt pour conséquence directe qu'un nombre important d'ex-jeunes délinquants choisissent un mode de vie conventionnel à leur sortie de Boscoville, ce choix étant le mécanisme essentiel pour que se réalise l'adaptation sociale. Ces commentaires nous propulsent directement dans le sujet du dernier chapitre de ce livre : les paradoxes du traitement scientifique des jeunes délinquants de Boscoville.

Les paradoxes d'une évaluation

Chapitre V

Les paradoxes d'une évaluation

Notre évaluation de Boscoville est terminée. Nous avons reconnu le milieu physique et organisationnel de cet internat. Nous avons identifié la conception qu'on s'y fait du jeune délinquant et la théorie de la rééducation qu'on y a adoptée. Nous avons découvert l'articulation entre les moyens d'action thérapeutiques et pédagogiques et la théorie choisie. Cet inventaire de Boscoville du milieu des années 1970 nous a conduits à apprécier l'effort de rééducation, c'est-à-dire la qualité du personnel et de son intervention, ainsi que la qualité de la vie de groupe qui y est maintenue par les éducateurs. Ayant constaté le niveau de l'effort, nous nous sommes attachés à définir la clientèle, les sujets de l'intervention et son cheminement à l'internat.

L'ensemble de ces préliminaires nous a conduits à étudier l'efficacité du traitement. Cette efficacité a été non seulement conçue dans les termes d'une réduction de la récidive mais surtout nous l'avons spécifiée positivement. Comme adaptation sociale, comme développement psychologique et enfin, comme progression dans les étapes de la rééducation. Efficacité non seulement à multiples facettes mais conçue en termes de réduction plutôt que de disparition des conduites asociales ou antisociales. Ce fut notre évaluation de Boscoville. Que doit-on en retenir?

L'interprétation de l'ensemble des résultats que nous vous proposerons dans ce chapitre terminal s'articulera autour de la notion de paradoxe, d'affirmations qui heurtent le bon sens. En effet, si nous prenons un certain recul face aux résultats que nous avons rapportés dans les chapitres précédents, il devient rapidement évident que de nombreux paradoxes s'affirment autour des rapports, d'une part entre les composantes de l'effort, les aspects de l'efficacité et les caractéristiques de la clientèle, et d'autre part à travers la relation entre l'effort et l'efficacité. Si nous définissons l'effort comme l'adoption d'une théorie, son opérationnalisation dans un programme et sa mise en application, certaines incongruités apparaissent si l'on confronte les caractéristiques de la clientèle et l'effort de l'internat pour rééduquer ces jeunes délinquants. Si nous définissons l'efficacité en termes de résultats obtenus auprès des clients, certaines incongruités se font jour entre les objectifs et les résultats, entre l'efficacité psychologique et l'efficacité sociale, entre les résultats obtenus auprès des différents types de jeunes délinquants. Finalement, l'analyse du rapport effort/efficacité fait voir des discontinuités entre la qualité du traitement et l'ampleur des résultats. Mais avant d'aborder ces paradoxes, il convient de commenter la portée des résultats.

I. La portée des résultats

Aborder la question de la portée des résultats et des conclusions que nous en tirerons, c'est qualifier leur signification, leur impact, et les conséquences et implications théoriques et pratiques qui pourront en être déduites. La portée des résultats et conclusions, nous la préciserons à travers l'étude de trois questions : quelle est la signification que l'on peut accorder à Boscoville, internat de rééducation pour jeunes délinquants, pour évaluer la possibilité de traiter des jeunes délinquants ? Quelle est la puissance de notre esquisse de recherche pour produire des résultats valables ? Quelle est la valeur des résultats obtenus grâce aux mesures que nous avons employées ?

Les résultats de cette évaluation compréhensive de Boscoville peuvent être employés pour discuter de l'utilisation de l'internat thérapeutique auprès des jeunes délinquants, ceci parce que Boscoville est un cas type d'une tentative de rééducation de jeunes délinquants. Qui dit cas type, dit cas idéal. En effet Boscoville est le type idéal d'internat de rééducation pour jeunes délinquants puisqu'il est le mariage de l'état actuel des connaissances scientifiques et de l'expérience pratique de l'action auprès des mineurs délinquants. Le cadre théorique et le programme rapportés au chapitre I en font éloquemment foi. Boscoville est sûrement ce cas type idéal au Québec, sinon dans le monde. En conséquence, les résultats obtenus nous indiquent ce qui se fait à peu près de mieux et le chemin qu'il reste à parcourir pour atteindre nos idéaux dans le domaine de la rééducation des jeunes délinquants. Boscoville peut donc servir d'exemple dans une discussion de la place de l'internat parmi les mesures pour jeunes délinquants et l'expérience de cet internat peut servir à remettre en cause les politiques et pratiques mêmes de la rééducation.

Boscoville est d'autant plus un cas type que ce n'est pas une expérience en émergence mais bien une approche consolidée, au moment de la recherche, grâce à vingt années d'essais et d'erreurs. Le Boscoville de 1973 à 1978 se présente comme un produit fini : un milieu de rééducation qui est passé du camp d'été à un centre bien rodé ; une théorie qui s'est développée à partir d'idées imprécises (Gendreau, 1960) vers une formalisation (Guidon, 1970), une action reposant sur l'intuition et qui s'est consolidée en une intervention qui s'appuie sur une formation systématique (école universitaire de formation); des moyens pédagogiques anciens sont devenus un système d'enseignement individualisé. En somme, le modèle psychoéducatif de la rééducation que représente Boscoville est une méthode définie de la rééducation des jeunes délinquants, même si elle reste encore et restera toujours à améliorer.

Ces commentaires sur Boscoville comme base de généralisation nous conduisent à soutenir qu'à l'heure actuelle, Boscoville peut servir de norme pour guider le développement d'autres internats ayant le même objectif, la rééducation de jeunes délinquants, sans nécessairement constituer «le» modèle à copier de façon exacte. Cela signifie aussi que les résultats obtenus à Boscoville peuvent constituer une base solide de discussion pour la détermination de la place de l'internat thérapeutique parmi la gamme des mesures à maintenir pour les jeunes délinquants, cette discussion reconnaissant que Boscoville représente ce qui se fait de mieux aujourd'hui; mais demain ce modèle psycho-éducatif pourra encore être raffiné.

L'esquisse de recherche est aussi suffisamment puissante pour que les résultats produits constituent une base de discussion de leurs implications. Même si nous n'avons pas employé le modèle expérimental classique avec groupes contrôles nous avons néanmoins utilisé une esquisse de recherche où il y a des mesures avant/après et des groupes de comparaisons (garçons ayant séjourné moins de deux mois ou moins de six mois à Boscoville, pupilles du Tribunal...); à cette esquisse s'ajoutent des mesures séquentielles au cours du traitement, et une mesure une année après le séjour à l'internat. Cette esquisse de recherche est quand même classée immédiatement après l'esquisse classique par les méthodologues. Une technologie statistique puissante vient s'ajouter à cette esquisse de recherche. Ainsi les instruments statistiques choisis sont ceux qui minimisent les postulats en regard de la normalité des distributions (tests non-paramétriques) et qui assurent le minimum d'erreurs dans les conclusions (utilisation du seuil de signification de $p \leq .01$ et surtout $p \leq .001$).

Si l'esquisse de recherche voulait maximiser la portée de nos résultats, les mesures employées pour cerner nos diverses variables visaient à minimiser leurs imperfections en termes de fidélité et de validité. Pour ce faire, nous avons pratiqué une démarche qui favorisait le contrôle des concordances entre les résultats observables sur plusieurs mesures, variables, d'une même notion, d'un même concept. Par exemple, les mesures de personnalité choisies se rapportent à diverses théories, à des instruments de nature différente (questionnaire, test semi-projectif...). En somme, nous nous sommes abstenus de conclure à partir d'un indicateur unique; nous ne concluons que s'il y a concordance entre les résultats provenant de diverses mesures.

II. *Qualité de l'effort versus caractéristiques des pensionnaires*

La confrontation de la théorie et du programme de rééducation avec les caractéristiques de la clientèle nous a fait observer plusieurs paradoxes qui constituent autant de dilemmes s'exprimant très bien à travers les trois questions suivantes : un traitement en internat est-il conciliable avec le passé et l'avenir du jeune délinquant? Même si Boscoville constitue un traitement de qualité, pourquoi ne répond-il pas aux besoins de tous les adolescents délinquants qui y sont placés? Comment articuler un traitement général et homogène, comme celui de Boscoville, avec les besoins différentiels et individuels des pensionnaires?

1. Le traitement en internat versus le passé et l'avenir des jeunes délinquants

Rappelons tout d'abord les caractéristiques des adolescents placés à Boscoville. Tel que l'a établi le chapitre III, la clientèle de Boscoville a accumulé des troubles marqués de la personnalité. En effet, en comparant les moyennes de la population de l'internat avec celles de populations normales rapportées dans les différents manuels des tests employés, il est apparu clairement que certains traits sont soit absents, soit plus accentués ou moins développés. Ainsi les pensionnaires de l'internat se retrouvent systématiquement dans la portion des échelles qui signalent des difficultés marquées et non-négligeables. Il en va de même pour les expériences sociales : la famille joue mal son rôle de socialisateur, l'école a été une suite d'échecs et l'on s'associe avant tout à des pairs marginaux. Par ailleurs, ce qui distingue le plus nettement les pensionnaires de Boscoville des autres pupilles du Tribunal de la jeunesse, c'est la conduite délinquante. Ils se différencient des autres délinquants par une ampleur, une variété et une gravité plus marquées de leur conduite criminelle et leur entrée en rôle délinquant est mieux cristallisée.

L'importance observée de la délinquance, pour spécifier les pensionnaires de Boscoville, ne trouve son écho ni dans la théorie, ni dans la programmation, ni dans les moyens employés; voilà un premier paradoxe. En effet, si à Boscoville on définit la délinquance comme un syndrome de personnalité on laisse de côté tout l'aspect conduite et habitudes de vie qui caractérisent avant tout la délinquance des mineurs. Ainsi on reconnaît que celle-ci constitue un phénomène de groupe, qu'elle est une conduite répétitive mais on ne parle pas de sa nature, de son ampleur, de sa gravité, de ses circonstances... Et la théorie de la rééducation ne dit point comment en tenir compte dans la démarche thérapeutique qui est proposée aux adolescents.

La théorie reconnaît pour sa part la place du groupe dans la délinquance et l'internat réussit très bien à contrer l'organisation et l'orientation des groupes de vie vers des attitudes et des fonctionnements anti-adultes, anti-internat. Mais jamais on ne spécifie la place de la conduite délinquante (meurtre, agression, vol par effraction, vol d'automobile...) dans l'intervention : rencontres de semaine, thérapies de groupes, activités... Ainsi Boscoville apparaît comme partiellement infirme, car s'il choisit de traiter des délinquants, il oublie que la délinquance est avant tout conduite et que beaucoup de délits sont soit symboliques (meurtre, vol d'automobile...) soit indicateurs d'un engagement profond dans une carrière délinquante.

À ce premier paradoxe sur les rapports entre les besoins de la clientèle et l'alimentation thérapeutique qu'offre l'internat, il faut en ajouter un autre : celui du silence quasi total de la théorie et du programme sur l'insertion sociale. En effet, il apparaît incongru de constater que les pensionnaires sont promis à un retour en société alors que la théorie de la rééducation ne nous parle que de quatre étapes et aucune de celles-là ne constitue un moment de transfert des acquis faits en internat à des situations de vie normale. Il est aussi surprenant de noter que l'insertion sociale n'est pas présentée comme un objectif majeur et clairement énoncé du modèle psycho-éducatif. De plus, il est inquiétant de n'observer aucun mécanisme systématique d'assistance à l'insertion sociale après un séjour à Boscoville alors que nos données démontrent toute l'importance de ce vécu pour la réussite de la rééducation.

En somme, l'effort magistral que représentent le programme de Boscoville et la théorie de la rééducation, malgré toute leur valeur, apparaissent lacunaires si on les confronte à deux des besoins fondamentaux de la clientèle : la conduite délinquante et l'insertion sociale. Voilà certainement deux zones où Boscoville aurait à développer son cadre théorique et à l'opérationnaliser dans ses moyens actuels ou dans de nouveaux éléments de programme. Voyons maintenant ce qui ressort de l'interaction entre les jeunes admis à l'internat et le programme de Boscoville.

2. Changer ou partir?

Les analyses rapportées dans les chapitres précédents étaient restées sur le terrain solide des constatations de faits s'appuyant sur des données surtout quantitatives. Or, de tous les résultats, il se dégage une image déroutante, celle d'un internat caractérisé par la cohérence, la compétence, une intervention de qualité, mais cette machine si bien rodée semble tourner à vide : Boscoville est incapable de rejoindre un nombre important d'adolescents délinquants. En effet 42% des jeunes admis quittent avant d'avoir séjourné deux mois en Banlieue et seulement un tiers des adolescents délinquants admis demeurent à l'internat plus d'une année alors que la durée théorique du traitement devrait être de deux ans. Deux explications de cette situation sont à inventorier : la première fait appel à une pression maximale au changement de la part de l'internat et la seconde se réfère à l'inadéquation de cette pression en regard des caractéristiques des pensionnaires. Dans le cadre de cette explication on soutient qu'il y aurait des caractéristiques particulières des clients qui les rendent imperméables aux pressions vers le changement, alors que dans le cadre de la première explication l'on fait appel aux caractères d'intransigeance et d'exigence élevés du milieu pour expliquer les départs.

Il est impossible de saisir Boscoville, et par ricochet le dilemme dans lequel sont placés les pensionnaires qui doivent obligatoirement changer ou partir, si on ne garde pas à l'esprit l'héritage de son passé et la richesse considérable des moyens mis en oeuvre pour transformer les pensionnaires. L'histoire de l'internat a toujours été marquée par la continuité, et Rumilly (1978) l'illustre très bien; ainsi des acquisitions qui remontent à la fondation de l'internat ont été conservées avec soin et elles ont été reconnues explicitement comme faisant partie de la tradition; l'organisation de l'internat comme une cité en est un exemple. Au fil des années, une richesse considérable de moyens thérapeutiques a été accumulée et elle fait de Boscoville un modèle de traitement dense et complexe, constitué d'une foule d'éléments : valeurs, principes d'action, théorie des étapes, corpus de connaissances sur les jeunes, système d'activités, mosaïque de comités, système de participation, mécanismes de supervision, code, sanctions, procédures... Cet ensemble complexe de moyens n'existe pas uniquement sur papier, il est effectivement mis en oeuvre. C'est ce que nos observations dans le milieu nous ont appris et c'est ce que nos instruments nous ont fait voir. Le pragmatisme rencontré dans les équipes d'éducateurs et la cohérence du message perçu par les pensionnaires en font foi sur le plan du climat psycho-social et les autres exemples pourraient être nombreux.

Faire fonctionner un tel système, appliquer un tel modèle est exigeant, non seulement pour les éducateurs qui doivent animer les activités et comités mais aussi pour les pensionnaires qui doivent participer aux activités, aux entrevues, à la vie de groupe... Toutes ces exigences qui émanent de la structure même de Boscoville, risquent de peser sur le nouvel arrivant qui ne verra alors plus comment cet internat correspond à ses besoins. Pour le pensionnaire, il devient plus facile de partir que de poursuivre l'inquiétante démarche que les éducateurs attendent de lui, et beaucoup le font effectivement. Partir de l'internat, c'est facile : on ne risque tout au plus que quelques mois de détention et pas toujours, les juges cèdent facilement ; et par ailleurs les éducateurs ne poursuivent pas le fugueur jusque chez lui. De plus, certains adolescents se sentent tout simplement incapables de faire ce qu'on attend d'eux en termes de production, de relations interpersonnelles et de remise en question de soi.

L'adolescent qui arrive en Banlieue sent immédiatement le poids du programme et dès ses premières réclamations d'ajustement, il apprend qu'il est inutile d'argumenter : on ne changera pas le programme pour l'accommoder ni à ses fantaisies ni à ses besoins très particuliers. De son côté, l'éducateur confronté à une demande qui lui semble justifiée, réalise qu'il n'a pas une marge de manoeuvre bien grande. Il peut apporter des accommodements dans certains secteurs, comme dans l'insertion sociale mais, dans ce qui aux yeux des psycho-éducateurs a fait ses preuves (le boulot, les étapes, les sorties...), c'est difficile.

Plusieurs raisons incitent l'éducateur à rester sur ses positions. Il y a d'abord le style de relation qu'il développe avec le pensionnaire : relation globale, très engagée et très intime. Il est difficile de négocier dans un tel climat car le pensionnaire n'est ni un client ni un employé ; on ne négocie pas avec ses parents ou avec un ami. Il y a ensuite

le support d'équipe : l'éducateur est constamment en comité avec ses collègues et chaque décision concernant un
pensionnaire est discutée, pesée, tranchée par l'équipe.
L'éducateur qui, seul, serait tenté de répondre positivement à une demande qui irait à l'encontre de la tradition,
est vite amené à changer d'idée à la suite des pressions de
ses collègues. La cohésion de l'équipe, l'ordre et l'organisation, et le pragmatisme que nous avons observés à travers l'instrument climat d'équipe, témoignent éloquemment de ce support et de cette pression du groupe de collègues. Finalement, il ne faut pas oublier la pression du
groupe des pensionnaires du quartier. Un régime spécial,
une permission, un horaire particulier, une dispense d'une
activité, tout cela est perçu par le groupe de pensionnaires
comme du favoritisme et celui qui profite d'un tel régime
particulier risque toujours de devenir un bouc-émissaire.
Les résultats, sur la cohésion du groupe et le style de relations interpersonnelles qu'on y pratique illustrent cette
pression vers l'équité.

Ainsi, le niveau d'exigence et le degré d'intransigeance qui caractérisent Boscoville sont autant de conditions qui obligent certains pensionnaires à choisir entre
changer ou partir. Et le plus grand nombre, les deux tiers,
partent sans avoir complété une année de séjour. Voyons
la dynamique de ces départs ainsi que les traits de ces jeunes délinquants qui sont de bons prédicteurs des départs
prématurés.

La confrontation d'un Boscoville employant une
méthode précise avec un groupe d'adolescents carencés
explique le nombre important de départs prématurés. Il est
certain que les facteurs précipitants de ces départs peuvent
être de la provocation et de l'encouragement à partir de la
part des éducateurs comme ils peuvent aussi provenir des
sollicitations de la vie à l'extérieur (fille, boisson, drogue,

liberté, famille...). L'examen de ces facteurs nous a conduits à soutenir qu'ils peuvent agir comme des facteurs précipitants mais aucunement comme des explications fondamentales et profondes des départs prématurés.

Il est beaucoup plus probable que la résistance au traitement soit fortement ancrée chez certains sujets ; nous arrivons à cette conclusion en tenant compte du fait que ceux qui partent possèdent deux traits en commun : ils sont moins intelligents et plus identifiés à un monde criminel que ceux qui restent.

Le quotient intellectuel plus faible, qui est associé avec des expériences scolaires négatives, semble provoquer une résistance au programme de Boscoville, programme qui propose la scolarisation pendant trois heures chaque jour ; le pensionnaire ne voit pas toujours ce que peut lui apporter cette composante dans la mesure où ceux qui quittent ont, pour bon nombre d'entre eux, déjà laissé l'école depuis longtemps ou, s'ils y sont encore, obtiennent des résultats médiocres. L'accrochage à un des moyens utilisés par Boscoville ne se fait donc pas.

L'identification à un monde criminel, pour sa part, entraîne une résistance au changement exigé par l'internat. On propose à ces pensionnaires d'élaborer une nouvelle identité, d'entreprendre un cheminement vers une redéfinition de soi ; alors rien d'étonnant que la première réaction soit de vouloir demeurer le même et comme les siens. Ce trait est corroboré par l'attitude du pensionnaire face au placement, celle-ci est beaucoup plus souvent négative chez ceux qui quittent prématurément.

Un des paradoxes majeurs d'un traitement comme celui proposé par Boscoville réside donc dans le fait que les pensionnaires sont obligés de choisir entre changer ou partir. Dans cet internat, le pensionnaire ne peut se conformer superficiellement ni modifier la situation. Ces deux possibilités sont délibérément exclues. En effet, les psycho-éducateurs manifestent beaucoup de perspicacité à découvrir et à débusquer les pensionnaires qui s'installent « pour faire du temps ». De plus, le système de Boscoville est réfractaire aux pressions qui émanent des pensionnaires. Les échappatoires et les faux semblants sont impossibles. Puisque ces alternatives sont bloquées, de nombreux adolescents resteront et, nous l'avons vu, leur croissance personnelle sera stimulée par tout ce que leur offre l'internat. D'autres, au contraire, décideront de partir.

Ceux-ci choisissent cette voie parce qu'il n'y a pas tellement d'ajustements réciproques possibles entre le jeune délinquant et le modèle de rééducation. Les départs-ruptures se comprennent alors aisément : ces garçons fuient un milieu qui n'accepte pas de négocier et qui n'a pas les moyens de les obliger à rester (absence de sécurité physique). Il existe donc un processus de sélection naturelle à Boscoville : les plus aptes (les plus adaptés à ce type d'internat) survivent, c'est-à-dire restent ; les autres s'éliminent d'eux-mêmes.

Parler ainsi suppose que l'internat est une donnée fixe à laquelle on s'adapte mais qui, lui, ne change pas, et c'est là le problème : un milieu de rééducation devrait s'adapter aux besoins de la clientèle, ou alors choisir la clientèle appropriée. La situation qui vient d'être décrite est d'autant plus dangereuse qu'elle peut s'accentuer dans un processus de cercle vicieux. Les exigences élevées font que seuls certains sujets restent. Plus nombreux sont les sujets adaptés, plus thérapeutique est le milieu. Plus les pensionnaires se conduisent bien et plus les éducateurs sont exigeants, moins il y a de jeunes mésadaptés graves qui peuvent fonctionner dans un tel internat.

3. Traitement général, traitement différentiel, traitement individualisé : un hiatus

À Boscoville, nous l'avons amplement démontré précédemment, le programme est monilithique, uniformément appliqué et constitué d'exigences générales. Le programme est monolithique car il y a une théorie, un processus de rééducation, une façon de faire les activités, une organisation physique du milieu... Le programme est aussi uniformément appliqué ; en effet les différences d'un quartier à l'autre sont minimes et les variations dans le temps peu marquées. Ce programme monolithique est constitué, pour la plus grande partie, d'exigences générales s'appliquant à tous les pensionnaires. Pour formuler et faire respecter ces exigences, les éducateurs s'appuient sur la tradition, sur l'organisation et sur tout ce système dont il a été question.

L'action éducative propre à l'exigence générale et à un programme monolithique pourrait être appelée la prise en charge. L'éducateur assume le garçon, il se sent responsable de celui-ci, il le prend en main, lui indique la direction, il s'affirme comme un modèle. La qualité propre de cette action éducative est la cohérence. L'éducateur croit authentiquement à certaines valeurs, il tient fermement à ce qu'il juge essentiel ; il est fidèle ; il a quelque chose à offrir ; il s'affirme avec constance comme un modèle, sans complaisance ni tiédeur, sans contradiction ni volte-face. Cette force, il la puise non seulement en lui-même mais dans l'équipe et l'internat dont il fait partie. Si les éducateurs de Boscoville sont cohérents, c'est parce qu'ils se sentent partie prenante d'un milieu social ordonné, riche, stimulant. Cette cohérence, nous l'avons amplement observée à travers nos instruments.

À l'opposé de cette nécessité fondamentale d'un traitement général et uniforme se trouve le besoin d'individualisation pour rencontrer les particularités de chaque individu. À Boscoville, les défis sont souvent le mécanisme d'individualisation. Les exigences générales portent sur le vital : travailler, étudier, respecter autrui et ses biens, alors que les exigences individualisées favorisent le développement du pensionnaire dans le sens de sa nature, de ses désirs, de ses forces, de ce qui est significatif pour lui et selon son rythme propre. Par ailleurs, l'action éducative caractéristique de l'individualisation peut être désignée par une expression courante à Boscoville : l'accompagnement. Accompagner un adolescent, c'est tout simplement être avec lui dans sa recherche d'identité et de changement, le laisser élaborer ses propres solutions, s'affirmer, choisir la direction qu'il veut prendre et l'aider quand il en a besoin.

C'est la souplesse qui est la qualité propre à l'individualisation. Cette souplesse, c'est la capacité d'adaptation aux individus avec lesquels transige l'éducateur. Elle suppose l'attention à ce qu'est le jeune, à ses virtualités, à ses goûts, à sa culture, à ses capacités. Elle repose sur la confiance qu'il pourra réussir dans la voie qu'il aura choisie. Ceci suppose un éducateur qui ne se laisse pas programmer par l'internat dont il fait partie et qui est prêt à changer le programme pour l'adapter aux besoins des pensionnaires qu'il accompagne. Ceci suppose aussi de la perspicacité, de l'imagination pour saisir les besoins du jeune et pour l'aider à inventer des solutions originales à ses problèmes.

Les deux modes extrêmes de traitement, traitement général et traitement individualisé, sont présents à Boscoville. Toutefois, il est évident que la force de Boscoville, c'est la prise en charge cohérente des jeunes délinquants ;

et il est tout aussi évident que sa faiblesse, c'est un accompagnement souple qui s'adapte aux besoins particuliers des pensionnaires.

Il faut bien le dire : le programme, la vie de groupe, la tradition ne permettent pas aux éducateurs d'individualiser à fond leurs exigences. C'est le pensionnaire qui s'adapte au modèle de rééducation et non pas le modèle de rééducation qui s'adapte au jeune délinquant. La clé de voute, l'élément qui permettrait d'assurer une individualisation certaine, c'est la compréhension des jeunes délinquants reçus. Et à Boscoville, les difficultés qu'éprouvent les éducateurs à connaître précisément les pensionnaires sont évidentes.

Il est certain qu'à Boscoville, la connaissance des jeunes est intuitive et il n'y a pas de système de diagnostic particulier. Cette connaissance n'est qu'actuelle et ne se réfère qu'à l'observation des comportements à l'internat. Il existe aussi au sein des nombreux comités cliniques une recherche constante de la bonne stratégie. Mais il manque aux éducateurs un vocabulaire précis pour décrire les forces et faiblesses des pensionnaires, de même que leurs propres interventions. De plus, on ne se donne pas de critères observables pour évaluer l'effet à court terme des stratégies adoptées.

D'autre part, les efforts de compréhension faits par les éducateurs sont trop souvent posés en termes de pathologie : névrose, tendances psychotiques, délinquance, régression... Généralement ces analyses ne reposent pas sur une bonne connaissance des difficultés d'adaptation qui ont conduit le jeune délinquant en internat : sa délinquance, ses problèmes de comportement... Cette terminologie psychologique risque de jeter un voile sur la réalité normale du garçon : ses goûts, ses aspirations, ses besoins d'adolescent normal; ce dont il a hérité de ses parents et de son milieu social; ce qui est une réaction compréhensible à la vie de groupe, à un conflit avec ses parents, à une rupture avec son amie...

Donc, les lacunes dans la compréhension des adolescents délinquants reçus à Boscoville nuisent à une individualisation maximale des exigences et des interventions. Ainsi le besoin d'individualisation n'est que partiellement rencontré par le programme de Boscoville. Et de toute manière, dépasser le niveau d'individualisation que nous avons observé ce serait peut-être aller vers l'atomisation et l'anarchie qui sont incompatibles avec la notion même de milieu cohérent. Peut-être qu'une façon de faire le lien entre la nécessité d'un traitement cohérent et le besoin d'individualisation, ce serait le diagnostic différentiel. Être capable, dans la compréhension que les éducateurs recherchent d'un jeune délinquant, de les grouper selon une communauté de besoins et de ressources, les grouper, pas nécessairement sur le plan physique, mais sur le plan diagnostic. Un tel diagnostic différentiel serait un instrument de gestion clinique permettant de faire le pont entre les exigences générales de l'internat et leur adaptation à chaque individu. Un diagnostic différentiel facilite la communication, il accroît la clarté des objectifs à poursuivre et il conduit à la notion de traitement différentiel.

Les résultats que nous avons observés justifient pleinement ces notions de diagnostic et de traitement différentiels. En effet, nous avons noté que l'impact de Boscoville n'est pas le même pour tous les pensionnaires : rappelons les variations selon la maturité interpersonnelle (LeBlanc, 1979) et les variations (chapitre III et IV) selon le calibre initial des pensionnaires, les fragiles progressent énormément durant le traitement et régressent beaucoup à la suite de celui-ci, tandis que les costauds avancent beaucoup moins au cours du séjour mais continuent à le faire après celui-ci. Le mécanisme du diagnostic différentiel apparaît donc essentiel et la classification ainsi obtenue devient un niveau intermédiaire de spécifications des exigences générales du modèle de rééducation. Il permet aussi un niveau intermédiaire d'individualisation en ce sens que les individus rassemblés sous une même catégorie reçoivent une intervention particulière.

Le concept de traitement différentiel apparaît nécessaire car les résultats ont montré que le traitement général, uniforme et monolithique que Boscoville applique, a pour effet de dissuader certains jeunes délinquants de s'y engager. Alors un traitement différentiel permettrait peut-être de récupérer certains jeunes : ceux qui ne peuvent vivre en groupe aussi intensivement que le propose Boscoville ; ceux qui quittent parce que la scolarisation n'est pas et ne peut pas être un objectif à poursuivre ; ceux qui résistent parce qu'ancrés dans une carrière délinquante. Voilà des groupes de jeunes délinquants que Boscoville ne rejoint pas et qu'il pourrait rejoindre si la théorie, le programme, l'approche étaient repensés dans une perspective différentielle.

III. De l'efficacité de Boscoville

En criminologie, lorsque l'on prononce le mot efficacité en rapport avec l'internat, c'est le terme récidive qui fait irrémédiablement surface ; il n'est pas nécessaire de citer les auteurs qui utilisent ce critère, la liste en serait trop longue. Cette facette de l'efficacité est essentielle, et nous l'avons considérée au chapitre IV, car elle opérationnalise un des objectifs majeurs, sinon l'objectif unique, de l'intervention judiciaire dont font l'objet les clients de Boscoville à savoir, arrêter leur agir délinquant. Toutefois la récidive ne correspond qu'à une des facettes de l'efficacité, celle de la société qui veut se protéger des torts qu'elle subit par l'agir délinquant. Il faut en plus vérifier l'impact direct du traitement sur les individus, les jeunes délinquants admis à Boscoville.

Il s'agit ici de l'efficacité du point de vue de l'individu; elle peut s'observer à travers deux fenêtres : le développement psychologique de la personne et son adaptation sociale. Ces deux autres facettes de l'efficacité sont aussi essentielles car il est tout à fait possible qu'il y ait indépendance entre elles; ainsi il pourrait y avoir une meilleure adaptation sociale sans développement psychologique marqué et vice versa. De plus, les divers aspects de l'efficacité : efficacité pour la société et efficacité pour l'individu, efficacité psychologique et efficacité sociale, nous apparaissent des continuums à considérer dans le débat sur la valeur de l'internat ou d'un modèle de traitement comme celui de Boscoville. Si l'on tenait compte de toutes ces facettes de l'efficacité, peut-être arrêterions-nous de conclure péremptoirement « Nothing works », comme le font Martinson (1976) et ses émules.

Dans les pages qui vont suivre, nous confronterons les objectifs fixés par Boscoville et les résultats que nous avons observés. De plus, nous centrerons notre attention sur la congruence entre les différentes sortes d'efficacité : sociale et individuelle, développement personnel et récidive, développement personnel et adaptation sociale, adaptation sociale et récidive. Ce faisant, nous essayerons de sortir du cercle vicieux qui consiste à demander un succès total et généralisé. Nous nous attendons plutôt, comme l'ont fait Murray et Cox (1979), à observer une réduction de la délinquance ou une amélioration de la personnalité et de l'adaptation sociale mais nous n'espérons pas une

cessation totale de la délinquance ni une intégration sociale parfaite ni l'émergence d'une nouvelle personnalité
chez les pensionnaires de Boscoville.

1. Objectifs poursuivis et résultats obtenus

Boscoville a formulé de façon précise des objectifs
généraux et particuliers. Les premiers peuvent être résumés ainsi (voir chapitre I) : transformer la personnalité
des jeunes délinquants et arrêter leurs agirs antisociaux,
ceci chez tous les clients admis en traitement. De manière à
rencontrer ces objectifs généraux, un objectif particulier
au modèle boscovillien a été fixé ; c'est de faire traverser
aux pensionnaires les étapes de la rééducation, donc faire
atteindre et traverser l'étape personnalité, la dernière étape
du processus de la rééducation. Commençons notre analyse par cet objectif particulier.

Les pensionnaires de Boscoville traversent-ils toutes les étapes de la rééducation ?

Peu importe le modèle de traitement appliqué à des
jeunes délinquants en internat, la conduite demeure l'axe
central, le point de référence du diagnostic, de l'efficience
et de l'efficacité d'un programme de rééducation. En fait,
l'axiome de base de la rééducation peut s'énoncer ainsi :
modifier la conduite d'un pensionnaire peut permettre de
l'adapter à la société. L'hypothèse qui sous-tend cet axiome est que la conduite ultérieure en société est reliée à la
nature de la conduite en internat.

Pour bien mesurer l'impact d'un séjour en internat
sur la conduite d'un pensionnaire, il faut que celle-ci fasse
l'objet d'un traitement bien défini et clair dans ses modali-

tés et objectifs. À Boscoville, le programme de rééducation repose sur une théorie connue, soit la théorie des étapes. Celle-ci prévoit qu'au cours de la rééducation les garçons feront des acquisitions au niveau de la conduite, selon une séquence hiérarchique, c'est-à-dire qu'ils doivent adopter un premier comportement déterminé, par la suite adopter un deuxième comportement tout en maintenant le premier et ainsi de suite. Cette séquence théorique se répartit en quatre étapes de rééducation : acclimatation, contrôle, production et personnalité.

Un instrument créé pour vérifier empiriquement l'existence de ces quatre étapes au niveau de trois situations de vie (activités, relations avec les pairs et avec les éducateurs), confirme la présence de celles-ci. Les pensionnaires de Boscoville évoluent selon le modèle de l'accumulation et de la hiérarchie des comportements (voir chapitre I). Cette conclusion est particulièrement valable pour la dimension comportements dans les activités et, à un degré moindre, pour les dimensions relations avec les éducateurs et relations avec les pairs. Et somme, l'apprentissage dans les activités se fait en complet accord avec la théorie alors que l'apprentissage de la relation ne se produit pas à la façon exacte de la théorie.

L'existence d'une telle séquence ne signifie toutefois pas que les pensionnaires traversent en réalité les quatre étapes de la rééducation. En effet, très peu de pensionnaires cheminent à travers toutes les étapes. Ainsi, ils ne débutent pas tous en acclimatation (c'est le cas pour 28% des pensionnaires) et le cheminement à travers les étapes est plutôt restreint (ainsi 43% des pensionnaires ne progressent d'aucune étape contre 21% d'une étape, 29% de deux étapes et seulement 6% traversent tout le processus de rééducation tel qu'on l'a prévu en théorie).

En résumé, il apparaît évident que Boscoville n'atteint pas l'objectif fixé, à savoir, faire traverser toutes les étapes de la rééducation à tous ses pensionnaires. Tout au plus ceux-ci progressent d'une ou deux étapes. Voilà mis à jour un autre paradoxe : Boscoville est muni d'une théorie vérifiable sur l'existence d'étapes dans le processus de la rééducation mais il ne réussit pas à faire traverser les étapes prévues, ceci malgré le fait que le milieu apparaît approprié et de haute qualité. Cette situation s'explique soit parce que les moyens employés sont inadéquats, soit parce que l'objectif est trop élevé.

Boscoville transforme-t-il la personnalité des jeunes délinquants ?

L'évaluation que nous avons faite du traitement donné à Boscoville (chapitres III et IV) nous a permis de dégager un certain nombre de données intéressantes concernant la nature des changements psychologiques opérés chez les sujets qui ont fait l'expérience de vie dans ce milieu thérapeutique.

Étudiant le cas des cinquante-six sujets dits traités qui ont séjourné à Boscoville pour une durée minimale de treize mois, nous avons constaté que ces sujets évoluaient d'une façon marquée au cours de leur séjour à la grande majorité des variables des tests que nous avons utilisés à titre d'indicateurs de changement. L'évolution paraît particulièrement forte quant aux tendances agressives et antisociales (en baisse) et quant aux indices de mésadaptation sociale et psychologique plus graves (en baisse marquée également). L'évolution des pensionnaires est évidente aussi aux variables liées à la conception de soi (en hausse). Elle paraît par ailleurs moins marquée si nous prenons en considération les aspects défensifs et les aspects dépressifs des sujets.

Mettant cette évolution en rapport avec la durée réelle du séjour à Boscoville, nous avons constaté que les pensionnaires qui demeuraient plus longtemps en traitement (plus de vingt mois) évoluaient un peu plus que ceux qui avaient un séjour allant de treize à vingt mois. Encore faut-il dire que les pensionnaires à séjour plus long paraissaient avoir un profil de personnalité moins favorable au moment de l'admission. Cependant, bien que leur évolution au cours du séjour semblait plus forte, elle ne l'était pas suffisamment pour leur permettre de se démarquer véritablement des pensionnaires à séjour plus court au moment de la sortie.

Une analyse des changements en fonction de deux intervalles de mesure (entrée/mi-séjour et mi-séjour/sortie) a révélé que c'est essentiellement au cours des douze premiers mois du séjour que les changements surviennent chez les pensionnaires qui demeurent en traitement plus de vingt mois. La période ultérieure à cette première année permet une certaine amélioration sur le plan de la conception de soi et sur le plan de l'atténuation des signes de mésadaptation sociale plus grave. Mais cette évolution n'a qu'une ampleur bien modeste par rapport à celle constatée au terme des douze premiers mois du séjour.

Les résultats obtenus par les sujets non-traités (au nombre de soixante) revus deux ans après leur admission à Boscoville, manifestent qu'ils ont évolué dans un même sens que les sujets traités plus longuement, bien que leur évolution ait été nettement moins marquée. Considérant la similarité dans les courbes d'évolution des traités et des non-traités, nous avons cherché à savoir si ce n'était pas ceux qui séjournaient à Boscoville entre deux et dix mois qui donnaient à la courbe des non-traités la forme typique de celle des traités. En fait, il s'est avéré qu'effectivement ces sujets non-traités à séjour plus long avaient évolué plus que ceux qui avaient quitté la maison dès les deux premiers mois, démontrant par cela même que le programme de traitement pouvait avoir un certain impact même chez ceux qui s'y soumettaient pour une durée inférieure à une année.

D'autre part, considérant le cas des pensionnaires qui ont fui le traitement dès les deux premiers mois, nous avons réalisé qu'il y avait également chez eux une certaine tendance à l'amélioration sur tous les plans; une donnée qui démontre que les adolescents délinquants tendent, avec le temps, à normaliser quelque peu leur profil de personnalité. L'aspect de la personnalité le plus touché par cette évolution était l'agressivité où une forte baisse était évidente. Nous avons tendance à considérer ce résultat comme la part approximative qu'il faut accorder à la maturation naturelle dans l'évolution des pensionnaires traités. Mais insistons là-dessus, cette évolution nous a paru somme toute moins importante comparativement à celle mise en évidence chez les pensionnaires de Boscoville.

Minime nous est apparue, par ailleurs, la part qu'il faut accorder à l'effet de sélection dans l'évolution des traités. En effet, nous avons étudié l'évolution des traités en accordant une attention particulière à ces variables qui nous ont semblé jouer un rôle au niveau de l'entrée en traitement, cherchant à savoir si ces facteurs de sélection ne pouvaient pas être considérés comme responsables d'une partie des changements constatés. Plusieurs variables ont ainsi été contrôlées : quotient intellectuel, hétérogénéité des comportements délinquants, et délinquance agressive ou conflictuelle. Notre analyse a démontré que les changements des traités n'étaient pas tributaires de l'un ou l'autre de ces facteurs de sélection. C'est donc dire qu'une fois entrés dans le traitement, les sujets moins intelligents, ceux à délinquance plus hétérogène ou encore plus conflictuelle évoluent tout autant que ceux qui, d'entrée de jeu, présentaient un portrait plus favorable.

Nous nous sommes finalement demandé si l'évolution des sujets traités pendant le séjour à l'internat n'avait pas quelque rapport avec le niveau de performance à l'admission et avec leur calibre psychologique. Nous nous sommes donc mis à la recherche de ceux qui présentaient un meilleur calibre et de ceux qui offraient un calibre plus faible; il s'agissait quand même de deux groupes subnormaux selon les normes des tests. Une fois ces groupes mis sur pied, nous avons étudié leur performance spécifique pendant le séjour. Nous avons découvert des choses qui sont un peu surprenantes à première vue mais bien logiques en définitive. Ainsi, la progression au cours du séjour est bien davantage le fait des fragiles. Les costauds progressent vraiment très peu pendant le séjour; mis à part le cas de quelques rares variables, on doit conclure dans leur cas à un état plutôt stationnaire ou tout au plus à une légère progression.

Voulant déterminer lequel des deux types de sujets (costauds ou fragiles) bénéficient le plus du passage à Boscoville, nous avons comparé chacun de ces groupes avec leurs équivalents non-traités, ceux-ci ayant été repérés sur la base des mêmes critères de performance au moment de leur examen d'admission à Boscoville. En ce qui concerne la confrontation des fragiles traités et des fragiles non traités, elle a révélé qu'au moment de leur dernier examen les deux groupes présentaient des traits analogues par rapport à la majorité des variables, qu'il n'y avait donc dans ces cas aucune raison de penser que les traités étaient supérieurs aux non-traités un an après leur séjour à Boscoville. Quelques différences se manifestaient à certaines variables mais la progression accomplie par les non-traités à ces mêmes variables atténuait sensiblement ces différences. Il en allait toutefois différemment des costauds : au moment de l'examen final, les costauds non-traités n'avaient pas réellement progressé depuis leur premier examen, ils tendaient même à se détériorer à plusieurs variables. Les costauds traités, nous le savons, ne régressaient pas et leurs résultats avaient une orientation positive à la majorité des variables.

Cela étant, les résultats qui viennent d'être évoqués permettent de considérer d'une manière plus spécifique l'impact du facteur de la maturation. Dans le cas de ces sujets qui présentent d'entrée de jeu un profil clinique moins étoffé, il semble que la progression due à une évolution extra-thérapeutique (en dehors de tout traitement) soit réellement importante. À propos de ce type de sujets, il faut accorder à la maturation une part essentielle de ce que dans un premier temps nous aurions été tentés de considérer comme l'impact du traitement. Pour les costauds, c'est-à-dire pour ces sujets qui sont, au départ, dotés d'un meilleur potentiel, l'effet de la maturation est selon nous inexistant et dans le cas de ces sujets traités, il y a tout lieu d'attribuer à l'effet du traitement ce qui distingue les traités des non-traités.

Ayant identifié l'impact de Boscoville sur la personnalité des jeunes délinquants qui y sont placés, impact qui est apparu somme toute marqué, il nous a été possible d'enlever de cet effet brut l'influence de la sélection, minime il est vrai, de la maturation, assez légère aussi, et du calibre psychologique initial, majeure celle-là, et de déterminer l'effet net de Boscoville sur ses pensionnaires. Nous nous devons alors d'affirmer que l'efficacité de Boscoville est mitigée en rapport avec l'objectif qui est de transformer la personnalité des jeunes délinquants. Boscoville, contrairement à son objectif général, ne transforme pas radicalement la personnalité des jeunes délinquants, il l'améliore tout en laissant ces jeunes sous le seuil de la normalité. Cette efficacité est mitigée, d'une part parce qu'il nous paraît bien difficile de voir en quoi les fragiles profitent réellement du traitement : ils évoluent sensiblement pendant leur séjour à l'internat, mais ils régressent notablement par la suite, de telle sorte qu'un grand écart les sépare encore des costauds. D'autre part, l'efficacité est mitigée parce que les costauds eux-mêmes n'y produisent qu'une évolution assez modeste ; en tout cas, cette évolution n'atteint pas l'ampleur attendue théoriquement. L'efficacité est aussi mitigée parce que les transformations observées touchent beaucoup plus les aspects exopsychiques qu'endopsychiques de la personnalité des pensionnaires de Boscoville. Boscoville ne transforme pas la personnalité des jeunes délinquants, il améliore le fonctionnement psychologique de certains jeunes délinquants. Et la question fondamentale revient : ces résultats s'expliquent-ils par une faiblesse des moyens ou par la poursuite d'objectifs trop élevés ?

Boscoville assure-t-il l'adaptation sociale de ses ex-pensionnaires ?

Considérant que les jeunes délinquants sont admis à Boscoville vers seize ans et qu'ils quittent l'internat vers dix-huit ans (en ce qui concerne les sujets traités) il convient de se demander si leur intégration sociale progresse à la suite de leur séjour à l'internat. Nous employons le terme intégration car cet âge c'est le moment d'une accélération de l'autonomisation : affranchissement du cadre familial, entrée sur le marché du travail, nouvelles amitiés... De fait, avant leur séjour en internat la quasi-totalité des garçons étaient dépendants de leur famille : ils y résidaient ; ils en tiraient leur subsistance ; ils étaient pour la plupart sans attaches aux institutions sociales : école et travail; ils avaient un style de vie délinquant : la plupart avaient des amis délinquants; ils étaient oisifs; ils consommaient en abondance de l'alcool et/ou de la drogue.

Il est indéniable que l'intégration sociale des anciens de l'internat est meilleure qu'elle ne l'était avant le séjour. En effet, bon nombre se sont affranchis de la famille : 58% ne résident plus avec leurs parents et les deux tiers subviennent totalement à leurs besoins vitaux; ils ont développé un nouveau réseau de relations sociales : moins du quart s'associent encore avec des amis délinquants, plusieurs vivent avec une compagne, la moitié n'ont pas eu de difficultés à se trouver de nouveaux amis; ils ont réduit considérablement leur consommation de drogue et/ou d'alcool, de même que leur oisiveté. Finalement notons que 54% estiment avoir réussi leur insertion sociale.

Si nous acceptons que globalement la moitié des anciens pensionnaires de Boscoville ont réussi leur adaptation sociale, voilà un succès certain puisqu'avant leur placement ce n'était pas le cas pour la quasi-totalité d'entre eux. Toutefois n'oublions pas que ce processus d'intégration et d'émancipation est tout à fait habituel vers l'âge de dix-huit ans. Boscoville favorise donc l'adaptation sociale d'un bon nombre des jeunes qui y sont traités. À quoi faut-il attribuer cette amélioration? Au traitement lui-même? Au processus normal d'émancipation à cet âge? Il est difficile de choisir l'une ou l'autre des explications possibles; toutefois Boscoville n'a pas intégré tous ses anciens pensionnaires, il est encore éloigné de son objectif : l'insertion sociale de tous ses pensionnaires.

Boscoville élimine-t-il l'agir délinquant?

Le programme et les éducateurs réussissent à contrôler très efficacement l'agir délinquant de ses pensionnaires pendant leur séjour à l'internat. Ainsi le potentiel d'« acting out » est considérablement réduit, comme en font foi plusieurs des mesures issues des tests psychologiques, et la conduite délinquante elle-même est peu fréquente à l'internat (vol, vandalisme, agression...) ou pendant les sorties et vacances (voir Legendre, 1977). Par ailleurs, il faut noter une recrudescence marquée de l'agir et un accroissement du potentiel antisocial après le séjour. Ainsi sur les tests, les scores du potentiel d'agressivité et d'antisocialité se rapprochent notamment de ceux obtenus à l'entrée mais sans jamais les rejoindre.

S'il y a une reprise importante des activités délinquantes après une période d'accalmie, celle du séjour, cette reprise touche près de la moitié des sujets traités. Ainsi la totalité de ceux-ci admettaient des actes délinquants avant leur séjour et 44% le font pour l'année qui suit le séjour; de même ces sujets étaient presque tous officiellement des récidivistes avant le séjour, mais seulement 42% le sont après le séjour. Les actes délinquants diminuent en quantité et en diversité mais ils augmentent en gravité. Boscoville n'atteint donc pas son objectif d'éliminer la délinquance; objectif trop exigeant ou méthode inadéquate? La question demeure.

Objectifs ou moyens

L'efficacité de Boscoville a été qualifiée de limitée, de mitigée, de partielle et considérée comme étant un demi-succès. Elle est limitée parce que seulement une faible proportion des pensionnaires traversent plus d'une des quatre étapes de la rééducation. Elle est mitigée parce que la personnalité n'est pas transformée mais plutôt améliorée et cela seulement chez certains jeunes délinquants. Elle est partielle parce qu'une adaptation sociale minimale n'est présente que pour tout au plus la moitié des ex-pensionnaires de l'internat. Elle est un demi-succès parce que la réapparition de la délinquance s'observe chez un peu moins de la moitié des jeunes admis à Boscoville.

Qu'il s'agisse de l'évolution à travers les étapes, du développement psychologique, de l'adaptation sociale ou de la récidive, une constante se fait jour : les objectifs ne sont pas complètement atteints. Il n'y a pas cessation de la délinquance mais plutôt diminution ; il n'y a pas transformation radicale de la personnalité mais plutôt amélioration du fonctionnement psychologique ; il n'y a pas adaptation sociale de tous les jeunes traités mais plutôt une meilleure intégration de certains ; il n'y a pas un cheminement complet à travers les étapes mais plutôt un déplacement sur quelques étapes.

Cette constante faiblesse des résultats signifie que les objectifs constituent des idéaux peut-être non atteignables en regard du développement des connaissances scientifiques et pratiques actuelles. Boscoville est exigeant pour les jeunes, il l'est aussi pour lui-même. Peut-être l'est-il trop ? Nous ne pensons pas. Toutefois il paraît illusoire d'espérer que quelque programme que ce soit puisse atteindre l'ensemble des objectifs poursuivis par cet internat et obtenir des résultats satisfaisants avec l'ensemble des jeunes délinquants.

Boscoville reçoit une grande variété de jeunes délinquants, parmi les plus difficiles et les plus perturbés ; son modèle a du succès avec certains. Il ne pourrait en avoir avec tous sans changer son cadre théorique, son programme, etc. Si on améliorait sa méthode de rééducation, nous ne pensons pas qu'il pourrait avoir beaucoup plus de succès ou du succès avec un nombre beaucoup plus grand de clients, ceci parce qu'il n'accroche pas un certain groupe de jeunes délinquants : ceux qui sont le plus imperméables au relationnel et à l'abstrait, ceux qui sont ancrés dans un mode de vie délinquant.

Si la question n'est pas celle de la nature des objectifs ni celle de la nature ou de la qualité des moyens mis en oeuvre, quelle est-elle? Il s'agit peut-être de la spécification de la cible de l'intervention. Viser l'ensemble des jeunes délinquants, voilà peut-être l'erreur. Il nous semble que l'ensemble de nos résultats démontre, et l'analyse des paradoxes qui en découlent l'assure, que Boscoville peut obtenir une efficacité maximale avec certains jeunes délinquants; elle ne sera jamais totale dans les meilleures des conditions, mais elle pourra sûrement dépasser le niveau actuel, ceci si Boscoville applique sa méthode au groupe le plus approprié de jeunes délinquants. La délimitation d'une cible peut être la façon de combler le fossé existant entre les objectifs poursuivis et les résultats obtenus; nous en acquerrons la conviction en nous rappelant la cohérence du modèle, la qualité de la formation des éducateurs, la santé psycho-sociale du milieu, l'avancement des moyens pédagogiques... et surtout, en nous rappelant qu'il est clair que ce programme a un impact indéniable sur certains jeunes délinquants.

L'ensemble des discussions que nous venons de mener sur l'efficacité de Boscoville, se ramène à un paradoxe fondamental: les résultats d'une intervention thérapeutique ne sont pas en proportion directe de l'effort, de la qualité de celle-ci. L'articulation de l'effort et de l'efficacité dépend de la spécificité de la cible. Il est donc illusoire de penser, comme l'ont fait les concepteurs de Boscoville, qu'un même type d'intervention, qu'une même approche thérapeutique peuvent s'avérer efficaces dans la généralité des cas, quel que soit le niveau de développement ou de maturation atteint par les jeunes délinquants reçus pour traitement.

2. *Incohérence entre types d'efficacité*

Lorsque nous nous aventurons à mesurer l'efficacité, selon diverses perspectives, les résultats surprenants ressortent : il y a une indépendance relative entre les résultats obtenus au terme du séjour et ceux appréciés après une période d'insertion sociale, et surtout, il y a une absence de covariation systématique entre l'efficacité psychologique et l'efficacité sociale.

Les données que nous avons dégagées du chapitre IV relativement à l'après-Boscoville, laissent voir qu'il y a une tendance à la régression chez les ex-pensionnaires. Cette tendance est plus prononcée chez ceux qui ont été plus longuement en traitement. Ce mouvement de recul épouse un profil assez similaire à la courbe de progression, c'est-à-dire que les sujets vont généralement régresser plus à ces variables où leur progression en cours du séjour a été particulièrement marquée, et ils vont régresser moins à ces variables où la progression était moins évidente. Bien qu'elle soit assez marquée à certaines variables, cette régression n'a généralement pas une ampleur suffisante pour effacer tous les gains enregistrés au cours du séjour. Il y a toutefois des indices qui font croire à la resurgence d'une tendance antisociale, peut-être davantage chez ceux qui ont eu un traitement de plus longue durée.

De plus, nous avons constaté qu'entre les groupes des fragiles et des costauds il y avait des différences d'évolution non moins marquées. Ici encore, ce sont les fragiles qui sont responsables de la tendance à la régression remarquée au niveau de l'analyse des résultats globaux. Les costauds, pour leur part, continuent à progresser modestement. L'écart qui est prononcé entre les deux groupes au moment de l'admission et qui se réduit sensiblement au moment de la sortie redevient important un an après le séjour, mais il est plus petit qu'il ne l'était au départ.

Nos données rejoignent ainsi l'une des conclusions qui se sont progressivement imposées à la psychologie contemporaine à savoir qu'il est bien difficile dc faire évoluer des sujets qui présentent d'emblée de sérieuses carences sur le plan de leur développement psychologique et social. Dans notre recherche sur Boscoville, il nous semble que, dans une large mesure, ces types de jeunes délinquants se conforment aux normes de la maison sans plus, qu'ils s'installent en quelque sorte dans la routine de l'internat et adoptent, pour la durée de leur séjour, des attitudes et des valeurs qui seront facilement ébranlées quelques mois après leur sortie.

En plus de cette incohérence entre l'évolution personnelle au cours du séjour et celle qui suit la période du traitement, il y en a une autre qui nous apparaît beaucoup plus inquiétante. Il s'agit de l'indépendance de l'efficacité psychologique et de l'efficacité sociale. Nos analyses démontrent qu'il n'y a aucune relation significative entre l'un ou l'autre des types de performance psychologique (admission / fin de séjour / après-séjour) et les variables que nous avons retenues à titre de facteurs d'insertion. Bien plus, il n'y a généralement aucune tendance à l'établissement d'une association entre ces divers éléments, ce qui accentue leur caractère de radicale indépendance.

Il n'y a également aucune relation entre les indices d'adaptation (délinquance, alcool, drogue, problèmes d'argent, sentiment d'avoir réussi et récidive) et les différents types de performance psychologique. C'est donc dire que la façon dont les sujets s'en tirent sur le plan de leur adaptation sociale paraît indépendante du calibre qu'ils présentaient à l'entrée; qu'elle paraît indépendante également de la quantité mesurable des changements opérés pendant le séjour; qu'elle n'est pas liée non plus à l'évolution progressive ou régressive de l'après-séjour.

Si ces facteurs d'insertion et les indices d'adaptation s'avèrent indépendants des différents types de performance psychologique pendant ou après le séjour, est-ce à
dire que c'est au niveau des conditions de vie de la période
ultérieure au séjour que nous devons rechercher des conditions associées à l'adaptation sociale? Voilà en tout cas ce
à quoi nous nous sommes résolus. Nous avons effectivement découvert un certain nombre de relations significatives qui semblent s'organiser autour de deux types de
conditions de vie : le fait de s'être fait des amis non délinquants après la sortie se relie à la non-récidive; il s'associe
également à une consommation de drogue modérée ou
nulle; le nombre de changements de résidence se relie significativement à une consommation de drogue abusive ou
régulière; il tend également à se relier à la récidive.

Cet ensemble de faits nous laisse voir une indépendance entre, d'une part l'efficacité psychologique et l'amélioration de la personnalité des jeunes délinquants, et d'autre part, entre l'efficacité sociale, l'adaptation sociale et
la récidive. Cette absence de lien contribue selon nous à affaiblir, voire à infirmer la position de ceux qui croient que
l'internat est l'étape cruciale du processus de rééducation,
pourvu que les inadaptés y trouvent une pléiade de
ressources matérielles et psychologiques qui leur permettent de retirer le maximum de leur séjour. Il nous semble
que nos analyses démontrent le caractère illusoire de toute
politique de rééducation qui ne situe pas l'internat parmi
une série de mesures. C'est selon nous en faisant de la réadaptation sociale la préoccupation centrale de l'internat
que les acquis du séjour pourront plus facilement se trans-
férer à d'autres milieux, à travers d'autres expériences. En
définitive, nos résultats appuient les positions de ceux qui
insistent sur la nécessité pour l'adolescent d'interagir le
plus possible, dès le temps de son internat, avec les divers

milieux dans lesquels il va se retrouver après son séjour (famille, groupe d'amis, milieu de travail, etc.) et sur la nécessité pour lui de compter sur des ressources professionnelles qui lui permettent d'entreprendre sur le bon pied son insertion sociale avant même de quitter l'internat, l'intervention portant une attention particulière à ces divers éléments du mode de vie délinquant qui font sentir leur influence après le séjour.

IV. L'avenir de l'internat de rééducation

Les conclusions énumérées et les résultats qui les supportent posent avec acuité les deux problèmes majeurs de la rééducation des jeunes délinquants : comment assurer le transfert à la vie normale des acquis faits en internat ? Quelle est la place de l'internat dans la rééducation des jeunes délinquants ?

Ce problème du transfert des acquis, voilà la difficulté la plus épineuse de tout traitement. Les apprentissages, nombreux dans tous les domaines, que font les jeunes délinquants traités ne leur servent pas, ou si peu, après leur séjour. Les uns diront que nous arrivons à cette conclusion parce que la période d'épreuve, une année pour la plupart de nos mesures ou trois pour la récidive, ne constitue pas un laps de temps suffisamment long pour permettre l'intégration des acquis et leur adaptation aux nouvelles conditions d'existence. Les autres diront que le transfert des acquis ne peut se faire soit parce qu'ils ne se sont pas suffisamment consolidés pendant le séjour, soit parce que les conditions de vie sont trop différentes au cours de l'après-séjour. Que ce soient les uns ou les autres qui aient raison, une observation s'impose : on ne peut laisser à ces jeunes la responsabilité totale et entière de ce transfert.

En supposant que l'internat assure à son programme des conditions maximales de préparation à une nouvelle vie sociale, il demeurera essentiel de proposer un accompagnement durant cette période où l'on doit faciliter
ce transfert, accompagnement qui concerne en premier
lieu les besoins vitaux et ensuite qui s'attarde au fonctionnement psychologique. Accompagnement que Boscoville
ne faisait pas au moment de la recherche et qu'il ne fait pas
encore aujourd'hui mais que d'autres internats pratiquent
et qui semble donner des résultats positifs (voir les
résultats de nos travaux de recherche sur Boys' Farm :
Brill, 1980; LeBlanc, 1982). Ainsi un accompagnement
soutenu permet de limiter la régression que nous avons
observée sur le plan psychologique. Il ne faut pas attendre
de ce service d'accompagnement une amélioration très
sensible des résultats, elle doit aussi s'appuyer sur une spécification du groupe cible ; toutefois plusieurs verront
alors leur insertion facilitée et d'autres seront moins soumis aux tentations de leur ancien mode de vie.

Indépendamment de cette amélioration à considérer pour tout programme de rééducation en internat,
et de toutes les autres, la question de la pertinence d'un
séjour en internat comme moyen de rééducation de jeunes
délinquants demeurera. Si on accepte que nos résultats
établissent que certains jeunes délinquants sont aidés de
façon définitive et d'autres de façon momentanée par l'internat, alors la question deviendra : peut-on faire autant
en milieu naturel ? À cette question nous nous devons de
répondre par la négative ; aucun milieu naturel ne peut concentrer un effort aussi intensif et aussi continu sur des jeunes délinquants ayant des problèmes aussi diversifiés et
profonds. Les aléas de la vie sociale normale et notre absence de contrôle sur les influences variées qui s'y font sentir, nous amènent à penser que l'internat est le seul moyen
d'obtenir un impact véritable sur le développement psy-

chologique et le fonctionnement social de ces jeunes délinquants les plus agissants et les plus perturbés sur tous les plans. Un internat ne sera pleinement efficace que s'il s'adresse à ces jeunes délinquants difficiles et dangereux mais les plus susceptibles de recevoir le traitement proposé, et cela à la condition de s'assurer que l'insertion sociale reçoive la place importante qui lui revient.

Nos résultats amènent les gestionnaires et les chercheurs à poursuivre le débat sur l'efficacité réelle de l'internat pour la rééducation des jeunes délinquants. Nous voudrions quant à nous diminuer le plus possible les risques de simplification de nos résultats. Il serait trop facile en effet, pour les adversaires du séjour en internat, de conclure à l'inefficacité totale de ce mode d'intervention. Nos données ne justifient pas un verdict aussi sévère ; car, considéré globalement, le groupe des sujets traités a progressé de façon sensible depuis le moment d'admission à Boscoville jusqu'au moment de la relance. Certes, cette progression est moins marquée à certaines des variables, mais elle est indéniable à d'autres.

Par contre, il serait également trop facile pour les inconditionnels de l'internat de ne prendre de nos résultats que ce qui les satisfait, mettant ainsi de côté les données embarrassantes pour leur position. Nous leur rappelons à l'avance que l'efficacité de l'internat varie d'un type de sujet à l'autre, qu'il y a dans le comportement du pensionnaire une certaine part de conformisme institutionnel qu'il est bien difficile d'apprécier tant que ce garçon n'a pas été confronté à son milieu naturel, et que le contrôle du processus de l'insertion sociale est essentiel si l'on désire favoriser une meilleure adaptation sociale des jeunes traités.

Toutes les questions que nous avons abordées dans ce livre n'ont pas reçu de réponses définitives. Ce constat

reflète l'état d'avancement actuel de la science et la progression de la pratique clinique. Cette démarche d'évaluation compréhensive de Boscoville n'est qu'un jalon, jalon
qui permet d'apprécier les progrès mais aussi d'évaluer le
chemin qu'il reste à parcourir à tous et chacun : chercheurs, gestionnaires et cliniciens.

Bibliographie

ACHILLE, P.A., DESCÔTEAUX, S. (1978) *La dynamique de groupe en activité rééducative*. Montréal : Boscoville.

ACHILLE, P.A., LEBLANC, M. (1977) *La personnalité des garçons de Boscoville*. Montréal : GRIJ, Recherche Évaluation de Boscoville, Rapport technique no 18, 254 p.

BACHMAN, J.G., O'MALLEY, P.M., JOHNSTON, J. (1978) *Youth in transition : Adolescence to adulthood change and stability in the lives of young men* (Vol. VI) Ann Arbor : Institute For Social Research, 326 p.

BATSHAW, M. (1975) *Rapport du Comité d'étude sur la réadaptation des enfants et adolescents placés au centre d'accueil* (Vol. 2, annexe 3a). Québec : ministère des Affaires sociales.

BEAUCHAMP, J., LAFLAMME-CUSSON, S., CUSSON, M. (1973) *Observation du comportement des jeunes en institution*. Montréal : Université de Montréal, Dépt Criminologie

BEAULNE, A. (1974) *Le système de cotation à Boscoville*. Montréal : GRIJ, Recherche Évaluation de Boscoville, Rapport technique no 3, 121 p.

BEAULNE, A. (1974) *L'organisation de Boscoville*. Montréal : GRIJ.

BELZILE, A. (1973) *Le boulot à Boscoville : réflexions préliminaires*. Boscoville : journées d'étude, juillet 1973.

BÉLANGER, P. (1977) *L'intervention des éducateurs à Boscoville*. Montréal : GRIJ, Recherche Évaluation de Boscoville, Rapport technique no 17, 216 p.

BILODEAU, C. (1973a) *Programme d'activités*. Boscoville : journées d'étude (juillet).

BILODEAU, C. (1973b) *Programme intégré*. Boscoville : journées d'étude (juillet).

BLOCK, H., NIEDERHOFFER, A. (1963) *Les bandes d'adolescents*. Paris : Payot.

BONDESON, U. (1968) Argot knowledge as an indicator of criminal socialization in Christie, N. (1964) *Scandinavian studies in criminology*. Oslo : Universitats, p. 73 à 107.

BONDESON, V. (1974) *Fangen : Fangsamhallet*. Nalmo : Nordstedt & Lomers.

BOSCOVILLE (1964) *Cahier souvenir du dixième anniversaire*. Montréal : Boscoville.

BOSCOVILLE (1964) Journées d'étude : été 1964. Montréal : Boscoville.

BOSCOVILLE (1967) Journées d'étude : été 1967. Montréal : Boscoville.

BOSCOVILLE (1973) *Boscoville : plan d'organisation*. Document présenté au ministère des Affaires sociales.

BOSSÉ, M., LEBLANC, M. (1979a) *L'évolution psychologique des garçons de Boscoville*. Montréal : GRIJ, Recherche Évaluation de Boscoville, Rapport technique no 20, 228 p.

BOSSÉ, M., LEBLANC, M. (1979b) *L'effet du traitement de Boscoville sur les fragiles et les costauds*. Recherche Évaluation de Boscoville, rapport technique no 21, Montréal : GRIJ, 88 p.

BOSSÉ, M., LEBLANC, M. (1980a) *L'adaptation sociale des anciens de Boscoville*. Recherche Évaluation de Boscoville, rapport final no 4. Montréal : GRIJ, 249 p.

BOSSÉ, M., LEBLANC, M. (1980b) *La délinquance officielle des anciens de Boscoville six ans après le début de la recherche.* Montréal : GRIJ, Recherche Évaluation de Boscoville, Rapport technique no 23, 31 p.

BRILL, R. (1979) *Development of Milieus Facilitating treatment.* Montréal : GRIJ, Recherche Évaluation de Boys' Farm, Final report no 4, 168 p.

BRILL, R., DUNCAN, B. (1977) *Staff team climates and treatment unit environments.* Montréal : GRIJ, Recherche Évaluation de Boys' Farm, Technical report no 4, 177 p.

BRILL, R. (1980) *Factors related to client change.* Montréal : GRIJ, Recherche Évaluation de Boys' Farm, Final report no 5, 90 p.

CÔTÉ, G., LEBLANC, M., BAYREUTHER, J. (1977) *L'adolescent montréalais de 14 à 18 ans : aspects de sa personnalité.* Montréal : GRIJ, 208 p.

CRÉPAULT, C., GEMME, R. (1975) *La sexualité prémaritale : étude sur la différenciation sexuelle de jeunes adultes québécois.* Montréal : PUQ.

CUSSON, S. (1971) *Les éducateurs.* Thèse de maîtrise, Université de Montréal, Dept Criminologie.

CUSSON, M. (1971) *La vie sociale de jeunes délinquants en institution.* Université de Montréal, Département de Criminologie, 167 p.

CUSSON, M. (1972) *La resocialisation du jeune délinquant en institution.* Montréal : École de criminologie. Université de Montréal. Thèse de doctorat inédite, 369 p.

CUSSON, M. (1974) *La resocialisation du jeune délinquant.* Montréal : Presses de l'Université de Montréal.

CUSSON, M., DUCHARME, J. (1974) *Boscoville : un centre de rééducation.* Montréal : GRIJ, Recherche

Évaluation de Boscoville, Rapport technique no 1, 76 p.

CUSSON, M., (1975) *Observation du comportement des jeunes en institution.* Recherche Évaluation de Boscoville. Montréal : GRIJ, Rapport technique no 8, 89 p.

CUSSON, M. (1977) *Boscoville : portrait d'un milieu de rééducation.* Montréal : GRIJ, Recherche Évaluation de Boscoville, Rapport technique no 15, 65 p.

CUSSON, M., LEBLANC, M. (1980) *Boscoville : le milieu et la clientèle.* Montréal : GRIJ. Recherche Évaluation de Boscoville, Rapport final no 1, 164 p.

DÉOM, J.P. (1972) Le système de responsabilité dans l'ensemble thérapeutique in : Tessier, B., Bélanger, G., Déom, J.P., Ducharme, J. *La dynamique d'un milieu thérapeutique total.* Montréal : Boscoville, 14 p.

DESCÔTEAUX, S., LEBON, A., POIRIER, M. (1979) Étude sur le fonctionnement du comité des coordonnateurs. Montréal : Boscoville.

DUCHARME, J. (1974) Plan d'organisation des quartiers. Journées d'études de juillet 1974. Montréal : Boscoville.

DUCHARME, J. (1974) *Politique des admissions.* Montréal : Boscoville.

DUCHARME, J., BILODEAU, C., DIONNE, J., ROSS, J. (1975) Un système d'interventions par objectifs proposés à un jeune et endossés par celui-ci. Montréal : 13ᵉ Congrès du Conseil québécois de l'enfance exceptionnelle.

DUSSAULT, A.H. (1979) *L'évolution du comportement des jeunes à Boscoville.* Montréal : GRIJ, Recherche Évaluation de Boscoville, Rapport technique no 21, 186 p.

EMPEY, L.T., LUBECK, S.G. (1971) *The Silverlake Experiment.* Chicago : Aldine.

EMPEY, L.T., ERICKSON, M. (1972) *The provo-experiment*. Lexington: Lexington Books.

ERIKSON, E.N. (1959) « Identity and life cycle » *Psychological Issues*, *1*, (1).

FRÉCHETTE, M. (1973) *Le diagnostic et le pronostic de la délinquance grave*: deuxième rapport d'étape. Montréal; GRIJ, 140 p.

FRÉCHETTE, M. et LEBLANC, M. (1979) *La délinquance cachée à l'adolescence*. Montréal: GRIJ, Université de Montréal, Inadaptation Juvénile, Cahier I, 239 p.

GENDREAU, G. (1960) Les étapes de la rééducation d'après l'expérience de Boscoville. Montréal: Conférence présentée au premier colloque de recherche sur la délinquance et la criminalité.

GENDREAU, G. (1966) Boscoville: une expérience en marche. Conférence présentée au Centre de Formation et de Recherche de l'Éducation Surveillée, Vaucresson, France.

GENDREAU, G., PAULHUS, E. (1967) *Resocialisation par le milieu thérapeutique*. Montréal: AESJI.

GENDREAU, G. (1978) *L'intervention psycho-éducative: solution ou défi*? Paris: Fleurus.

GOUDREAU, M. (1973) Le boulot à Boscoville. Boscoville: journées d'étude, juillet 1973.

GUINDON, J. (1960) « La formation des éducateurs spécialisés à l'institut de psychologie de l'Université de Montréal », *Revue Canadienne de Criminologie*, *2*, (3), p. 80 à 95.

GUINDON, J. (1969) *Le processus de rééducation du jeune délinquant par l'actualisation des forces du moi*. Montréal: Centre de recherche en Relations Humaines, 320 p. (Contributions à l'étude des Sciences de l'homme, 7)

GUINDON, J. (1970) *Les étapes de la rééducation des jeunes délinquants et des autres...* Paris : Fleurus.

HOOD, R., SPARKS, R. (1970) *La délinquance.* Paris : Hachette.

JANIN, B., MAISONNEUVE, J. (1963) « Recherches socio-métriques sur les groupes en internat surveillé », *Annales de Vaucresson*, 143-164.

JESNESS, C.F. (1965) *The Fricot Ranch study: outcomes with small versus large living groups in the rehabilitation of Delinquants.* States of California : Department of Youth Authority.

JESNESS, C.F. (1969) *The Preston typology study.* State of California : California Youth Authority.

JESNESS, C.F. (1971) *Manual for the Jesness personality inventory.* Palo Alto : Consulting Psychologist Press.

JESNESS, C.F. (1972) *The Youth centre research project.* State of California : California Youth Authority. 2 v.

JULIEN, R. (1972) Boulot : guide méthodologique. Boscoville.

KLEIN, A. W. (1971) *Street gangs and street workers.* New Jersey : Prentice Hall.

LACHAPELLE, P.P. (1969) *Schéma d'évaluation sur les groupes.* Montréal : Centre de rééducation de Montréal.

LACHAPELLE, P. (1974) Structure de groupes de rééducation pour jeunes délinquants. Thèse de doctorat inédite en psychologie, Université de Montréal, 343 p.

LANDREVILLE, P. (1966) Étude « follow up » d'un échantillon de garçons confiés à un centre de rééducation de la région de Montréal. Thèse de maîtrise inédite, Département de Criminologie, Université de Montréal, 104 p.

LEBLANC, M. (1978) Activités délinquantes et activités sexuelles : deux phénomènes non concomitants in. Dupres, A., Levy, J.J., Tremblay, R. *Éducation sexuelle des personnes en difficulté d'adaptation.* Montréal: CQEE, p. 87-109.

LEBLANC, M. (1976) *L'adolescent montréalais de 12 à 16 ans; sa vie quotidienne.* Montréal: GRIJ, 284 p.

LEBLANC, M. (1980) *Développement psycho-social et développement de la délinquance.* Montréal; GRIJ, 249 p.

LEBLANC, M. (1975) «La probation pour mineurs au Québec», *Criminologie*, VIII, (1-2): p. 101-118.

LEBLANC, M. (1979) *The differential effect of Boscoville's program on youngters of various I levels.* International Differential Association Meeting. Montréal.

LEBLANC, M. (1982) *L'efficacité de l'Internat pour rééducation des jeunes délinquants: un modèle homogène, Boscoville, versus un modèle hétérogène, Boys' Farm.* Soumis pour publication par le ministère du Solliciteur général du Canada.

LEBLANC, M., ACHILLE, P.A., CUSSON, M., DUCHARME, J. (1973) *Évaluation de Boscoville*, Montréal: GRIJ, Recherche Évaluation de Boscoville, 24 p.

LEBLANC, M., BROUSSEAU, G. (1974) «La prise de décision et la recommandation de l'agent de probation pour mineurs», *Revue Canadienne de Criminologie, 16*, (4): 373-92.

LEBLANC, M., LEDUC, R. (1976) *L'entrée à Boscoville.* Montréal: GRIJ, Recherche Évaluation de Boscoville, Rapport technique no 12, 159 p.

LEBLANC, M., MEILLEUR, J. (1979) *La clientèle de Boscoville: expérience scolaire, famille, pairs et délinquance.* Montréal: GRIJ, Recherche Évaluation de Boscoville, Rapport technique no 11, 215 p.

LEBLANC, M., MÉNARD, R. (1978) «Le climat social dans les institutions pour jeunes délinquants», *Criminologie, XI*, (1): 7-24.

LEBLANC, M., TESSIER, B. (1975) *Indicateurs d'étapes*. Rapport technique no 10, GRIJ, Recherche Évaluation de Boscoville, 57 p.

LEBLANC, M., TESSIER, B. (1978) « Les étapes de la rééducation : formalisation et vérification », *Criminologie : XI*, (1) : 24-45.

LEGENDRE, G. (1975) L'exécutif clinique : notes et observations. Montréal : GRIJ.

LEGENDRE, G. (1975) *Méthodologie d'analyse de la structure des groupes à Boscoville*. Montréal : GRIJ, Recherche Évaluation de Boscoville, Rapport technique no 9, 218 p.

LEGENDRE, G. (1977) *La vie sociale des pensionnaires de Boscoville*. Montréal : GRIJ, Recherche Évaluation de Boscoville, Rapport technique no 16, 68 p.

LEGENDRE, G., BONDESON, U. (1972) *Structural analysis : sociometric analysis of 13 correctional institutions*. Département de Sociologie, Université de Lund, Suède.

LIPTON, D., MARTINSON, R., WALKS, J. (1975) *The effectiveness of correctionnal treatment : a survey of treatment evaluation studies*. New York : Praeger Publishers.

MAILLOUX, N., LAVALLÉE, G. (1968) *Les attitudes sociales des jeunes délinquants et le travail de rééducation*. Notes de cours, Psychologie de la délinquance C.P.E.Q.

MAILLOUX, N. (1965) « Délinquance et répétition compulsive », *Contribution à l'étude des Sciences de l'Homme, 6.* : 73-83.

MAILLOUX, N. (1968) Psychologie clinique et délinquance juvénile in D. Szabo. *Criminologie en action.* Montréal : PUM. p. 83 à 108.

MAILLOUX, N. (1971) *Jeunes sans dialogue*. Criminologie pédagogique. Paris : Fleurus.

MARTINSON, R., LIPTON, D., WILKS, J. (1976) *Rehabilitation, recidivism and research*. Hackensack : NCCD, 96 p.

MÉNARD, R. (1976) *Le climat social dans une institution pour jeunes délinquants; Boscoville*. Montréal : GRIJ, Recherche Évaluation de Boscoville, Rapport technique no 13, 290 p.

MÉNARD, R. (1976) Le comité de coordonnateurs de quartier. Montréal : GRIJ, 76 p.

MÉNARD, R. Les étapes de rééducation (documents inédits). Montréal : GRIJ, Recherche Évaluation de Boscoville.

MÉNARD, R., LEBLANC, M. (1980) *Les étapes de la rééducation et l'évolution du comportement des pensionnaires durant leur séjour à Boscoville*. Montréal : GRIJ, Rapport final no 2, Recherche Évaluation de Boscoville, 149 p.

MÉNARD, R. (1974) *Identité des éducateurs de Boscoville*. Montréal : GRIJ, Recherche Évaluation de Boscoville, rapport technique no 4, 56 p.

MÉNARD, R., LEBLANC, M. (1979) Identité des éducateurs et climat d'équipe à Boscoville en 1979. Montréal : GRIJ, Recherche Évaluation de Boscoville.

MOOS, R.H. (1973) *Correctionnal Institutions Environment Scale*. California : Social Ecology Laboratory.

MOOS, R.H. (1974) *Evaluations treatment environments*. New York : Wiley.

MOOS, R.H., HUMPHREY, B. (1973) *Group Environment Scale*. California : Social Ecology Laboratory.

MURRAY, C.A., COX, L.A. (1979) *Beyond probation : juvenile correction and the chronic delinquent*. Bevely Hills : Sage Publications, 233 p.

NIE, N.N., HULL, C.H., STEIN-BRENNER, K., BENT, D.H. (1975) *Statistical Package for Social Science*. Toronto : McGraw Hill.

PETITCLERC, N. (1974) *Étude « follow up » à Boscoville*. Montréal : GRIJ, Recherche Évaluation de Boscoville, Rapport technique no 2, 129 p.

POTVIN, P. (1973) Éducation et rééducation par les activités physiques et sportives. Boscoville : Symposium extérieur et CQEE l'adaptation.

POLSKY, N.W. (1967) *Cottage six : the social system of delinquent boy in residential treatment*. New York : Wiley.

POLSKY, N.W., CLASTER, D.S. (1968) *The dynamics of residential treatment*. Chapel Hill : The University of North Caroline Press.

RAYMOND-REVIER, B. (1961) *Choix sociométriques et motivations*. Suisse : Ed. Delachaux & Niestlé.

REDL, F., WINEMAN, D. (1964) *L'enfant agressif* (TI : le moi désorganisé, TII méthodes de rééducation). Paris : Fleurus.

RUMILLY, R. (1978) *Boscoville*. Montréal : Fides.

SECOND, P. (1972) L'évolution des groupes rééducatifs : études sociométriques. In : Selosse, J., Jacquey, M., Second, P., Mazerol, M.T. (1972) *L'internat de rééducation*. Paris : Cujas ; Vaucresson : CFRES, 424 p. (Enquêtes et recherches, 7)

SUCHMAN, E.A. (1967) *Evaluative research : principles and practice in public service and social actions programs* : New York : Russel Sage. Foundation.

TESSIER, B. (1971) Cahier des procédures de travail clinique. Montréal : Boscoville.

TESSIER, B. (1970) *L'évaluation de la relation rééducative dans le processus de rééducation*. Montréal : Boscoville, 62 p.

TESSIER, B. (1974) *The psycho-educative model in action*. Montréal : École de Psycho-éducation no 41, 19 p.

TOESCA, Y. (1972) *La sociométrie à l'école primaire.* Paris : ESF.

TREMBLAY, R. (1976) A psycho-educational study of juvenile delinquents during residential treatment. PhD. Thesis, University of London, 320 p.

TREMBLAY, R. (1979) *La sélection des candidats au baccalauréat spécialisé en psycho-éducation à l'Université de Montréal : étude de validité et description des candidats.* Montréal : Institut de recherche en psycho-éducation de Montréal, ERISH / CPEQ, rapport de recherche no 5, 83 p.

VODOPIVEC, K. (1974) *Maladjusted youth : an experiment in rehabilitation.* Lexington : Lexington Books.

416